PREPARACIÓN FÍSICA EN FÚTBOL
DESDE UNA APROXIMACIÓN CIENTÍFICA

ENTRENAMIENTO CONDICIONAL | VELOCIDAD Y AGILIDAD | PREVENCIÓN DE LESIONES

Escrito por

Dr. Adam Owen

(Coautor: Dr. Alexandre Dellal)

Publicado por

PREPARACIÓN FÍSICA EN FÚTBOL
DESDE UNA APROXIMACIÓN CIENTÍFICA

ENTRENAMIENTO CONDICIONAL | VELOCIDAD Y AGILIDAD | PREVENCIÓN DE LESIONES

Primera Edición Agosto 2016 Editado por SoccerTutor.com
Publicado en Español en Enero 2019 por SoccerTutor.com
Info@soccertutor.com | www.SoccerTutor.com

UK: 0208 1234 007 | **US:** (305) 767 4443 | **ROTW:** +44 208 1234 007
ISBN: 978-1-910491-24-9

Copyright: SoccerTutor.com Limited © 2019. Todos los derechos reservados.

Todos los derechos reservados. Ninguna parte de esta publicación puede ser reproducida, almacenada en un sistema de recuperación, o transmitida en cualquier forma o por cualquier medio, electrónico, mecánico, fotocopia, grabación o de otro tipo, sin el permiso previo por escrito del propietario de los derechos de autor. Tampoco puede circular en ninguna otra forma de encuadernación o cobertura que no sea aquella en la que se publica y sin que se imponga una condición similar, incluida esta condición, a un comprador posterior.

Autor: Dr. Adam Owen

Coautor: Dr. Alexandre Dellal

Editado por: Alex Fitzgerald - SoccerTutor.com

Traducido por: Manuel López Segovia

Diseño de Portada
Alex Macrides, Think Out Of The Box Ltd.
Correo electrónico: design@thinkootb.com Tel: +44 (0) 208 144 3550

Diseño de Infografías
Yann Le Meur; @YLMSportScience
(Imágenes de las infografías proporcionadas por Presenter Media, USA)

Fotografía
Willie Vass Photography, Glasgow y Propaganda Photography, Liverpool

Gráficos
Gráficos diseñados por SoccerTutor.com mediante el empleo del Software Tactics Manager disponible para su descarga en www.SoccerTutor.com

Nota: Si bien se han realizado todos los esfuerzos para asegurar una elevada precisión técnica en los contenidos de este libro, ni el editor ni los autores pueden aceptar ninguna responsabilidad por las lesiones o perjuicios producidos como resultado del uso de este material.

CONTENIDOS

SOBRE EL AUTOR 6
COAUTOR 8
TRADUCIDO POR MANUEL LÓPEZ SEGOVIA 9
COMENTARIOS SOBRE EL AUTOR 10
GLOSARIO DE TÉRMINOS 12
INTRODUCCIÓN 13

CAPÍTULO 1: DISTANCIA E INTENSIDAD DE CARRERA EN EL FÚTBOL 15

1. DISTANCIA RECORRIDA DURANTE EL PARTIDO 17
Distancia Total Recorrida 18
Distancia Total Recorrida a Alta Intensidad 20
Cambios de Dirección 22
Ejemplo Práctico: Cambio de Dirección a Alta Velocidad con Finalización 24
Efectos del Entrenamiento con Sobrecarga Excéntrica sobre el Cambio de Dirección y el Rendimiento en Futbolistas 25
Diferencias en las Demandas Físicas en Función del Puesto Específico 26
Variaciones Durante el Partido y entre el Primer y Segundo Tiempo 29

2. LA INFLUENCIA DEL RESULTADO, LA HORA DEL PARTIDO Y OTRAS VARIABLES ... 31
La Ventaja de Jugar en Casa 34
Ciclos de Sueño y Rendimiento Deportivo 35

3. PERFILES DE RENDIMIENTO ESPECÍFICOS 36
Resumen del Capítulo 38
¿Cómo puedo Utilizar esta Información para Implementar mis Entrenamientos? . 40

CAPÍTULO 2: DEMANDAS FISIOLÓGICAS DEL FÚTBOL 41

1. COMPONENTES DEL ENTRENAMIENTO DE RESISTENCIA 43
Monitorización de la Frecuencia Cardiaca (FC) 45
Cinética del Consumo de Oxígeno 50
Carbohidratos: Especificaciones de Ingesta para Atletas 55
Economía de Carrera (EC) 56
El Efecto de las Situaciones de Juego Reducido 58
Estrategias para Mejorar la Economía de Carrera 59

2. COMPONENTES DEL ENTRENAMIENTO INTENSIVO DE CORTA DURACIÓN 60
Umbral de Lactato y Sistema de los Fosfágenos 62
Entrenamiento y Nutrición en Deportes Explosivos 66
Umbral de Lactato (*Lactate Threshold*, LT) 67
Recuperación Activa 73
Depleción de Glucógeno y Evolución Hormonal 74
Capacidad de Repetir Esprints (*Repeated Sprint Ability*, RSA) 77
Entrenamiento Intervélico de Alta Intensidad 83

3. DESARROLLO DE LA VELOCIDAD, AGILIDAD Y COORDINACIÓN 84
   Efecto del Entrenamiento de Esprints Resistidos en Jóvenes sobre Variables Cinéticas y Cinemáticas 87
   Esprints con Cambios de Dirección y Situaciones de Juego Reducido 88
   Resumen del Capítulo 89
   ¿Cómo puedo Utilizar esta Información para Implementar mis Entrenamientos? 91

CAPÍTULO 3: EJERCICIOS PARA ENTRENAR LA VELOCIDAD 92
   Formato Empleado 93
   Leyenda 93
   Ejercicio de Velocidad de Reacción 94
   Entrenamiento de Resistencia a la Velocidad en un Ejercicio Específico de Fútbol 95
   Ejercicio de Aceleración y Potencia en 1vs1 con Finalización 96
   Ejercicio de Resistencia a la Velocidad con 1vs1 97
   Resistencia a la Velocidad y Potencia en una Acción de Ataque con Finalización 98
   Circuito de Velocidad y Agilidad con Pared 99
   Ejercicio de Resistencia a la Velocidad con Salidas y Aceleración 100
   Trabajo de Resistencia a la Velocidad Combinando Regate, Esprint y Pared 101
   Circuito Técnico Continuo de Resistencia a la Velocidad con Regate 102
   Circuito de Resistencia a la Velocidad con Combinación a un Toque 103
   Ejercicio de Resistencia al Esprint con Control, Pared y Finalización 104
   Circuito de Resistencia a la Velocidad con Esprint, Centro y Finalización 105
   Ejercicio de Resistencia a la Velocidad 3vs2 por Posición Específica 106
   Resistencia a la Velocidad en un 3vs2 Ataque vs Defensa 108
   Circuito Dinámico de Resistencia a la Velocidad 109
   Ejercicio de Velocidad de Reacción con Cambios de Dirección 110
   Circuito Continuo de Pases con Aceleraciones y Velocidad de Reacción 111

CAPÍTULO 4: LESIONES Y TÉCNICAS DE PREVENCIÓN 112
   Introducción 113
   Lesiones en Fútbol ¿Cuáles son los Factores de Riesgo? 115
   Estadística de las Lesiones en el Fútbol 116
   Técnicas de Prevención de Lesiones Aplicadas en Fútbol 117
   Efecto de un Programa de Prevención de Lesiones Musculares en Futbolistas de Élite ¿Funciona? 118
   Factores que Influyen Sobre el Rendimiento y el Riesgo de Lesión 119
   Probabilidad de Lesión en Función de las Horas de Sueño por Noche 120
   El Programa de Prevención de Lesiones de FIFA "FIFA 11+" 121
   ¿Cuáles son los Componentes de un Buen Calentamiento para Prevenir Lesiones? 122
   Carga de Entrenamiento (Intensidad y Volumen) 123
   Gestión de la Carga de Entrenamiento para Reducir el Riesgo de Lesión 124
   Como Limitar la Incidencia Lesional Mediante la Gestión de la Carga 128
   Impacto de la Intensidad de la Frecuencia Cardiaca de Entrenamiento en la Cantidad de Lesiones del Futbolista de Élite 129
   Resumen del Capítulo 130
   ¿Cómo puedo Utilizar esta Información para Implementar mis Entrenamientos? 133

CAPÍTULO 5: EJERCICIOS DE CALENTAMIENTO 135
   Calentamiento con Presión Colectiva desde Sistema 137
   Calentamiento Mediante Circuito de Agilidad, Coordinación y Velocidad 138

Calentamiento Mediante Acciones Técnicas 139
Calentamiento con Agilidad y Juego de Persecución 140
Calentamiento con Coordinación y Agilidad con Pared 141

CAPÍTULO 6: EJERCICIOS PARA LA PREVENCIÓN DE LESIONES 142

FASE 1: TRABAJO CON RODILLOS (FOAM ROLLS) 143
Liberación de Tensión Miofascial con Foam Roll 144
Foam Roller: Parte Inferior de la Pierna 145
Foam Roller: Zona Lumbar 146
Foam Roller: Glúteos 147
Foam Roller: Cintilla Iliotibial (CIT) 148
Foam Roller: Isquiosurales 149
Foam Roller: Cuádriceps 150
Foam Roller: Aductores 151

FASE 2: ACTIVACIÓN DE LOS GLÚTEOS 152
Activación de los Glúteos: Ejercicio de Abducción y Rotación Externa de Cadera 153
Activación de los Glúteos: Ejercicio con Goma en Pie 154
Activación de los Glúteos: Ejercicio de Rotación Externa con Goma 155
Activación de los Glúteos: Puente (Bridge) 156
Activación de los Glúteos: Bridge con Balón de Fitness 157
Activación de los Glúteos: Extensiones 158

FASE 3: DESARROLLO DE LA MUSCULATURA LUMBOPÉLVICA (CORE) 159
Rendimiento Neuromuscular y Atlético tras el Entrenamiento de Fuerza Lumbopélvica en Futbolistas Jóvenes: Papel de la Inestabilidad 161
Desarrollo de la Musculatura Lumbopélvica: Plancha Frontal y Lateral 162
Desarrollo de la Musculatura Lumbopélvica: Ejercicio de Rueda Sobre Balón 163
Desarrollo de la Musculatura Lumbopélvica: Ejercicio de Flexión Alternativa de Caderas 164
Desarrollo de la Musculatura Lumbopélvica: Ejercicio con Cruce Alternativo de Piernas 165

FASE 4: FUERZA FUNCIONAL 166
Prevención de la Lesión Muscular Isquiosural 169
Entrenamiento Propioceptivo y Equilibrio 170
Peso Muerto a una Pierna: Fuerza, Equilibrio y Estabilidad Unilateral de la Pierna 172
Kettle Bell Split Squats: Fuerza y Estabilidad, Flexibilidad de la Cadera y Desarrollo de la Musculatura Lumbopélvica 173
Sentadilla Sumo con Kettle Bell: Glúteos, Isquiosurales y Cuádriceps 174
Balanceos con Kettle Bell: Ejercicio de Fortalecimiento General 175
Flexiones en Bosu: Ejercicio de Estabilidad Lumbopélvica Anti-Rotación 176
Peso Muerto: Ejercicio para Glúteos, Isquiosurales, Cuádriceps y Resto del Cuerpo 177
Remo Invertido: Fortalecimiento de la Espalda y la Región Lumbopélvica 178

BIBLIOGRAFÍA 179

SOBRE EL AUTOR

Dr. Adam Owen

 @adamowen1980

 www.aoperformance.co.uk

Credenciales:

- Licencia de Entrenador de Fútbol UEFA Pro (Federación de Fútbol de Gales [FAW], Cardiff)
- Doctor (PhD) en Ciencias del Ejercicio y el Deporte (Universidad Claude Bernard, Universidad de Lyon 1, Francia)
- Master en Investigación en Ciencias del Ejercicio y el Deporte (Universidad Glyndwr, Wrexham, Gales, UK)
- Graduado en Ciencias del Ejercicio y el Deporte (Universidad Glyndwr, Wrexham, Gales, UK)

Experiencia Profesional como Técnico:

- Director del Área de Rendimiento en el Hebei China Fortune FC, Beijing, China (desde Junio del 2018 hasta la actualidad)
  Encargado de crear y desarrollar un optimizado sistema de entrenamiento, estando implicado en todos los aspectos técnico-tácticos del equipo para crear una metodología de trabajo que maximice el rendimiento del equipo y del jugador individualmente.
- Preparador Físico y Científico del Deporte de la Selección Nacional de Gales (Agosto 2009 - Mayo 2018)
  Ha formado parte de la dirección del equipo en el periodo más exitoso de la Selección, consiguiendo la mejor posición en el Ranking FIFA (8º), llegando a ser Semifinalistas de la Eurocopa de 2016 y Finalistas en la Copa China de 2018.
- Entrenador del Lechia Gdansk S.A. Gdansk, Polonia (Junio 2017 - Marzo 2018)
- Consultor Investigador en el SL Benfica, Portugal
- Entrenador Asistente y Director del Área de Rendimiento en el Servette FC, Suiza
- Investigador Asociado en la Universidad Claude Bernard Lyon 1, Francia
- Investigador y Profesor Visitante del Instituto Tecnológico de Educación Superior de Hong Kong (THEi)
- Jefe del Área de Preparación Física y Rendimiento del Sheffield United FC, Inglaterra
- Jefe del Área de Rendimiento y Ciencias Aplicadas del Rangers FC, Escocia
- Preparador Físico del Sheffield Wednesday FC, Inglaterra
- Jefe de Ciencias Aplicadas en la Academia del Celtic FC, Escocia
- Entrenador y Preparador Físico en la Academia del Wrexham FC, Gales

Información Adicional:

A lo largo de su carrera, Adam Owen ha desarrollado una inigualable combinación de experiencia práctica como entrenador (posee la Licencia UEFA Pro de Entrenador de Fútbol), junto con el desarrollo de un destacado y activo perfil investigador, obteniendo un doctorado en el campo de las Ciencias del Deporte por la Universidad Claude Bernard, Lyon 1. Además, es un entrenador-formador muy activo y está de manera continua inmerso en numerosos proyectos de investigación relacionados con el fútbol.

Experimentado en múltiples facetas futbolísticas (a su experiencia como técnico en distintos roles y niveles hay que añadir su experiencia como jugador), Adam ha sido capaz de combinar conocimiento práctico y científico, pensamientos e ideas extraídas de su práctica diaria, en diferentes niveles y áreas del fútbol conformando una filosofía de trabajo expuesta en este libro.

La carrera de Adam ha sido una continua progresión desde el fútbol formativo, hasta la élite profesional de la competición de clubes (ha participado en la Europa League y UEFA Champions League), y selecciones nacionales (Campeonato de Europa y Fase de Clasificación del Mundial de Fútbol).

Adam ha sido capaz de utilizar su experiencia profesional para desarrollar un método de entrenamiento justificable mediante la evidencia científica, para mejorar el rendimiento individual y grupal del futbolista de élite. La integración de todos los aspectos técnicos claves, la evidencia científica aplicada al entrenamiento en fútbol, y la implicación del personal médico en el proceso, son aspectos que aseguran los mejores resultados en la constante evolución de la industria futbolística.

Con 27 años Adam formó parte del cuerpo técnico del Rangers FC, llegando a disputar una final europea, y con el que implementó un exitoso departamento de *"football science"* que ha permanecido en el club durante numerosos años.

En el verano de 2014, Adam aceptó la oportunidad de cambiar de club marchando al cinturón central de Europa, buscando nuevos retos y experiencias mientras continuaba con su trabajo con la Selección Nacional de Gales. Adam continúa revisando, escribiendo y publicando artículos en revistas científicas y capítulos de libros, compaginando esta labor con su puesto de Investigador Asociado en la Universidad Claude Bernard Lyon 1 en Francia, y con las labores de consultor en el SL Benfica de Portugal.

COAUTOR

Dr. Alexandre Dellal

Credenciales:

- Licencia de Entrenador de Fútbol UEFA 'A' (Federación Francesa de Fútbol [F.F.F], Clairefontaine, Francia)
- Doctor (Ph.D) en Ciencias del Deporte (Universidad de Estrasburgo, Francia)
- Diploma de Estudios Avanzados (Universidad de Nancy-Estrasburgo 2, Francia)
- Master en Preparación Física (Universidad de Estrasburgo, Francia)

Experiencia Profesional como Técnico:

- Jefe de Preparación Física, OGC Nice, Francia
- Investigador del Centro Médico de Excelencia FIFA, Centre Orthopédique Santy, Lyon, Francia
- Preparador Físico Jefe, Olympique Lyonnais, Francia
- Preparador Físico Jefe de la Selección Nacional de Costa de Marfil, África
- Jefe de Rehabilitación Deportiva, Cryonic Medical, Francia
- Preparador Físico, Al Ittihad, Jeddah, Arabia Saudí

A lo largo de todo el contenido del libro, el Dr. Dellal ha contribuido significativamente en varios capítulos gracias a su amplio conocimiento científico y a su capacidad de aplicar este conocimiento a la práctica diaria del entrenamiento, ayudando en la transición ciencia-práctica que persigue este libro.

Alexandre Dellal es uno de los investigadores más considerados en el mundo futbolístico y en la actualidad es el Director del Área de Preparación Física del equipo de fútbol OGC Niza que compite en la Ligue 1 francesa. Además, es Investigador en el Centro Ortopédico Santy de Lyon en Francia (Centro Médico FIFA de Excelencia), posee la Licencia "A" de Entrenador de Fútbol, y es Doctor en Ciencias del Deporte y el Entrenamiento por la Universidad Lyon 1 de Francia, donde continúa realizando labores como Investigador Asociado.

Con anterioridad a su trabajo actual, Alexandre ha sido el Preparador Físico principal en el Olympique de Lyon, puesto que también ha desempeñado a nivel internacional con la Selección Nacional de Costa de Marfil de fútbol, en un periodo exitoso en la Copa de África de Naciones.

Como activo investigador en las ciencias aplicadas al fútbol y el deporte, ha publicado numerosos artículos científicos y libros, y está continuamente involucrado en proyectos de investigación.

TRADUCIDO POR MANUEL LÓPEZ SEGOVIA

Manuel López Segovia

- Manuel López Segovia es Dr. en Ciencias del Deporte (UPO, Sevilla), Master en Alto Rendimiento (CSD) y Licenciado en Ciencias de la Actividad Física y el Deporte (INEF, Madrid).

- Como investigador ha centrado sus trabajos en las ventajas del entrenamiento de fuerza para la mejora del rendimiento condicional del jugador de fútbol, teniendo publicados diferentes artículos (JCR) sobre esta temática.

- En los últimos años ha desempeñado tanto la labor de preparador físico como la de segundo entrenador en diferentes equipos profesionales de fútbol (Hércules CF, FC Cartagena, FC Jumilla, Chabab Rif Al Hoceima), junto con la docencia en distintas áreas en la Escuela de Entrenadores de la Región de Murcia.

- Además posee la Licencia de Entrenador de Fútbol UEFA A, posibilitándole en su desempeño profesional la necesaria unión teoría -práctica que posibilita los mejores resultados.

Otros Agradecimientos e Investigadores Colaboradores

Shane Malone (La Carga de Entrenamiento y su Monitorización): Instituto de Investigación RISES de la Universidad Liverpool John Moores, Liverpool, Reino Unido.
- Colaboración en el "Capítulo 4: Lesiones y Técnicas de Prevención".

Dr. Mehdi Rouissi (Prevención de Lesiones): Centro Nacional de Medicina y Ciencias del Deporte, Túnez, Túnez.
- Colaboración en el "Capítulo 4: Lesiones y Técnicas de Prevención".

Prof. Karim Chamari (Prevención de Lesiones y Fisiología): Investigador Científico, Aspetar, Qatar.

Prof. Del P. Wong (Fisiología): Centro de Investigación en Ciencias del Deporte, Universidad de Shandong, China.

Willie Vass Fotografía | Glasgow | Reino Unido
Propaganda Fotografía | Liverpool | Reino Unido
Yann Le Meur Infografías | @YLMSportScience | Mónaco | Francia

COMENTARIOS SOBRE EL AUTOR

Gareth Bale
Futbolista del Real Madrid C.F. y la Selección Nacional de Gales

"Adam es alguien en quien siempre he confiado y de quien valoro su opinión y consejo. Permanecemos en constante comunicación entre los partidos internacionales y tenemos una excelente relación personal y profesional.

Haber trabajado tanto tiempo en la élite internacional demuestra su valía profesional. Es un profesional de cuyo trabajo me he beneficiado y con el que disfrutaría trabajando en el día a día."

Javier Mascherano
Futbolista del Hebei China Fortune (anteriormente FC Barcelona y Argentina)

"Conoci a Adam en China, y desde el primer dia iniciamos una gran relación tanto profesional como personal.

Es un gran profesional que transmite una gran pasión por este deporte.

Le estoy agradecido por el tiempo que llevamos trabajando juntos, ya que ha sido de gran ayuda en todo este tiempo tanto a nivel profesional como personal.

Espero que podamos seguir trabajando juntos mucho tiempo más."

Aaron Ramsey
Futbolista del Arsenal Football Club y la Selección Nacional de Gales

"Tras conocer y trabajar con Adam durante muchos años a nivel internacional, considero que es alguien con quien disfruto trabajando y que ha sido capaz de mejorar diferentes áreas de mi juego, debido a su metodología de trabajo y conocimientos. Espero trabajar con él a lo largo de los próximos años."

Steven Davis
Futbolista del Southampton Football Club y Capitán de la Selección Nacional de Irlanda del Norte

"Adam y yo trabajamos juntos muchos años en una en una parte significativa y exitosa de mi carrera. El amplio conocimiento en su área, y la filosofía que él implementó en el club a partir de la aplicación científica en la búsqueda del rendimiento, fue excelente. Como resultado, me condujo hacia una mejor versión de mí como profesional."

Prof. Karim Chamari
Investigador Científico en Aspetar, Qatar

"Los contenidos presentes en este libro son de gran interés para investigadores y entrenadores que estén interesados en incrementar sus conocimientos desde ambas perspectivas. Tras haber colaborado en numerosos proyectos de investigación y publicaciones, Adam posee un impresionante perfil práctico, además de haber desarrollado una sólida línea de investigación en ciencias del deporte y el entrenamiento. Estos aspectos destacan en el libro mostrando la relación directa que puede unir ambas áreas."

Prof. Del P. Wong
Centro de Investigación en Ciencias del Deporte, Universidad del Deporte de Shandong, China

"He colaborado con Adam durante casi 10 años en numerosos proyectos científicos (principalmente centrados en el fútbol), y una de sus fortalezas es la habilidad para vincular la ciencia de vanguardia con el entrenamiento en campo, estimulando un proceso de pensamiento diferente que destaca a lo largo de este libro. Tener Licencia UEFA Pro y ser Dr. es una combinación que le hace único en nuestro campo, mostrando en este libro el vínculo entre ciencia y la estructuración del entrenamiento en campo."

GLOSARIO DE TÉRMINOS

- **Adenosín Trifosfato (ATP):** Molécula que se encuentra en cada célula almacenada para ser empleada suministrando energía.

- **Aeróbico:** Ejercicio realizado para mejorar la absorción, el transporte, y el uso de oxígeno. Ejercicio efectuado mediante la aportación predominante de energía aeróbica.

- **Capacidad Aeróbica:** Cantidad de energía que el metabolismo aeróbico puede llegar a suministrar en un esfuerzo.

- **Anaeróbico:** Ejercicio en el que la energía se obtiene predominantemente sin el empleo de oxígeno.

- **Capacidad anaeróbica:** Cantidad de energía que el metabolismo anaeróbico puede llegar a suministrar en un esfuerzo.

- **Metabolismo aeróbico:** Creación de energía en la mitocondria por medio del empleo de oxígeno. Los únicos subproductos resultantes son el dióxido de carbono y el agua, que son eliminados por la respiración y el sudor respectivamente.

- **Concentración de Lactato Sanguíneo (La):** Resultado de la producción de ácido láctico en la célula muscular como resultante de la glucólisis, al no ser capaz el organismo de suministrar el oxígeno necesario para hacer frente a los requerimientos energéticos de la acción muscular.

- **Flujo Cardiaco (Q):** Cantidad de sangre que el corazón eyecta hacia el sistema circulatorio por unidad de tiempo.

- **Ritmos Circadianos:** Actividad rítmica que experimenta el organismo en un ciclo de 24 horas.

- **COD:** Cambio de dirección, a partir del inglés *Change of Direction*.

- **Fosfocreatina (PCr):** Componente orgánico que se almacena en la musculatura esquelética, determinante en la elevada producción energética por unidad de tiempo propia de las acciones intensas.

- **Deplección de Glucógeno:** Acción que implica la degradación de las moléculas de carbohidratos, almacenadas en hígado y músculo en forma de glucógeno, para la obtención de energía.

- **Variaciones Hormonales:** Cambios en sustancias producidas por células especializadas, que afectan a la actividad fisiológica del organismo.

- **FCmax:** Máximo número de latidos que el corazón es capaz de realizar por minuto.

- **Umbral de Lactato** (LT, *Lactate Threshold*): Esfuerzo o intensidad en el que el deportista comienza a acumular lactato por encima de los valores de reposo.

- **Análisis del Movimiento:** Detallado desglose y análisis del movimiento del jugador.

- **Metabolismo Oxidativo:** Procesos químicos que emplean el oxígeno para obtener energía.

- **Cinética del Consumo de Oxígeno:** Mecanismos responsables de la respuesta adaptativa del Consumo de Oxígeno a las demandas del ejercicio.

- **Consumo de Oxígeno:** Oxígeno consumido por el organismo durante la realización de cualquier actividad.

- **Capacidad de Repetir Esprints (RSA, *Repeated Sprint Ability*):** Capacidad del deportista de realizar esprints de corta duración (< 10 segundos) entre breves periodos de recuperación (< 60 segundos).

- **Percepción Subjetiva del Esfuerzo (RPE, *Rate of Perceived Exertion*):** Valor individual y subjetivo de la intensidad del ejercicio proporcionado por el deportista, tras completar el esfuerzo propuesto.

- **Economía de Carrera (RE, *Running Economy*):** Demanda energética necesaria para hacer frente a una intensidad de esfuerzo determinada.

- **Volumen Sistólico (SV, *Stroke Volume*):** Volumen sanguíneo eyectado por el ventrículo izquierdo en cada latido.

- **DTR:** Distancia total recorrida.

- **VO2max:** Máxima cantidad de oxígeno que el organismo puede utilizar durante el ejercicio para la obtención de energía. Es empleado como indicador del rendimiento aeróbico del deportista.

- **Perfil de Rendimiento:** Perfil de trabajo individual realizado desde un punto de vista físico y técnico.

INTRODUCCIÓN (2° LIBRO DE LA SERIE)

¿Tienes la otra parte de esta serie de libros?

PREPARACIÓN FÍSICA EN FÚTBOL: DESDE UNA APROXIMACIÓN CIENTÍFICA
Periodización | Situaciones de Juego Reducido

El fútbol está considerado uno de los deportes más populares en el mundo y es jugado por hombres, mujeres y niños, en entornos competitivos o lúdicos a lo largo de cada continente. El "deporte bello", como muchos lo llaman, forma parte de una industria multimillonaria con grandes intereses comerciales y públicos que continúa evolucionando. Ha sido documentado que el fútbol depende de numerosos factores técnicos, tácticos, psicológicos, físicos y fisiológicos (StØlen et al., 2005; Owen et al., 2012; Nedelec et al., 2014). También ha sido documentado que una de las razones por las que el fútbol es tan conocido, es debido a que los jugadores no necesitan poseer unos niveles extraordinarios en cada uno de los factores destacados anteriormente, pero sí unos niveles razonables en todos ellos (StØlen et al., 2005; Ingebrigsten et al., 2012).

Tradicionalmente, el entrenamiento del jugador de fútbol se ha centrado en el desarrollo de su capacidad técnica y táctica en detrimento de su condición física. Sin embargo, en los últimos años se ha visto un avance hacia el uso de sesiones que integran estos factores determinantes del rendimiento, con la intención de maximizar el tiempo de trabajo en el que el jugador está en contacto con los responsables de las áreas técnicas, físicas y médicas.

Basándonos en estudios recientes realizados con metodologías que cada vez arrojan datos más fiables, podemos generalizar y aceptar que de media, **un jugador profesional de fútbol recorre una distancia de 9-12 km durante un partido** (Di Salvo et al., 2006; Barros et al., 2007; Dellal et al., 2011). Este libro analizará las características de esos desplazamientos (por ejemplo la intensidad a la que se recorren esos metros) en partidos de diferentes niveles competitivos, aunque con más detenimiento en el fútbol de élite, y cómo estos desplazamientos definen las demandas fisiológicas de la competición.

Según estudios recientes, el jugador de fútbol de élite posee un buen rendimiento aeróbico con niveles de VO2max (ver el glosario de términos) entre 55 y 70 ml.kg.min. (McMillan et al., 2005; O'Reilly y Wong, 2012), y compite a una intensidad próxima a su **Umbral de Lactato** (LT), al 80-90% de su frecuencia cardiaca máxima (FCmax) (Helgerud et al., 2001; McMillan et al., 2005).

Investigaciones previas han mostrado una relación directa entre una mejora de la **capacidad aeróbica** (ver el glosario) del jugador, y el incremento en la distancia recorrida y el número de esprints realizados en competición (Helgerud et al., 2001). Sin embargo trabajos posteriores han sido necesarios para clarificar esta relación en jugadores de élite.

Según Dellal et al. (2011), el fútbol es un deporte predominantemente *acíclico* (deporte en el que no hay una estructura definida en cuanto a velocidad, volumen o intensidad, ya que son aspectos que pueden variar en cualquier momento en función de variables como la oposición continua propia de este deporte), en el que los jugadores efectúan desplazamientos cortos a velocidad variable, recorriendo una considerable distancia en el transcurso de un partido. Dentro de estos desplazamientos, los más intensos y *anaeróbicos* (ver el glosario de términos) son los que tienen mayor incidencia directa sobre el resultado (Owen et al., 2012). El entrenamiento de fuerza recientemente ha recibido gran atención por parte de técnicos e investigadores, y se ha mostrado como una herramienta fundamental para la mejora del rendimiento del jugador, y como estrategia eficiente para la prevención de lesiones (Engebretsen et al., 2008; Ekstrand et al., 2011; Campos-Vázquez et al., 2014).

El objetivo de este libro es hacer uso del conocimiento científico sobre entrenamiento aplicado al fútbol, para emplearlo en la formación del jugador de diferentes edades, capacidades, y niveles de juego. Otro objetivo que este conjunto de libros persigue es incrementar la eficiencia del proceso de entrenamiento, asegurando que los aspectos claves del rendimiento (técnicos, tácticos y físicos) son desarrollados de forma conjunta. Para la consecución de estos objetivos, serán analizados los métodos de entrenamiento más actualizados y utilizados para el desarrollo del rendimiento del futbolista de élite. El uso de diferentes situaciones de juego, empleando desde espacios reducidos hasta los más amplios, es una parte fundamental del entrenamiento y será analizada como tal (información presente en el segundo libro). Sin embargo, los estudios más recientes ponen de manifiesto que hay poca información acerca de cómo ese entrenamiento puede ser implementado de la mejor manera, como parte estructurada de la sesión de entrenamiento, para mejorar de forma conjunta el rendimiento físico, técnico y táctico del jugador de fútbol (Hill-Haas et al., 2011).

La integración de estas tareas como parte del entrenamiento técnico asegura al entrenador la oportunidad de maximizar el tiempo de trabajo con sus jugadores, incrementando la eficiencia del entrenamiento, y como consecuencia, reduciendo el tiempo total de trabajo debido a la naturaleza multifuncional de estas situaciones (Owen et al., 2004; Dellal et al., 2008).

Además estos ejercicios han mostrado incrementar la motivación del jugador en el entrenamiento, al compararse con entrenamientos meramente físicos que generaron el mismo esfuerzo en el jugador (Hill-Haas et al., 2009). En el segundo libro de esta serie se mostrarán justificaciones específicas para el empleo de estas tareas, y se mostrarán y discutirán ejercicios concretos, para generar una metodología de entrenamiento más eficiente que beneficie a los entrenadores en su trabajo diario.

Además, dejando a un lado su uso como tarea de entrenamiento útil para la mejora del rendimiento aeróbico y el desarrollo técnico-táctico del jugador (Hill-Haas et al., 2011), parece que las situaciones de juego reducido pueden ser lo suficientemente intensas para simular los esfuerzos de alta intensidad y los esprints repetidos, característicos de la competición (Gabbett y Mulvey, 2008; Casamichana et al., 2012). Estas sugerencias vienen reforzadas por el denominado "efecto techo" (límite a los beneficios del entrenamiento), asociado a la incapacidad de conseguir grandes intensidades de esfuerzo en jugadores que poseen una elevada capacidad aeróbica y técnica (Buchheit et al., 2009).

La literatura científica ha mostrado que las necesidades competitivas de efectuar desplazamientos a alta intensidad y repetir esprints, pueden potencialmente ser conseguidas en el entrenamiento con la introducción de situaciones de juego en espacios amplios (Hill-Hass et al., 2009). Estas amplias dimensiones empleadas, junto con que en estas situaciones el jugador tiene menos contacto directo con el balón podrían justificar estos hallazgos (Owen et al., 2011). Las tareas de entrenamiento con amplios espacios de juego (denominadas en inglés **Large Small Sided Games, LSG**), pueden posibilitar diferentes respuestas como resultado del mayor número de carreras a alta intensidad y esprints que los jugadores realizan cuando trabajan "sin balón", para intentar recuperarlo, y tanto evitar el gol del adversario como generar acciones propias para su consecución.

Además de lo comentado con anterioridad, la intención de esta serie de libros es echar mano de la literatura científica más actual, para establecer las claves de las demandas físicas, fisiológicas, técnicas y tácticas que el futbolista de élite debe afrontar en competición. Tras esbozar estas demandas y destacar las claves físico-técnicas necesarias para el óptimo rendimiento, el principal objetivo de esta serie de libros es promover la unión entre la evidencia científica y los métodos de entrenamiento aplicados en el fútbol actual, para maximizar la eficiencia de las sesiones de entrenamiento, y como consecuencia, del trabajo diario con el futbolista.

Finalmente, y tras generar una discusión basada en los conocimientos científicos más actuales, se destacará la necesidad de realizar una cuidadosa preparación, con una avanzada planificación del trabajo y la recuperación tras el mismo, junto con una exitosa implementación de un programa específico de prevención de lesiones para el jugador de fútbol que será propuesto en el libro.

CAPÍTULO 1

DISTANCIA E INTENSIDAD DE CARRERA EN EL FÚTBOL

DISTANCIA E INTENSIDAD DE CARRERA EN EL FÚTBOL

CONTENIDOS DEL CAPÍTULO

1. **Distancia Recorrida Durante el Partido**

   - Distancia Total Recorrida
   - Distancia Total Recorrida a Alta Intensidad
   - Cambios de Dirección (*Changes of Direction*, COD)
   - Diferencias en las Demandas Físicas en función del Puesto Específico
   - Variaciones Durante el Partido y entre el Primer y el Segundo Tiempo

2. **La Influencia del Resultado, la Hora del Partido y Otras Variables**

3. **Perfiles de Rendimiento Específicos**

El fútbol es una actividad multifactorial en la que todas las demandas impuestas por la competición sobre el jugador deben ser conocidas. Entrenadores y técnicos asistentes en sus diferentes roles, así como los profesionales médicos involucrados en la rehabilitación del futbolista, deben tener un conocimiento preciso y detallado de la incidencia física y fisiológica que tienen sobre el jugador y el equipo, los diferentes componentes de la carga que representa un partido.

1.1. DISTANCIA RECORRIDA DURANTE EL PARTIDO

DISTANCIA TOTAL RECORRIDA

¿Cómo se Recogen los Datos?

La intensidad del esfuerzo efectuado durante un partido de fútbol puede ser estimada mediante la distancia recorrida por el jugador a diferentes velocidades preestablecidas y variables como la *Velocidad Media* y la *Distancia Total Recorrida (DTR)*. Distintos métodos como los sistemas de **anotación manual** (Knowles y Brookes, 1974), la **codificación de desplazamientos** (Reilly y Thomas, 1976), la *filmación de vídeo* (Van Gool et al., 1988) y los *sistemas semiautomáticos de seguimiento por vídeo* (Barros et al., 2007, Dellal et al., 2011), han sido desarrollados y utilizados para determinar la distancia recorrida en competición.

La investigación reciente efectuada sobre la distancia recorrida por el futbolista profesional, encuentra diferencias significativas que pueden ser atribuidas al uso de diferentes metodologías para la obtención de los datos. Con el objetivo de conocer y clarificar los sistemas que están siendo utilizados Randers et al. (2010), realizaron un estudio comparativo utilizando cuatro sistemas diferentes comercializados con esta finalidad:

(un sistema de vídeo basado en el análisis de tiempo-movimiento, un sistema de múltiples cámaras semiautomático y dos diferentes dispositivos GPS *Global Positioning System*).

Los resultados de este particular estudio revelaron que los cuatro sistemas detectaron similares cifras con respecto al descenso del rendimiento durante los partidos, mostrando un efecto fatiga inducido por el juego. Sin embargo, amplias diferencias fueron encontradas al comparar las distancias totales recorridas (**DTR**) al utilizar los diferentes métodos, poniendo de manifiesto que la comparación de los datos obtenidos de diferentes sistemas debe realizarse con extrema cautela.

Por otro lado y en base a los resultados de este estudio, también es razonable sugerir que siempre que se use el mismo sistema los datos muestran un alto nivel de fiabilidad.

Tabla 1. Distancia Media Total Recorrida por un Futbolista Durante un Partido de Competición

AUTOR	NIVEL DE LOS JUGADORES	DTR (km)	MÉTODO
Bangsbo (1994)	Daneses Internacionales	10.55	Análisis Tiempo-Movimiento
Helgerud et al (2001)	Internacionales Juniors Noruegos	9.1	
Mohr et al (2004)	Daneses Internacionales	10.33	
Di Salvo et al (2007)	Profesionales Españoles	11.39	Seguimiento de Vídeo
Barros et al (2007)	Profesionales Brasileños	10.01	
Dellal et al (2010,2011)	1ª División (Francia, Reino Unido, España, Italia)	10.42 - 11.78	

DISTANCIA E INTENSIDAD DE CARRERA EN EL FÚTBOL

¿Qué Factores Inciden en el Resultado?

La investigación sobre las distancias recorridas en competición oficial ha sido efectuada en equipos profesionales de ligas de diferentes continentes como la española (Di Salvo et al., 2006), belga (Van Gool et al., 1988), brasileña (Barros et al., 2007), danesa (Bangsbo y Linquist, 1992), inglesa (Reilly y Thomas, 1976) y sueca (Saltin, 1973). Sin embargo y en base a estudios recientes con tecnología mejorada, podemos afirmar que de media el **jugador de fútbol profesional recorre entre 9 y 12 km durante un partido** (Barros et al., 2007; Vigne et al., 2012; Wehbe et al., 2014). La **Tabla 1** recoge las distancias recorridas en competición en diferentes años y con distintos niveles de futbolistas (página anterior).

Al igual que con los diferentes métodos empleados para determinar la distancia recorrida, la cultura del país (Dellal et al., 2011), las restricciones tácticas y el estilo de juego (Bradley et al., 2011; Vigne et al., 2012), la capacidad de rendimiento físico de los futbolistas (Hoff y Helgerud, 2004; McMillan et al., 2005) y los cambios en el resultado (Mohr et al., 2003; Lago, 2009), son factores que pueden afectar a la distancia total recorrida durante un partido.

Al comparar los rendimientos físicos obtenidos en competición, podrían tener un impacto significativo tanto la naturaleza multicultural del fútbol, derivada de los constantes cambios de país e incluso de continente de jugadores y miembros del cuerpo técnico de los equipos, como los diferentes estilos de juego y sistemas tácticos utilizados. En este sentido Dellal et al. (2011), compararon variables relacionadas con el rendimiento técnico y físico en competición en dos ligas diferentes europeas (La Liga y FA Premier League), revelando los siguientes datos:

- Al comparar la DTR (distancia total recorrida) en ambas ligas, no se encontraron diferencias en función de la posición de juego específica.
- Los jugadores de la Premier League generalmente recorrieron mayor distancia esprintando.
- Los jugadores de La Liga recorrieron mayor distancia esprintando cuando sus equipos tuvieron la posesión del balón.
- En Premier League hubo la misma distancia total esprintada independientemente de la posesión del balón.
- Si tenemos en cuenta otros datos obtenidos en este estudio, podríamos concluir que se evidencian dos estilos diferentes de juego, debido a la existencia en Premier League de más duelos aéreos y balones jugados a los extremos, evidenciando un estilo más directo en comparación con La Liga.

Estos resultados indican que pueden existir diferencias culturales entre ligas y que analizar datos técnicos y físicos extraídos de la competición es una manera de resaltar esa diferencia. Además, estas diferencias podrían producirse como resultado de la toma de decisión del jugador formada a lo largo de su etapa de desarrollo, estando estas etapas muy influenciadas por la cultura y el sistema educativo.

Lago (2009), sugirió que si un equipo se sitúa con ventaja en el marcador sus jugadores permanecen más compactos en posiciones defensivas (entre el balón y su portería), en lugar de presionar activamente recorriendo menor distancia. Por contra si el resultado es adverso, los jugadores pueden incluso de forma subconsciente incrementar la intensidad de la presión sobre el rival, recorriendo mayor distancia y elevando el ratio trabajo/descanso.

DISTANCIA TOTAL RECORRIDA A ALTA INTENSIDAD

El ratio de trabajo/descanso (que podríamos identificar con el ritmo de juego), tiende a ser constante entre los jugadores profesionales de las mejores ligas europeas (Rienzi et al., 2000; Barros et al., 2007; Bloomfield et al., 2007; Di Salvo et al., 2007). La idea de que sobre este ratio pudieran influir aspectos culturales, ha sido confirmado por un estudio que encontró diferencias en variables relacionadas con el rendimiento técnico y físico, entre La Liga y la *Premier League* (Dellal et al., 2011). Los resultados de esta exhaustiva investigación (**Tabla 2**, página siguiente), no mostraron diferencias significativas por posición específica entre ambas ligas, pero los jugadores de *Premier League* generalmente recorrieron más distancia esprintando. Por el contrario, la distancia recorrida en esprint por parte de los jugadores de La Liga fue mayor cuando tuvieron la posesión del balón.

Ratio de Trabajo a Alta Intensidad. Perfil 1:
Estadísticas de centrocampistas de la Liga de Fútbol de América del Norte, a partir de cuatro partidos de liga (Mayhew y Wenger, 1985):

- El 84,8% del tiempo el jugador se desplaza andando o trotando.

- El 11,3% del tiempo el jugador se desplaza a alta intensidad (dando zancadas amplias o esprintando).

- 1/7 es la relación entre la actividad a alta y baja intensidad.

- El 88% del partido se juega sobre una base de resistencia, el resto viene determinado por la alta intensidad.

Ratio de Trabajo a Alta Intensidad. Perfil 2:
Estadísticas obtenidas a partir de jugadores profesionales daneses (estudio comparativo realizado por Bangsbo y Lindquist, 1992):

- No encontraron diferencias en la DTR entre jugadores de 1ª y 2ª división danesas.

- Los jugadores de 1ª división pasaron un mayor porcentaje del tiempo de juego dentro de los umbrales determinados por los autores para la velocidad moderada, alta y esprint (6,1% vs 4,1%; 2,5% vs 1,6%; y 0,8% vs 0,5% respectivamente).

De igual manera, se encontró relación entre el nivel de juego y la intensidad de trabajo en la Liga Nacional de Suecia (Ekblom, 1986). Recientemente Rienzi et al. (2000), mostraron que los jugadores de *Premier League* recorrieron mayores distancias en competición que jugadores sudamericanos internacionales. Sin embargo, las diferencias encontradas para la distancia recorrida en cada una de las categorías establecidas por los autores no fueron significativas, exceptuando los metros recorridos andando hacia atrás.

Estos datos contrastan con los por obtenidos por Mohr et al. (2003), quienes compararon las distancias recorridas a diferentes intensidades por jugadores de élite italianos, y daneses catalogados sub élite:

- Los jugadores de élite italianos realizaron más carreras de alta intensidad (0,53 km, equivalente a un 28% más) y esprintaron más (0,24 km, un 58% más).

- La mayor distancia total recorrida por los jugadores de élite (0,5 km) se correspondió a la mayor cantidad de carreras de alta intensidad que realizaron.

DISTANCIA E INTENSIDAD DE CARRERA EN EL FÚTBOL

- *Tabla 2. Distancias Recorridas en la Premier League (Inglaterra) y La Liga (España) por Posición Específica* (Dellal et al., 2011).

	CENTRALES		LATERALES		MEDIOS DEFENSIVOS		MEDIOS OFENSIVOS		EXTREMOS		DELANTEROS CENTRO	
	LA LIGA	PL	LA LIGA	PL	LA LIGA	PL	LA LIGA	PL	LA LIGA	PL	LA LIGA	PL
Distancia Total Recorrida (m)	14096.1	10617.3	1064.9	10775.3	11247.3	11555.6	11004.8**	11779.5	11240.8	11040.8	10717.7	10802.8
Distancia Recorrida en Esprint (m)	193.6	208.5	248.9**	263.0	203.3***	245.8	222.2***	267.3	250.8	259.2	160.0*	278.2
Distancia Recorrida en Esprint con Posesión del Balón (m)	47.0	62.1	99.3	127.1	93.3	122.2	138.1***	122.7	137.5***	169.0***	181.1***	183.0***
Distancia Recorrida en Esprint sin Posesión del Balón (m)	133.4	136.7	140.7	129.3	103.3*	116.4	71.9	126.6	105.1*	84.3	68.1	84.8
% Esprintado de la DTR	1.8%	1.8%	2.3%*	2.5%	1.8%***	2.2%	2%***	2.5%	2.2%	2.2%	2.4%*	2.6%
Distancia Recorrida a Alta Intensidad (m)	226.1*	240.8	284.8**	270.1	279.6***	319.1	278.0***	334.0	310.6**	298.0	288.6	299.8
Distancia Recorrida a Alta Intensidad con Posesión del Balón (m)	51.3	67.5	93.0	106.2	106.3	143.0	170.8***	160.6	143.5	152.7***	178.2***	181.0***
Distancia Recorrida a Alta Intensidad sin Posesión del Balón (m)	144.1***	157.0***	175.0***	150.0***	157.4***	162.5***	94.2	160.8	152.7*	137.5	93.0	10.1.4
% de Carrera a Alta Intensidad de la DTR	2.1%	2.2%	2.5%	2.7%	2.9%***	2.5%	3.1%***	2.5%	2.5%***	2.8%	2.8%	2.7%

DTR = Distancia Total Recorrida

Los colores de los diferentes recuadros muestran las diferencias significativas entre los valores obtenidos por los jugadores de La Liga y los de *Premier League* (PL).

Niveles de significación:

*   *P ≤ 0.05*
**   *P < 0.01*
*** *P < 0.001*

DISTANCIA E INTENSIDAD DE CARRERA EN EL FÚTBOL

CAMBIOS DE DIRECCIÓN (COD)

El análisis de la competición ha revelado una naturaleza intermitente en el fútbol y como consecuencia, la necesidad de que el jugador efectúe esfuerzos de alta intensidad de manera constante (Bangsbo, 2007; Dellal et al., 2012). Estudios recientes han estimado entre 1000 y 1500 cambios de movimiento que se suceden durante el partido cada 5-6 segundos, con una pausa estática de 3 segundos cada 2 minutos (Strudwick et al., 2002; Reilly, 2003).

Las investigaciones previas han mostrado que el jugador realiza a lo largo de un partido distintas aceleraciones, esprints, movimientos laterales y de espaldas (Bloomfield et al., 2007), acciones que ya en las primeras investigaciones en este campo demostraron incrementar de manera significativa, el esfuerzo del jugador en comparación con la simple carrera hacia delante (Reilly y Bowen, 1984).

Esta afirmación ha sido recientemente confirmada por un estudio que comparó la respuesta fisiológica entre la carrera en línea recta de alta intensidad y la realización de carreras de ida y vuelta con un cambio de dirección de 180º (Dellal et al., 2010). Los autores concluyeron que el impacto fisiológico del cambio de dirección requirió un incremento significativo del metabolismo anaeróbico (definido en el glosario de términos), en comparación con la carrera en línea recta.

Los resultados de ambos estudios pueden ayudar a los entrenadores en el diseño de programas de entrenamiento intermitentes, utilizando las carreras en línea recta clásicas y los cambios de dirección, para conseguir respuestas fisiológicas diferentes.

Aquí es donde es posible el empleo de las situaciones de juego reducido como una forma de tener más COD e incrementar la participación del metabolismo anaeróbico de los jugadores, a través de un entrenamiento específico en sustitución del entrenamiento interválico tradicional.

Al describir los COD realizados en partidos de élite Bloomfield et al. (2007), obtuvieron las siguientes conclusiones:

- Los centrocampistas realizan más desplazamientos hacia delante que los defensas, siendo los defensas quienes efectúan más movimientos laterales y hacia atrás.

- La mayoría de los movimientos curvilíneos y diagonales son realizados por delanteros y centrocampistas (para crear espacios o desmarcarse para estar en posición favorable para recibir el pase del compañero). Estos movimientos de los delanteros les facilita en muchos casos no caer en fuera de juego al intentar recibir a la espalda de la defensa.

- La mayoría de los giros son realizados entre 0° y 90°.

- Los defensas hacen aproximadamente 700 giros por partido. Los centrocampistas 500.

- Los delanteros hacen en torno a 600 giros y la mayoría entre 270° y 360°, con la finalidad de evitar el marcaje del defensor en las diferentes fases del juego, desplazarse hacia el balón si le sobrepasa o cabecearlo.

- La cantidad de giros entre 90° y 180° es relativamente similar en todas las posiciones, realizándose entre 90-100 por partido.

ASPECTOS CLAVE:
Estos esfuerzos específicos en forma de giros, aceleraciones y deceleraciones, deben formar parte de las sesiones de entrenamiento para optimizar el rendimiento del futbolista. La inclusión de estos movimientos a la intensidad propia del juego, tanto en ejercicios genéricos como en situaciones de juego reducido, puede mejorar significativamente la fuerza que el jugador puede aplicar en esos gestos específicos.

DISTANCIA E INTENSIDAD DE CARRERA EN EL FÚTBOL

Además de las investigaciones previas que han descrito los cambios de dirección que el jugador de fútbol de élite realiza Orendurff et al. (2010), mostraron que en competición:

- El 43% de los movimientos duraron menos de 6 segundos.
- El 23% de los movimientos duraron entre 6 y 9 segundos.
- El 13% entre 9 y 12 segundos.
- El 9% de los movimientos duraron entre 12 y 15 segundos.
- El 53% de los periodos de recuperación fueron inferiores a 6 segundos.
- El 22% de estos periodos de recuperación duraron entre 6 y 9 segundos.
- El 9% entre 9 y 12 segundos.
- El 5% de los periodos de recuperación duraron entre 12 y 15 segundos.

Otros análisis centrados en los movimientos que realiza en competición el jugador de fútbol de élite, mostraron que son entre 1000 y 1400 las acciones que efectúa por partido de entre 2 y 4 segundos (Stolen et al., 2005), siendo aproximadamente 220 de estas acciones realizadas a alta intensidad (Mohr, 2003). En esta línea de investigación Bangsbo (1994), sugirió que el futbolista realiza una acción diferente cada 4-6 segundos a lo largo de un partido.

DISTANCIA E INTENSIDAD DE CARRERA EN EL FÚTBOL

EJEMPLO PRÁCTICO: Cambio de Dirección a Alta Velocidad con Finalización

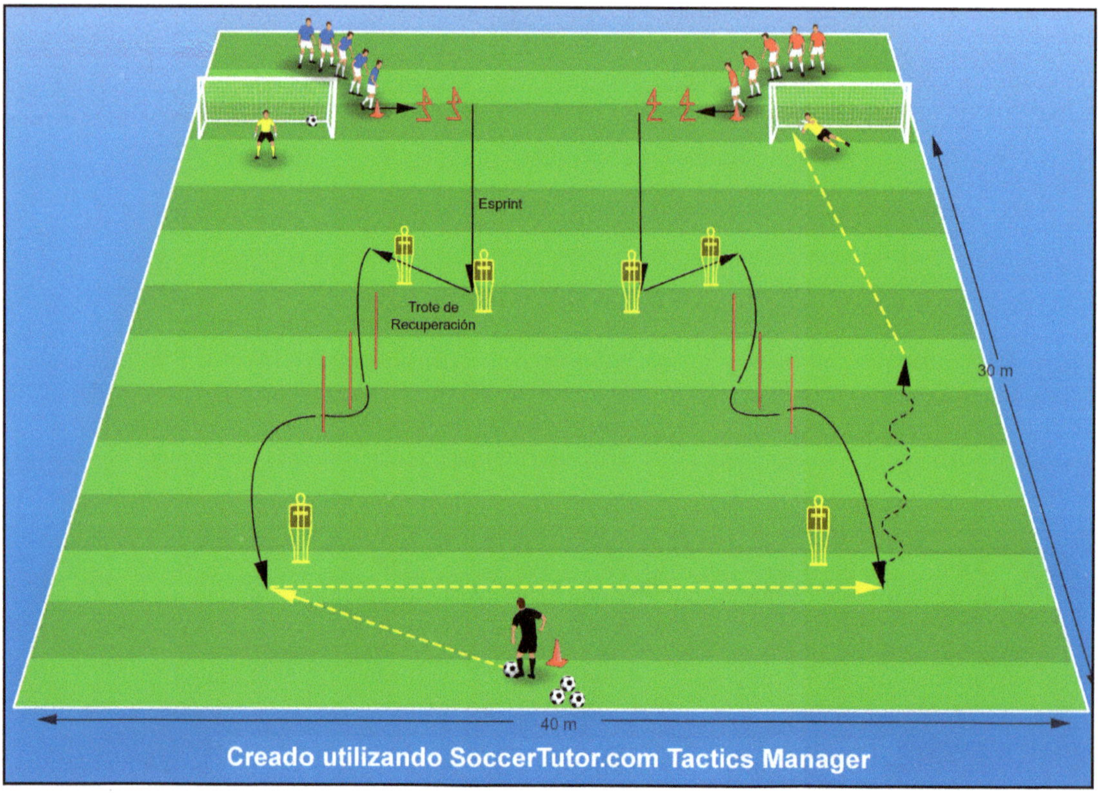

Objetivo: Desarrollar la producción de fuerza por unidad de tiempo, la velocidad de reacción, la aceleración y diferentes aspectos técnicos específicos.

Descripción

En una superficie de 40 x 30 m, colocamos las vallas, conos y muñecos en la posición que muestra la imagen. Los jugadores realizarán diferentes movimientos a máxima intensidad antes de disparar a portería.

Los jugadores se colocan en dos grupos enfrentados. Dos jugadores salen al mismo tiempo saltando dos vallas y acelerando hasta tocar el primer muñeco. Trotan recuperando hasta el segundo, donde giran efectuando un movimiento en diagonal entre los conos a máxima velocidad buscando el último muñeco. El entrenador pasa un balón a uno e ellos que debe reaccionar rápidamente controlando y pasando al otro compañero, que controlará perfilado para driblar al muñeco y disparar a la máxima velocidad posible. Tras estas acciones los jugadores vuelven a colocarse en las filas.

Progresión: El jugador que pasa el balón continúa la acción esprintando para presionar al compañero que debe finalizar en la portería.

Puntos Clave

1. Los jugadores deben acelerar a la máxima intensidad posible.
2. El jugador debe mantener la concentración para una correcta ejecución técnica en todo el recorrido.
3. Es imprescindible driblar al muñeco a la máxima velocidad para aproximarnos al juego real.

DISTANCIA E INTENSIDAD DE CARRERA EN EL FÚTBOL

ARTÍCULO

EFECTOS DEL ENTRENAMIENTO CON SOBRECARGA EXCÉNTRICA SOBRE EL CAMBIO DE DIRECCIÓN Y EL RENDIMIENTO EN FUTBOLISTAS

Por y Hoyo et al. Int J Sport Medicine, Diciembre 2014

El objetivo de este estudio fue analizar los efectos del entrenamiento con sobrecarga excéntrica en los parámetros cinéticos obtenidos en el cambio de dirección y el rendimiento en esprint y salto

20 futbolistas realizaron dos protocolos diferentes:
1) 5 minutos de bicicleta para calentar
2) 5 minutos de bicicleta para calentar más medias sentadillas en la máquina YoYo Squat (ejercicio de sobrecarga excéntrica)

¿QUÉ ENCONTRARON?

- El ejercicio con sobrecarga excéntrico produjo mayor rendimiento en el posterior cambio de dirección sin mostrar fatiga (sin observarse alteración en los parámetros del movimiento

- El esprint (0-20 m) y el salto mejoraron debido a mecanismos como el incremento de la fuerza reactiva, la potenciación postetánica y la rigidez muscular.

CONCLUSIONES Y APLICACIONES PRÁCTICAS

Estas respuestas son muy importantes para los entrenadores, ya que estos protocolos de calentamiento son muy empleados antes de la sesión de entrenamiento. Debido a la ausencia de fatiga, podría esperarse un efecto beneficioso sobre el rendimiento y la prevención de lesiones, recomendándose el empleo de estos ejercicios de sobrecarga excéntrica antes de entrenamientos y partidos

Diseñado por @YLMSportScience

DISTANCIA E INTENSIDAD DE CARRERA EN EL FÚTBOL

DIFERENCIAS EN LAS DEMANDAS FÍSICAS EN FUNCIÓN DEL PUESTO ESPECÍFICO

Muchos artículos de investigación centrados en las diferentes demandas físicas que el jugador afronta en función de su posición específica (Carling et al., 2008; Carling, 2010; Dellal et al., 2011), han mostrado que los centrocampistas y laterales recorren de forma significativa mayor distancia que los defensas centrales (Strudwick y Reilly, 2001; Barros et al., 2007) - Tabla 3 de la siguiente página. Esto podría deberse a los continuos desplazamientos de soporte que en su posición efectúan en ataque, defensa y en las transiciones. Como resultado deben ser aspectos muy a tener en cuenta organizar las tareas de entrenamiento en función de estas demandas y utilizar una adecuada rotación de jugadores en el equipo, para gestionar de forma adecuada la fatiga y por consiguiente, el riesgo de lesión.

La mayor cantidad de distancia recorrida por los centrocampistas puede ser atribuida a la mayor actividad de baja intensidad que realizan durante el partido, lo que indicaría un mayor aporte de los sistemas de producción de energía aeróbicos en comparación con otras posiciones.

Las demandas posicionales de los jugadores de élite han sido examinadas recientemente, analizándose los periodos en los que más carreras de alta intensidad se produjeron en partidos de *Premier League* (Di Mascio y Bradley, 2012). En este estudio el análisis se efectuó utilizando un sistema de seguimiento multicámara para medir las carreras de alta intensidad realizadas (velocidad ≥ 19,8 km/h) durante los periodos más intensos de los partidos (analizados en bloques de 5 minutos):

- Los defensores pasan más tiempo moviéndose hacia atrás (10,1%), en comparación con centrocampistas (5,2%) y delanteros (5,6%).

- Las carreras de alta intensidad supusieron el 3% del tiempo total de juego, pero durante los periodos de mayor intensidad supusieron el doble del tiempo (6%).

- En los periodos más intensos, el ratio trabajo:descanso entre carreras de alta intensidad/desplazamientos se incrementó desde 1:12 en el partido total, a 1:2 en los periodos más intensos. También se incrementaron las distancias recorridas a alta intensidad.

- Los centrales corrieron a alta intensidad durante menos tiempo (4,9 s) que laterales (17,9 s), centrocampistas de banda (18,3 s) y delanteros (16,9 s), y tuvieron más tiempo de recuperación (3,08 s) entre esfuerzos de alta intensidad que los centrocampistas de banda.

- No encontraron diferencias por posición en la distancia recorrida a máxima velocidad y a alta intensidad.

Como conclusión, las carreras de alta intensidad, el ratio trabajo:descanso y las distancias medias recorridas a alta intensidad, se ven incrementadas durante los periodos más intensos del juego (Di Mascio y Bradley, 2012), dependiendo estos incrementos de la posición, los roles y las responsabilidades asumidas por los jugadores. La Tabla 4 de la próxima página (Rampinini et al., 2007), muestra que los centrales tienden a recorrer menos distancia total, significativamente menos metros en los umbrales de velocidades altas y realizan menos esprints.

Los centrocampistas recorren un mayor porcentaje de su distancia total recorrida trotando; los delanteros esprintando (Reilly y Thomas, 1976; Rienzi et al., 2000).

En general, los defensas centrales recorren menos distancia total y realizan menos carreras de alta intensidad (Mohr et al., 2003).

El ratio trabajo:descanso de los delanteros se caracteriza por ráfagas de actividad de alta intensidad, normalmente hacia el espacio libre, para recibir un pase o esprintar buscando ese pase.

ASPECTOS CLAVE:
La cantidad de trabajo de alta intensidad requerida por posición es diferente, por lo que el entrenamiento para cada posición también debería serlo.

DISTANCIA E INTENSIDAD DE CARRERA EN EL FÚTBOL

Tabla 3. Distancia Total Media Recorrida (metros) por Posición Específica por Jugadores Sudamericanos Internacionales (Rienzi et al., 2000).

ACCIÓN	DEFENSAS (m)	CENTROCAMPISTAS (m)	DELANTEROS (m)
Andar	2691	2451	3007
Andar de Espaldas	562	569	526
Trote	3869	4892	2605
Trote de Espaldas	276	300	68
Trote Lateral	362	319	73
Correr	701	1110	900
Esprintar	231	316	557

Tabla 4. Distancia Media Recorrida (metros) por Posición Específica por Jugadores Ingleses Profesionales (Rampinini et al., 2007).

	CENTRALES	LATERALES	CENTROCAMPISTAS	DELANTEROS
DTR (m)	9995	11232	11748	10233
DTR (m) Andando (0,7-2 km/h)	3846	3504	3341	3844
DTR (m) Trotando (7,2-14,4 km/h)	1458	1601	1726	1361
DTR (m) Corriendo (14.4-19.8 km/h)	278	211	467	321
DTR (m) Alta Intensidad (19,8-25,2 km/h)	76	123	118	95
Número de Esprints (>25,2 km/h)	18	31	24	27

Estos periodos intensos de actividad de los delanteros son usualmente intercalados con periodos de recuperación a baja intensidad, que generalmente ocurren cuando no tienen incidencia directa sobre el juego. En base a este aspecto, es ampliamente aceptado que los delanteros realizan más esprints que defensas y centrocampistas durante el partido (Mohr et al., 2003).

Similares datos obtuvieron Bloomfield et al. (2007): el porcentaje medio de tiempo en el que el jugador efectúa acciones a alta o muy alta intensidad se situó en el 5,6% (6,6% delanteros, 5,2% centrocampistas y 4,9% defensas).

Otras investigaciones previas han encontrado que los centrocampistas pasan un mayor porcentaje del tiempo realizando acciones de alta intensidad en comparación con otras posiciones (Rampinini et al., 2007). Sin embargo los datos de Bloomfield et al. (2007), mostraron que las acciones de alta y muy alta intensidad fueron mayores en los delanteros, debido probablemente a que ellos suelen estar sobrepasados en número por los defensores. La metodología diferente empleada para la obtención de los datos, podría justificar también las diferencias observadas.

DISTANCIA E INTENSIDAD DE CARRERA EN EL FÚTBOL

La Incidencia del Sistema/Formación empleada

Bradley et al. (2011), analizaron los efectos que las implicaciones tácticas del juego (como el sistema de juego empleado), tuvieron sobre las demandas técnicas y tácticas en *Premier League*. Encontraron que los diferentes sistemas de juego generaron diferentes demandas físicas y técnicas: los delanteros realizaban un 30% más de carreras de alta intensidad con el empleo de un sistema 1-4-3-3, en comparación con el sistema 1-4-4-2. Este hecho podría explicarse por la mayor capacidad del sistema 1-4-3-3 de generar rápidas transiciones ofensivas y contraataques.

Además de esta investigación y como sugirieron Lago-Peñas y Dellal (2010), las implicaciones tácticas y sus efectos sobre el desempeño físico y técnico del jugador pueden depender de numerosos factores. Estos autores examinaron la posesión del balón durante 380 partidos disputados por los equipos de La Liga durante la temporada 2008-2009. Concluyeron que la posesión de por sí no tiene una influencia significativa sobre la posición final para la mayoría de los equipos, pero sin embargo encontraron una clara tendencia entre los cinco primeros. Cabe destacar que las posibles relaciones entre la formación táctica, la posesión total del balón y las demandas físicas en el futbolista de élite, aún no han sido estudiadas. No obstante y en relación con los datos físicos extraídos del partido, diferentes autores han destacado la importancia de la distancia recorrida y el número de esprints realizados, así como la distancia recorrida a alta intensidad (Stolen et al., 2005; Dellal et al., 2011).

Además con respecto a la posesión, que un equipo mantenga un estilo de juego estable puede ayudar al desempeño táctico del jugador por el mayor conocimiento de las funciones a realizar, teniendo una influencia directa en la capacidad de mantener la posesión y en la realización de movimientos más eficientes (recorriendo menor distancia), incrementando por tanto la probabilidad de éxito al imponer su estilo y su sistema de juego sobre los oponentes (Lago-Peñas y Dellal 2010; Vigne et al., 2012).

ASPECTOS CLAVE:

Equipos con una buena disposición táctica tienden a gastar menos energía al recorrer menos distancia de manera innecesaria.

VARIACIONES DURANTE EL PARTIDO Y ENTRE EL PRIMER Y EL SEGUNDO TIEMPO

Avances recientes en las ciencias del deporte y el análisis del rendimiento, han permitido la continua investigación y el incremento en la publicación de literatura centrada en el análisis de la competición. Distintas empresas centradas en estos análisis continúan implementando sus sistemas, permitiendo análisis pormenorizados para poder conocer con detalle las demandas del movimiento del jugador en competición y categorizarlas. Estos sistemas avanzados de recolección de datos, han permitido comparar las diferencias en la distancia recorrida entre la primera y la segunda parte como muestra la Tabla 5 de la siguiente página.

Debido a la intensidad y duración de los partidos de fútbol, es fundamental ser capaz de reproducir un similar nivel de esfuerzo en ambas partes. Investigaciones previas con futbolistas de élite han mostrado un descenso en la distancia recorrida en la segunda parte (3-9%), con respecto a la primera (Rienzi et al., 2000; Barros et al., 2007; Rampinini et al., 2009), aunque estas diferencias no han mostrado ser significativas (Di Salvo et al., 2007). Si bien la carrera de alta intensidad representa un 3% del tiempo total de juego, durante los periodos de mayor intensidad del partido estas carreras se duplican. Una análisis más en profundidad de Di Salvo et al. (2007), destacó:

- En la segunda parte se recorrió significativamente más distancia a menor velocidad (0–11 km/h) y en la primera significativamente más distancia a velocidades medias (11,1–19 km/h).
- Como muestra la Tabla 5 de la siguiente página, no se encontraron diferencias en velocidades máximas (> 23 km/h) y submáximas (19,1–23 km/h).
- Estos datos indicarían que la velocidad de juego en la segunda parte, con respecto a la primera, puede verse afectada por aspectos como la fatiga, los cambios tácticos, la psicología del jugador y otras incidencias propias del juego.

El Efecto de las Sustituciones

Los descensos en la intensidad de las acciones han sido más evidentes en los últimos 15 minutos de partido, donde se realiza menos trabajo de alta intensidad (Mohr et al., 2003; Barros et al., 2007; Rampinini et al., 2009). Esta observación se apoya en que los sustitutos que entran en los segundos tiempos esprintan y corren a mayor intensidad (63%), en comparación con los que juegan el partido entero (25%)(Mohr et al., 2003). El uso de sustitutos conforme se acerca el final del encuentro es común en todos los niveles de rendimiento, sin embargo, hasta hace poco su incidencia sobre el juego ha sido poco estudiada.

Un trabajo reciente de Carling et al. (2010), mostró los siguientes datos:

- Los centrocampistas sustitutos recorrieron mayor distancia a alta intensidad y tuvieron menos tiempo de recuperación entre esfuerzos de alta intensidad, en comparación con los centrocampistas que permanecieron en el campo.
- Los delanteros recorrieron de forma significativa menos distancia en sus primeros diez minutos cuando entran como sustitutos, en comparación con los primeros diez minutos si comienzan el partido. Este aspecto no se observó en los centrocampistas.

Como hemos visto las diferencias entre tiempos han sido investigadas (Di Salvo et al., 2007; Lago, 2009; Lago-Penas et al., 2010), pero la influencia de aspectos como jugar en casa o fuera, el resultado y el nivel del oponente no deben ser infravalorados. En este sentido Lago y Martín (2007), encontraron mayor posesión en La Liga en los equipos que jugaron en casa y una tendencia a tener más posesión si el resultado es empate o adverso. También observaron que ante rivales de menor nivel (en relación a su posición en la tabla a final de temporada), los equipos de mayor nivel tuvieron mayor posesión de balón.

DISTANCIA E INTENSIDAD DE CARRERA EN EL FÚTBOL

Al comparar primer y segundo tiempo Barros et al. (2007), encontraron en el segundo una reducción del 7% en la distancia media recorrida. Este estudio sugirió además que el rendimiento del jugador ya había descendido en el inicio del segundo tiempo manteniéndose hasta el final del partido. Con posterioridad Redwood-Brown et al. (2012), destacaron que sobre estas pérdidas de rendimiento por la aparición de la fatiga la variable resultado podría ser determinante, concluyendo que en el esfuerzo realizado existe una significativa interacción con el resultado en el marcador y la posición específica:

- Los delanteros pasan un mayor porcentaje del tiempo desplazándose a 14,4 km/h o más rápido, cuando su equipo va ganado.
- Los defensas pasan una mayor porcentaje del tiempo moviéndose a 14,4km/h cuando su equipo va perdiendo.
- Redwood-Brown et al. (2012), justifican estos incrementos del esfuerzo a que los delanteros pueden sentirse más animados a incrementar su intensidad cuando su equipo se pone con ventaja en el marcador, por ejemplo presionando al equipo contrario, implicando al mismo tiempo un incremento en el esfuerzo de los defensas contrarios

Tabla 5. Variaciones en la Distancia Total Recorrida (km) en la Primera y Segunda parte del Partido

AUTOR	NIVEL DE LOS JUGADORES	DTR 1er TIEMPO (km)	DTR 2º TIEMPO (km)	DTR (km)	% DIFERENCIA (1er/2º TIEMPO)
Rienzi et al (2000)	Sudamericanos Internacionales	4.60	4.41	8.63	-4%
Mohr et al (2003)	Profesionales Daneses	5.51	5.35	10.86	-3%
Di Salvo et al (2007)	Profesionales Españoles	5.70	5.68	11.39	-1%
Rampinini et al (2007)	Profesionales Ingleses			10.86	-8%
Barros et al (2007)	Profesionales Brasileños	5.17	4.80	10.01	-7%

Tabla 6.

Distancia Media Total Recorrida a Diferentes Velocidades/Intensidades en el Primer y Segundo Tiempo

(Di Salvo et al., 2007)

	DTR 1er TIEMPO (m)	DTR 2º TIEMPO (m)
Total	5709	5684
0-11 km/h	3496	3535
11,1-14 km/h	851	803
14,1-19 km/h	894	865
19,1-23 km/h	304	301
>23 km/h	165	172
Con Balón	104	109

2. LA INFLUENCIA DEL RESULTADO, LA HORA DEL PARTIDO Y OTRAS VARIABLES

LA INFLUENCIA DEL RESULTADO, LA HORA DEL PARTIDO Y OTRAS VARIABLES

El análisis del rendimiento es generalmente definido por medio de la medición y el estudio de los eventos conductuales y situacionales que ocurren durante la competición (Carling et al., 2005; Dellal et al., 2010). Como hemos indicado con anterioridad, existen diversos factores que pueden influir como el nivel de la oposición (Nevill y Holder, 1999), el resultado (Lago-Peñas y Dellal, 2010), la organización táctica (Lago, 2009) y si se juega en casa o fuera (Lago-Penas et al., 2010).

Estos factores pueden generar diferentes perfiles de esfuerzo, evidenciados en menos distancia recorrida a diferentes velocidades en función de las circunstancias del partido. Haber establecido que los jugadores recorren menos distancia cuando van ganando y mayor cuando van perdiendo, pone de manifiesto que el resultado es una variable que afecta al esfuerzo del futbolista (Lago, 2009). En la línea de estudios previos (Jones et al., 2004; Bloomfield et al., 2005; Lago y Martín, 2007), sobre las estrategias de partido influyen las circunstancias por las que se desarrolla alterando el estilo de juego.

Una de las variables que influye sobre la posesión y la distancia recorrida durante el partido es el nivel del equipo contrario (Lago, 2009). Cuando competimos contra rivales mejores, ha sido sugerido que jugar presionando a ese rival para que no despliegue todos sus recursos podría incrementar la distancia recorrida, pero también podría descenderla si jugamos muy replegados para tras robar el balón generar una acción rápida de contraataque.

Para añadir más información sobre variables que pueden afectar al desempeño en competición del futbolista, un estudio efectuado a gran escala investigó los efectos de variables situacionales tales como jugar en casa o fuera, el resultado (ir ganando, perdiendo o empatando) y la calidad y nivel del contrario en la posesión de los equipos (Lago-Peñas y Dellal, 2010). Los resultados revelaron que los equipos más exitosos que finalizaron La Liga en las posiciones superiores, mantuvieron un mayor porcentaje de posesión mostrando un estilo de juego más estable. Además, en los mejores equipos los datos estadísticos referentes a la posesión variaron mucho menos, destacando que estos equipos son capaces de imponer y mantener su sistema y estilo de juego independientemente de las variables, que como hemos visto, afectan durante la disputa de un partido (Lago-Peñas y Dellal, 2010). Aunque los datos muestran una clara tendencia, el Leicester City es el ejemplo de que las estadísticas no siempre muestran el camino para ganar un campeonato.

Los equipos parecen emplear diferentes estrategias durante el partido en función de cómo se va desarrollando (ir ganando, empatando o perdiendo), reflejando también la filosofía del entrenador, el presupuesto del equipo, las características de los jugadores e incluso en algunos casos la forma tradicional de jugar de un club (Lago-Peñas y Dellal, 2010). En concordancia con datos previos (Lago, 2009), cabe destacar que los niveles de actividad del jugador durante el transcurso del partido pueden verse sustancialmente alterados, no solo de partido a partido, sino también y de manera significativa a lo largo de un mismo partido por medio de la influencia de variables situacionales como el resultado del mismo (Lago-Peñas y Dellal, 2010).

Así como las variables situacionales afectan a los perfiles de rendimiento físico del jugador, otros factores psicológicos también deben ser tenidos en cuenta para obtener un mayor conocimiento de lo que el jugador afronta durante el partido. Además, al futbolista se le exige competir en diferentes horarios, siendo motivo de preocupación ya que pueden ser totalmente diferentes a los empleados en los entrenamientos cotidianos. Las investigaciones han sugerido que al igual que el rendimiento del deportista varía en función de la hora del día, de igual manera podría afectar al rendimiento en partido (Drust et al., 2005).

DISTANCIA E INTENSIDAD DE CARRERA EN EL FÚTBOL

Los **ritmos circadianos** (actividad biológica cíclica analizada en intervalos de tiempo definidos) están controlados por la biología individual del jugador bajo condiciones de recuperación y reposo, permaneciendo cuando los individuos están aislados de los cambios del entorno (Atkinson y Reilly, 1996).

Entrenar o competir fuera de la "ventana pico" o en diferente horario al de entrenamiento, puede no ser la mejor opción. Acorde a los resultados de Reilly et al. (2007), sobre el "reloj biológico" de los jugadores, el rendimiento tanto de su capacidad técnica como el meramente físico se maximiza entre las 16:00 y 20:00 horas. Además, este estudio reveló que la temperatura corporal alcanzó su punto máximo a similar horario, pero los estados de ánimo positivos parecen alcanzarse ligeramente antes.

Los hallazgos de la literatura más reciente en este área son extremadamente interesantes y en consecuencia, ponen en duda el horario tradicional de entrenamiento del futbolista realizado por las mañanas (Dellal et al., 2011; Owen et al., 2012; Hoff, 2005; McMillan et al., 2005). Sin embargo, son necesarias más investigaciones sobre este aspecto para conseguir más información al respecto.

ASPECTOS CLAVE:

Se juegan más partidos en horario de tarde y noche y las investigaciones han mostrado que el jugador maximiza su rendimiento entre las 16:00 y las 20:00 horas. ¿Están perdiendo los equipos profesionales que entrenan por la mañana la oportunidad de utilizar para la mejora del rendimiento de sus jugadores esa "ventana" existente?

DISTANCIA E INTENSIDAD DE CARRERA EN EL FÚTBOL

LA VENTAJA DE JUGAR EN CASA
¿Una cuestión de expectativas, establecimiento de objetivos y decisiones tácticas de los entrenadores?

1 ### ANTECEDENTES
En fútbol, el equipo que juega en casa gana cerca del 67% de los partidos, sin estar resueltos los motivos que lo propician y existiendo poca investigación sobre los aspectos psicológicos involucrados.

2 ### ¿Qué hicieron los investigadores?
Analizaron las expectativas de los entrenadores, los objetivos establecidos y las decisiones tácticas en relación a si jugaron fuera o en casa. Participaron entrenadores con diferentes niveles de experiencia en un estudio donde fueron asignados al grupo "juega en casa" o "juega fuera de casa". Los participantes recibieron información sobre el partido para el que se les pidió que tomasen decisiones en numerosos puntos. La única diferencia en ambos grupos fue si jugaron en casa o fuera.

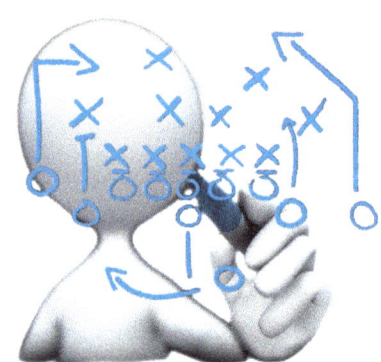

3 ### Resultados y Conclusiones
Independientemente de la experiencia, los entrenadores que jugaban en casa tuvieron expectativas mayores, establecieron objetivos más ambiciosos y decidieron emplear más tácticas de juego ofensivas.

REFERENCIA
STAUFENBIEL, LOBINGER Y STRAUSS EN J SPORTS SCIENCES FEBRERO 2015

> DESDE UN PUNTO DE VISTA PRÁCTICO, LOS ENTRENADORES DEBEN CONSIDERAR LA IMPORTANCIA DE DÓNDE JUEGAN AL DECIDIR SOBRE LOS PLANTEAMIENTOS TÁCTICOS DEL PARTIDO

Diseñado por @YLMSportScience

DISTANCIA E INTENSIDAD DE CARRERA EN EL FÚTBOL

CICLOS DE SUEÑO Y RENDIMIENTO DEPORTIVO

por Facer-Childs y Brandstaetter, en Current Biology, Febrero 2015
Presentado por A. Wernick para PRI.org

Los investigadores conocen desde hace tiempo que los ritmos circadianos naturales de 24h de un individuo controlan importantes funciones como la frecuencia cardiaca, la temperatura corporal y la concentración y el tiempo de reacción, por lo que podrían también influir en el rendimiento deportivo

En este estudio, 20 atletas fueron divididos en "alondras" o "búhos" midiendo sus ritmos de 24 horas

ALONDRAS

Normalmente despiertan sobre las 7 de la mañana y se acuestan a las 23 como muy tarde

BÚHOS

Despiertan a las 10-11 y no van a la cama hasta la 1-2 am

La medición del rendimiento fue realizada en seis horarios diferentes **entre 7am y 10pm**

LA HORA EN LA QUE SE CONSIGUIÓ EL MEJOR RENDIMIENTO INDIVIDUAL FUE SIGNIFICATIVAMENTE DIFERENTE ENTRE GRUPOS

MEDIODÍA — ALONDRAS   **4PM** INTERMEDIO   **8PM** — BÚHOS

Los investigadores descubrieron que podrían predecir cómo de favorable sería el rendimiento de cada grupo a una hora determinada en función del tiempo transcurrido desde su "despertar atrasado", es decir, el tiempo transcurrido desde que se hubieran despertado de forma natural por la mañana sin estímulo externo

Estos resultados pueden ser particularmente importantes para ajustar el reloj corporal en el contexto de viajes de larga distancia y competiciones realizadas a primera hora de la mañana o a última hora de la noche

Diseñado por @YLMSportScience

3. PERFILES DE RENDIMIENTO ESPECÍFICOS

DISTANCIA E INTENSIDAD DE CARRERA EN EL FÚTBOL

PERFILES DE RENDIMIENTO ESPECÍFICOS

Tabla 7. Distancia Recorrida y Porcentaje de la Distancia Total Recorrida en Partido con Balón (Di Salvo et al., 2007)

	CENTRALES	LATERALES	MEDIOCENTROS	CENTROCAMPISTAS DE BANDA	DELANTEROS
Distancia Recorrida con Balón	119	220	230	286	212
% de la DTR con Balón	1.2%	1.9%	1.9%	2.4%	1.9%

Los perfiles individuales de rendimiento pueden proporcionar información adicional sobre las demandas específicas del juego, que no están detalladas cuando se mide solo la distancia total. Hay muchos cambios durante el partido que pueden influir en las demandas impuestas al futbolista en forma de correr a diferentes velocidades (Carling et al., 2010; Dellal et al., 2011). Pero además, los jugadores también aceleran y deceleran, cambian de dirección frecuentemente y realizan desplazamientos sin el balón. Las investigaciones más recientes muestran que solo el 2% de la distancia total recorrida por el jugador es con balón. La mayor parte de los esfuerzos realizados ocurren sin balón en acciones como crear espacios, ganar la posesión o ayudar a un compañero de equipo (Carling et al., 2008; Carling et al., 2010).

A partir del estudio de Di Salvo et al. (2007), datos destacados en la *Tabla 7* de esta página:

- La distancia recorrida por el jugador de élite español con posesión del balón varió entre 119 y 286 m (1,2–2,4% de la distancia total recorrida), en función de la posición específica.

- Extremos o centrocampistas de banda recorrieron mayor distancia de forma significativa estando en posesión del balón, en comparación con otras posiciones (Tabla 7).

- Los centrales recorrieron menor distancia que el resto de posiciones.

Las investigaciones previas han sugerido que:

- Los esfuerzos de baja intensidad supusieron aproximadamente el 80% del tiempo total del partido.

- Andar supuso el 48% del tiempo y trotar el 32% (Bangsbo, 1994; Reilly, 1996).

- Correr a velocidad moderada y esprintar supusieron el 4% y el 1% respectivamente del tiempo total. El 15% del tiempo restante fue tiempo inactivo.

- El ratio de trabajo en términos de alto: bajo : descanso fue 1: 16 : 3 (Strudwick y Reilly, 2001).

- La actividad cambió aproximadamente cada 3,5 segundos.

- La baja Intensidad comprendió: 4,2 km trotando, 4 km andando, 901 m andando de espaldas, 337 m trotando de espaldas y 225 m trotando lateralmente.

Se puede concluir que el fútbol es un deporte predominantemente "acíclico", en el que los jugadores corren una distancia considerable efectuando de manera repetida acciones sobre cortas distancias a velocidad variable (Dellal et al. 2011). Según Reilly (2003), el fútbol podría describirse como un deporte intermitente con esfuerzos máximos añadidos a un patrón de baja intensidad.

RESUMEN DEL CAPÍTULO

RESUMEN DEL CAPÍTULO

DISTANCIA RECORRIDA EN PARTIDO

- Los futbolistas profesionales recorren entre 9 y 12 km durante un partido.

- En cada partido se producen entre 1000 y 1500 cambios de movimiento cada 5-6 segundos, con una pausa estática de 3 segundos cada 2 minutos.

- A nivel profesional, los jugadores realizan entre 1000 y 1400 acciones breves de 2-4 segundos de duración, siendo aproximadamente 220 de estas acciones efectuadas a alta intensidad.

- La carrera de alta intensidad representa aproximadamente el 3% del tiempo de juego, sin embargo, en los periodos de más intensidad del partido llega a doblarse.

- El jugador recorre el 2% de la distancia total con balón. La mayoría de las demandas del juego son asociadas a trabajar sin balón para crear espacios, ganar la posesión o ayudar a un compañero de equipo.

DIFERENCIAS POR POSICIÓN

- Existen diferencias en los requerimientos físicos, fisiológicos y bioenergéticos en función de la posición de juego.

- Los roles específicos de la posición de juego tienen influencia en el gasto energético necesario para afrontar el partido.

- La mayor distancia recorrida por los centrocampistas es atribuida a la mayor cantidad de actividad de baja intensidad que realizan, solicitando más el sistema aeróbico de producción de energía que otras posiciones.

INFLUENCIA DE ASPECTOS TÁCTICOS

- Equipos con un buen desempeño táctico tienden a gastar menos energía al recorrer menos distancia.

- Los delanteros realizan un 30% más de carreras de alta intensidad cuando juegan en un sistema 1-4-3-3, en comparación a jugar en un 1-4-4-2 o 1-4-5-1.

- Los mejores equipos que acaban la liga en los primeros puestos de la clasificación, han mostrado mantener un mayor % de la posesión debido posiblemente a un patrón de juego más estable.

EFECTO DE LAS SUSTITUCIONES

- Al realizar una sustitución se ha encontrado que los centrocampistas que entran, al compararlos con los centrocampistas que permanecen en el campo, recorren mayor distancia total y mayor distancia a alta intensidad, empleando menos tiempo de recuperación entre acciones.

DISTANCIA E INTENSIDAD DE CARRERA EN EL FÚTBOL

¿CÓMO PUEDO UTILIZAR ESTA INFORMACIÓN PARA IMPLEMENTAR MIS ENTRENAMIENTOS?

- Todos los profesionales que estén en contacto con el futbolista con el objetivo de mejorar su rendimiento, deben conocer las demandas físicas que el partido de fútbol representa para el jugador.

- Los entrenadores deben entrenar a los jugadores de forma diferente en función de su posición específica, debido a las distintas demandas encontradas para cada posición de juego.

- Los entrenadores necesitan conocer los diferentes factores que inciden sobre el rendimiento del jugador y su posible incidencia sobre la competición (por ejemplo, la influencia de los ritmos circadianos, el nivel del rival, el resultado del partido, la organización táctica y jugar en casa o fuera).

- La cantidad de trabajo de alta intensidad en cada posición es diferente, por tanto también el entrenamiento para cada posición debe ser diferente.

- La realización de giros, aceleraciones y deceleraciones debe formar parte del entrenamiento específico del jugador con la finalidad de mejorar el rendimiento en estas acciones.

- Los equipos de fútbol generalmente compiten a media tarde o de noche, siendo cuestionable la realización de los entrenamientos en horario de mañana.

CAPÍTULO 2

DEMANDAS FISIOLÓGICAS DEL FÚTBOL

DEMANDAS FISIOLÓGICAS DEL FÚTBOL

CONTENIDOS DEL CAPÍTULO

1. **Componentes del Entrenamiento de Resistencia**

   - Monitorización de la Frecuencia Cardiaca (FC)
   - Cinética del Consumo de Oxígeno
   - Economía de Carrera (EC)

2. **Componentes del Entrenamiento Intensivo de Corta Duración**

   - Umbral de Lactato (*Lactate Threshold*, LT) y Sistema de los Fosfágenos
   - Depleción de Glucógeno y Variación Hormonal
   - Capacidad de Repetir Esprints (*Repeated Sprint Ability,* RSA)

3. **Desarrollo de la Velocidad, Agilidad y Coordinación**

Conocer las demandas fisiológicas del fútbol de élite es un punto de partida esencial para la preparación física del futbolista, debido al rol específico que estas demandas tienen en el desarrollo de los programas de entrenamiento y a la incidencia directa sobre el rendimiento en competición.

Junto con el análisis de las características del movimiento en competición (p. ej. distancia recorrida e intensidad de carrera), diferentes variables fisiológicas como la frecuencia cardiaca (FC), la concentración de lactato en sangre (La) como resultado de un aporte de oxígeno insuficiente en los músculos para la generación de energía mediante la degradación de glucosa, los cambios hormonales o el consumo máximo de oxígeno (VO2max), pueden ser monitorizadas para proporcionar información sobre la carga fisiológica que soporta el jugador en entrenamientos y partidos.

Los jugadores realizan diferentes acciones a una intensidad que varía desde una intensidad mínima hasta el esfuerzo máximo. Esta naturaleza intermitente del juego implica que el futbolista debe desarrollar su capacidad de generar elevadas cantidades de energía por unidad de tiempo (mediante sistemas de producción anaeróbicos), pero también debe ser capaz de trabajar durante un periodo prolongado de tiempo a un ritmo que fluctúa entre intensidades altas y bajas (resistencia intermitente).

Centrar la atención en el desarrollo de los aspectos técnicos y físicos del juego de manera simultánea, en oposición al trabajo aislado de los mismos, es fundamental por el tiempo limitado de entrenamiento del que dispone el entrenador debido a la gran cantidad de partidos que el futbolista de élite disputa. Como consecuencia, el empleo de situaciones de juego reducido como estrategia de intervención multifactorial permite una mayor eficiencia y motivación del jugador, junto con un descenso del volumen y la carga de entrenamiento, dejando al entrenador tiempo adicional para desarrollar cualquier otro aspecto del juego.

1. COMPONENTES DEL ENTRENAMIENTO DE RESISTENCIA

COMPONENTES DEL ENTRENAMIENTO DE RESISTENCIA

Aeróbico - *Ejercicio realizado para mejorar el uso, absorción y transporte del oxígeno por parte del organismo.*

La observación de cierta relación en el futbolista entre su potencia aeróbica (VO2max) y la distancia que recorre por partido, ha promovido el uso de programas de entrenamiento que buscan la mejora del rendimiento aeróbico (Reilly y Thomas, 1976; Smaros, 1980; Hoff et al., 2002).

El estudio realizado con futbolistas jóvenes de élite por Hoff y Helgerud (2004), mostró que el incremento de la potencia aeróbica del jugador aumentó el esfuerzo realizado en partido:

- Se incrementó la distancia total recorrida (DTR).
- Se incrementaron el número de acciones en las que el jugador está en disposición de intervenir sobre el balón.
- Se incrementaron el número de esprints.

En cuanto a la extrapolación a otros niveles de juego, se hace necesaria la realización de más estudios para conocer si estos datos son replicables en futbolistas profesionales de élite.

Como se ha descrito con anterioridad, la potencia aeróbica del jugador ha mostrado estar relacionada con la distancia recorrida en partido, pero también con el nivel de juego y la posición final en la tabla clasificatoria (Bangsbo y Lindquist, 1992; Wisloff et al., 1998; Krustrup et al., 2003). Investigaciones más recientes también han encontrado una sólida relación entre los cambios producidos por el entrenamiento aeróbico y variables como la DTR, el número de esprints y el número de acciones en las que el jugador está en disposición de intervenir sobre el balón durante el partido (Helgerud et al., 2001; Chamari et al., 2005; McMillan et al., 2005).

El entrenamiento aeróbico en el futbolista puede generar beneficios sobre:

- La distancia recorrida (9-12 km).
- La duración de la actividad (90 - 120 minutos).
- La FC y la respuesta metabólica.

Los análisis realizados han llegado a estimar que el **90-98% de la energía durante la competición es suministrada a través del sistema aeróbico de obtención de energía** (Astrand y Rodahl, 1986; Bangsbo, 1994). Para determinar esa contribución, las siguientes variables han sido analizadas como determinantes del rendimiento aeróbico:

Consumo de Oxígeno, Umbral de Lactato (LT) y economía de ejercicio (Whipp et al., 1982).

Monitorización de la Frecuencia Cardiaca (FC) (Owen et al., 2004; Owen et al., 2011).

Umbral de Lactato (LT) (Edwards et al., 2003).

Consumo Máximo de Oxígeno (VO2max) (Helgerud et al., 2001; McMillan et al., 2005).

Economía de Carrera (EC) (Whipp et al., 1982; Hoff y Helgerud, 2004).

(Variables definidas en el Glosario de Términos)

MONITORIZACIÓN DE LA FRECUENCIA CARDIACA (FC)

Durante los últimos 20 años, la monitorización de la **FC** en los equipos ha sido una ayuda al entrenamiento muy empleada. La tecnología asociada a estos procedimientos han continuado avanzando y evolucionando, para ofrecer un mejor conocimiento y una mayor precisión en la interpretación de la Intensidad del Ejercicio (**iE**).

¿Es suficiente la Monitorización de la Frecuencia Cardiaca?

Las investigaciones previas han mostrado que la respuesta de la **FC** durante el ejercicio intermitente es relativamente lenta para mostrar los repentinos cambios de actividad propios del fútbol, por lo que puede reflejar de forma imprecisa las acciones que efectúa el jugador (Tumilty, 1993; Bangsbo, 1994; Reilly, 1996; Achten y Jeukendrup, 2003). Por lo tanto, parece que el uso de la **FC** es más adecuado para una indirecta estimación de la producción de energía aeróbica, pero no como método válido para la valoración de la producción de energía anaeróbica (ejercicio de alta intensidad en el que de forma predominante el oxígeno no es empleado para su realización), en ejercicios específicos relacionados con la velocidad o la potencia (Alvarez y Castagna, 2007; Alexiou y Coutts, 2008).

Uso de la FC como Indicador de las Demandas Aeróbicas

El uso de la **FC** como indicador de las demandas aeróbicas en el fútbol ha sido verificado por Espósito et al. (2004), y Eniseler et al. (2005). La monitorización de la **FC** es un método no invasivo y universalmente aceptado, que permite la obtención fiable de los datos de **FC** para analizarlos, proporcionando información sobre las demandas cardiovasculares en entrenamiento o partido (Achten y Jeukendrup, 2003). Ha sido recientemente destacado que el uso de la monitorización de la **FC** en un equipo es un método eficiente en el tiempo para proporcionar datos de esfuerzo de un número elevado de jugadores. También la medición de la **FC** ha mostrado estar relacionada significativamente con diferentes variables fisiológicas, durante acciones intermitentes efectuadas por futbolistas profesionales (Hoff et al., 2002), amateurs (Drust et al., 2000), jugadores jóvenes (Castagna et al., 2005) y jugadoras (Davis y Brewer, 1993).

Se pueden comparar las respuestas a diferentes situaciones en partido y entrenamiento medidas con umbrales individuales de **FC** (Deutsch et al., 1998). Recopilar datos de **FC** es menos invasivo o restrictivo en comparación con extracciones sanguíneas o el análisis de gases, especialmente durante la competición y pueden representar una imagen más fiable de la contribución de energía aeróbica en el partido. Uno de los métodos más empleados con los datos de **FC** para determinar la carga interna de entrenamiento es el cálculo del *"Training Impulse" (TRIMP)*, obtenido multiplicando la duración de la sesión entrenamiento por la intensidad media de la misma (porcentaje de la **FC** reserva). Este método es sugerido para permitir con un simple dato representar un valor de carga empleando el volumen y la intensidad del entrenamiento (Impellizzeri et al., 2004; Stagno et al., 2007).

Frecuencia Cardiaca en Fútbol

Diferentes estudios han medido la **FC** con futbolistas profesionales en sesiones de entrenamiento, incluyendo situaciones de juego reducido (SSG) (Dellal et al., 2008; Dellal et al., 2011; Owen et al., 2011; Owen et al., 2012), entrenamientos interválicos (Dupont et al., 2004; Hoff y Helgerud, 2004; McMillan et al., 2004) y partidos no oficiales (Owen et al., 2004; Sassi et al., 2005). La **FC** ha sido muy empleada en jugadores jóvenes y amateurs para conocer la carga fisiológica de entrenamientos y partidos (McMillan et al., 2005).

DEMANDAS FISIOLÓGICAS DEL FÚTBOL

Tabla 8. Frecuencia Cardiaca Media del Jugador en Partido de Competición

ARTÍCULO	NIVEL DE JUEGO	FC MEDIA (ppm)	FC MEDIA (%FCmax)
Ogushi et al (1993)	–	161	–
Brewer y Davis (1994)	Profesionales Suecos	175	89-91%
Florida James y Reilly (1995)	–	165	–
Helgerud et al (2001)	Internacionales Daneses Juveniles	171	82.20%
Mohr et al (2004)	Profesionales Daneses	160	–

Investigaciones recientes han sugerido que el control de la iE por medio del uso de la **FC** podría ser mejor expresado con el uso de la Frecuencia Cardiaca Reserva (FCR), debido a que es considerado el indicador a partir de la **FC** más fiable y a que permite una comparación individual más precisa (Dellal et al., 2012). La FCR es el resultado de restar a la frecuencia cardiaca máxima (**FCmax**) la de reposo (**FCr**).

FCR = FCmax - FCr.

Ejemplo del uso de la cinta para la Monitorización de la FC en una Sesión de Entrenamiento.

Para concluir, parece que el uso de la **FCmax** y la **FC Media** puede no ser el mejor indicador para evaluar la iE en fútbol, ya que este particular método no tiene en cuenta la magnitud de la respuesta de la **FC (FCmax - FCr)**.

El valor de la **FC** de reposo es el valor mínimo obtenido durante un tiempo establecido (> 5 min) en el que el jugador está tendido en una cama con los ojos cerrados, o inmediatamente después de levantarse en un entorno controlado (Achten y Jeukendrup, 2003; Dellal et al., 2008; Wong et al., 2011).

Aunque dos jugadores pueden tener similar **FCmax**, pueden tener diferentes valores de **FC** reposo, posibilitando diferentes respuestas en forma de **FC** en entrenamiento y partido. Por tanto, es necesario que la **FC** sea analizada considerando la FCR como proponen Karvonen et al. (1957).

La ecuación utilizada para calcular la **FCR** considera los **Ritmos Circadianos** y posibilita la comparación inter sujetos de la **FC** en respuesta a diferentes entrenamientos.

DEMANDAS FISIOLÓGICAS DEL FÚTBOL

Figura 1. Frecuencia Cardiaca de un Futbolista Profesional durante un Partido de Competición

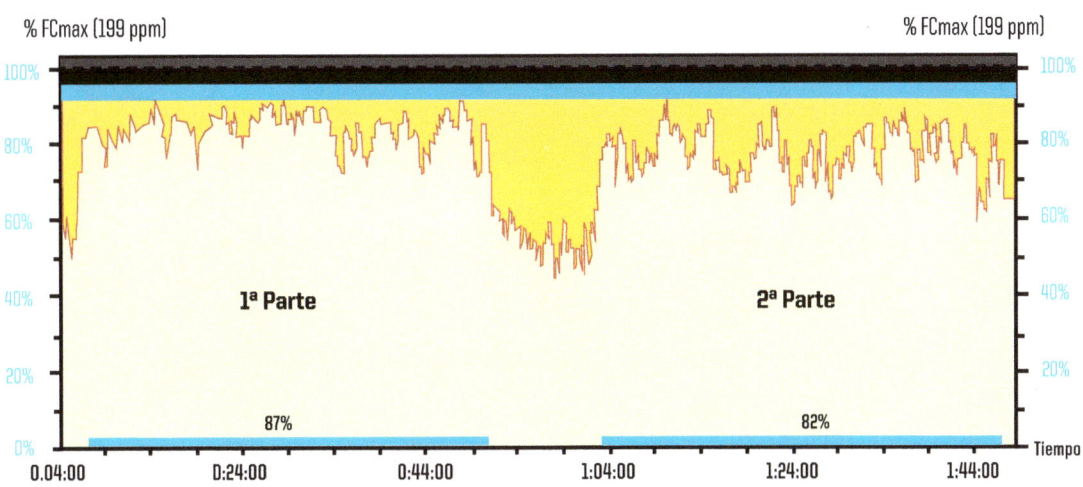

Figura 2. Frecuencia Cardiaca de un Futbolista Profesional durante un Entrenamiento Específico

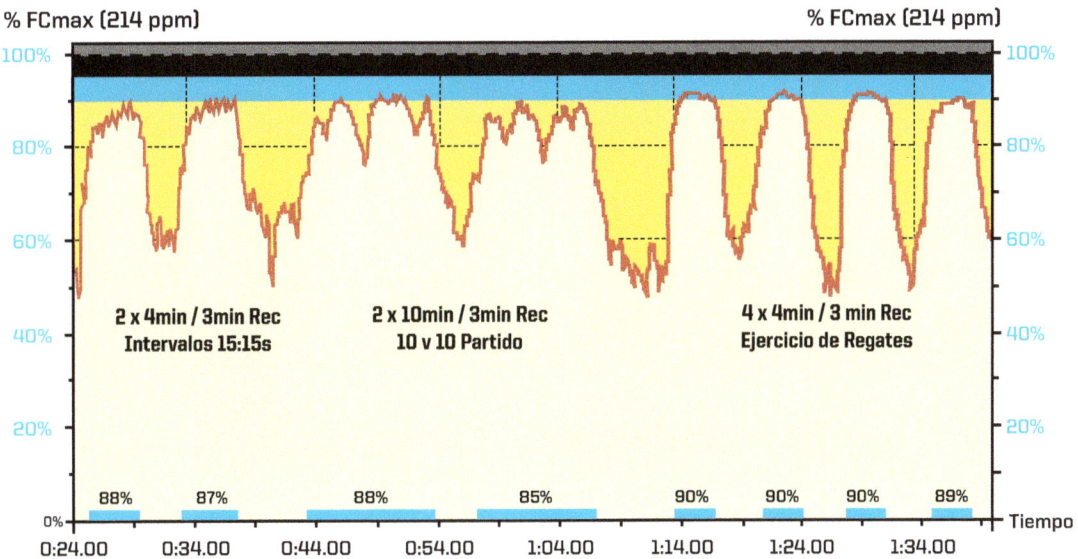

DEMANDAS FISIOLÓGICAS DEL FÚTBOL

Tabla 9. Cambios en la Frecuencia Cardiaca de Futbolistas Durante Diferentes Ejercicios Intermitentes de Alta Intensidad (Dellal et al., 2012).

FUENTE	DURACIÓN DEL ENTRENO	INTESIDAD DE TRABAJO (% VAM)	TIPO DE ENTRENO	TIPO DE RECUPERACIÓN	FORMATO DEL ENTRENO	%FCMax o FCMax (p.p.m)	%FCR
Dupont et al (2003)	15:15s	110	Carrera en línea	Pasiva	Maximal	189	–
		120	Carrera en línea	Pasiva	Maximal	189	
		130	Carrera en línea	Pasiva	Maximal	191	
Dupont et al (2004)	15:15s	120	Carrera en línea	Pasiva	Maximal	92%	–
			Carrera en línea	Activa	Maximal	91.3%	
Dellal et al (2008)	5:20s	120	Carrera en línea	Pasiva	1 x 7 min	–	80.2
	10:10s	110	Carrera en línea	Pasiva	2 x 7 min		85.8
	15:15s	100	Carrera en línea	Pasiva	2 x 10 min		76.8
	30:30s	100	Carrera en línea	Pasiva	2 x 10 min		77.2
	30:30s	100	Carrera en línea	Activa	2 x 10 min		85.7
Dellal et al (2010)	10:10s	110	Carrera en línea	Pasiva	1 x 6min 50s	–	86.6
			Carrera con cambios de dirección				88.1
		115	Carrera en línea				88.3
			Carrera con cambios de dirección				89.3
		120	Carrera en línea				90.1
			Carrera con cambios de dirección				91.3
	15:15s	105	Carrera en línea	Pasiva	1 x 9min 45s	–	83.8
			Carrera con cambios de dirección				86
		110	Carrera en línea				86.7
			Carrera con cambios de dirección				88.2
		120	Carrera en línea				89.5
			Carrera con cambios de dirección				90.2
	30:30s	100	Carrera en línea	Activa	1 x 11min 30s	–	76.3
			Carrera con cambios de dirección				82.1
		105	Carrera en línea				80.1
			Carrera con cambios de dirección				86.5
		110	Carrera en línea				85
			Carrera con cambios de dirección				90

Valores:

- Pulsaciones medias por minuto *(p.p.min)*
- Porcentaje de Frecuencia Cardiaca Máxima *(%FCmax)*
- Porcentaje de Frecuencia Cardiaca Reserva *(%FCR)*
- Porcentaje de Velocidad Aeróbica Máxima *(%VAM)*

DEMANDAS FISIOLÓGICAS DEL FÚTBOL

Tabla 10. Respuesta de la FC del Futbolista a Diferentes Situaciones de Entrenamiento (Dellal et al., 2012)

Valores: Pulsaciones medias por minuto y porcentaje de frecuencia cardiaca máxima **(%FCmax)**

FUENTE	NIVEL DE JUEGO	N	FC (p.p.m)	%FCmax	SITUACIONES DE ENTRENAMIENTO
Hoff et al (2012)	1ª División Noruega	6	184	~91	5vs5 +Portero (50 x 40m)
Rampinini et al (2007)	Italia n/e	15		~88	4vs4 SSG (4 x 4 min)
				~78	4vs2 SSG (2 x 4 min)
				~85	10vs10 SSG (10 min)
Sassi et al., (2005)	Élite/Liga de Campeones	9	~178	~91	4v4 SSG
			~170	~91	8v8 SSG
			~167	~85	4 x 100m
			~140	~72	Trabajo Técnico/Táctico
Eniseler (2005)	1ª División Turquía	10	135		Partido Simulado (20 min)
			126		Táctico (20 min)
			118		Técnico (20 min)
Williams y Owen (2007)	1ª División Inglaterra	9	163		2v2, 3v3, 4v4, 5v5 SSGs
Hill-Haas et al (2009)	Liga Australiana	16	89		2v2 SSG
			85		4v4 SSG
			83		6v6 SSG
Owen et al (2001)	Liga de Campeones	15		~90	3vs3 +Portero SSG
				~81	9vs9 +Portero SSG
Esposito et al (2004)	Italia 6ª División	7	156		Circuito Modificado de Ekblom (1998)
Tessitore et al (2006)	Liga Regional Italiana	9	>160		6v6 SSG (30 x 40m)
			>160		6v6 SSG (40 x 50m)

Tabla 11. Valores de VO2max en Futbolistas de Diferentes Niveles de Juego

PUBLICACIÓN	NIVEL DE JUEGO	VO2max (ml/kg/min)
Drust et al., (2000)	Universitarios Internacionales	58.9
Helgerud et al., (2001)	Internacionales Noruegos	58.1 / 64.3
Wisloff et al., (2004)	Profesionales Noruegos	65.7
Dupont et al., (2004)	Profesionales Franceses	60.1
Santos-Silva et al., (2007)	Profesionales Brasileños	54.5 - 55.2
Casajus and Casagna et al., (2007)	Profesionales Españoles	54.9

CINÉTICA DEL CONSUMO DE OXÍGENO

El **VO2max** es la máxima cantidad de oxígeno que el organismo puede emplear durante un ejercicio maximal para la obtención de energía. Es un valor muy utilizado para medir la capacidad aeróbica del deportista.

Para examinar las demandas fisiológicas de partidos de competición o de entrenamientos, se ha intentado obtener una medición directa de la contribución de energía aeróbica (Ogushi et al., 1993; Miyagi et al., 1999), sin embargo, el equipamiento utilizado en esas investigaciones limitaba la normal actividad del futbolista estando los datos obtenidos muy cuestionados. Una pionera investigación (Kawakami et al., 1992), utilizando un equipamiento telemétrico ligero y portátil (K2), midió varios ejercicios de fútbol específicos registrando en **SSG** (1vs1 y 3vs3) valores entre 2 y 4 L.min, obteniendo mayores registros en ejercicios técnicos de regate (4 L.min).

El Consumo Máximo de Oxígeno (VO2Max)

refleja el límite superior de producción de energía aeróbica y por tanto es una medida muy popular de resistencia. Investigaciones acerca del rol que el sistema de producción de energía aeróbica desempeña en el futbolista de élite, han mostrado que el **VO2max** es una variable clave determinante del rendimiento en resistencia (Baxter-Jones y Maffulli, 2003; Hoff y Helgerud, 2004; Hoff et al., 2005; McMillan et al., 2005). Los jugadores de élite poseen niveles de **VO2max** situados sobre 60 ml.kg.min. Para un jugador con este valor de **VO2max** y 75 kg, el gasto energético en un partido de competición ha sido estimado en 5700 kJ. Por debajo de este valor, se ha sugerido que un futbolista podría no poseer la capacidad fisiológica necesaria para el éxito como futbolista de élite (Reilly et al. 2000). Este umbral de 60 ml.kg.min puede ser razonable a tenor de las recientes mejoras en los programas de entrenamiento y los avances en las ciencias aplicadas al entrenamiento. Incluso en función de los avances y el desarrollo del fútbol de élite, no parece descartable esperar actualmente valores de 70 ml.kg.min en un jugador profesional de 75 kg (StØlen et al., 2005).

Se han encontrado amplias variaciones en los valores de **VO2max** entre jugadores, atribuidos probablemente a las diferentes posiciones específicas dentro del campo. Según valores obtenidos en jugadores daneses de élite *(Tabla 11* de la página anterior), laterales y centrocampistas poseen los mayores valores de **VO2max** y porteros y centrales los menores (Bangsbo, 1994). Estas variaciones por posición podrían ser resultado del esfuerzo efectuado en entrenamientos o partidos, así como de las demandas que el futbolista ha afrontado en su desarrollo como futbolista.

Como conclusión, centrocampistas y laterales generalmente recorren más distancia total **(DTR)** y a alta intensidad debido a los roles tácticos que desempeñan. Por tanto, sería razonable sugerir que las mayores demandas físicas que afrontan estos jugadores, facilitarían la consecución de valores mayores de VO2max comparados con otras posiciones. Este aspecto destacaría de nuevo la necesidad de tener en cuenta en los entrenamientos específicos las diferentes demandas que existen por posición.

Ejemplo de un Test para la medición del VO2max

DEMANDAS FISIOLÓGICAS DEL FÚTBOL

Las primeras investigaciones destacaron la importancia del **Consumo Máximo de Oxígeno (VO2max)** en el fútbol, intentando justificar esta afirmación comparando los equipos de más éxito con los de menos éxito (Apor, 1988; Wisløff et al., 1998). Apor (1988), fue uno de los primeros autores en realizar un estudio de este tipo con jugadores de élite que competían en la 1ª División de Hungría **(Tabla 12)**.

Una investigación más reciente para justificar esta relación potencia aeróbica-éxito, fue realizada en la Primera División de Noruega (Wisløff et al., 1998). Este estudio encontró diferencias significativas en el **VO2Max** entre el mejor equipo (Rosenborg: 67.6 ml.kg.min) y el que acabó en la última posición al finalizar la liga (Strindheim: 59.9 ml.kg.min). Según algunos autores, la alta correlación observada en partido entre el **Consumo Máximo de Oxígeno (VO2max)** y la **Distancia Total Recorrida (DTR)** justificaría el uso de entrenamientos destinados a la elevación del **VO2max** del futbolista (Apor, 1988; Wisløff et al., 1998; McMillan et al., 2004; Hoff y Helgerud, 2004).

Hoff y Helgerud (2004), indicaron que para mejorar el **VO2max** de los futbolistas era necesario entrenar continuamente entre el 90-95% de la **FCMax** durante 5-8 min, para conseguir el mayor Volumen Sistólico **(VS)** posible y como consecuencia el mayor gasto cardiaco **(Q)**.

Volumen Sistólico (VS) volumen de sangre eyectada por el ventrículo izquierdo del corazón en cada latido.

Gasto Cardiaco (Q) es la cantidad de sangre que el corazón eyecta al sistema circulatorio por minuto..

Tabla 12. Consumo Máximo de Oxígeno (VO2max) y Posición Final en la Liga Húngara (Apor et al., 1988).

NOMBRE DEL CLUB PROFESIONAL	VO2max (ml.kg.min)	POSICIÓN AL FINALIZAR LA LIGA
Ujpesta Dozsa	66.6	1st
FTC	64.3	2nd
Vasas SC	63.3	3rd
Honved SE	58.1	4th

Los valores escritos en color azul son valores de VO2max (ver glosario de términos)

DEMANDAS FISIOLÓGICAS DEL FÚTBOL

Circuito Específico de Regate (McMillan et al., 2005).
Los jugadores conducen el balón en el circuito y pasan el balón bajo las vallas, antes de saltarlas.

Para obtener una mejora óptima de la resistencia del jugador, los ejercicios entre el 90-95% de la **FCmax** deben ser continuos. Debido a la naturaleza del fútbol, el futbolista se detiene y continúa constantemente, implicando un descenso en el **Gasto Cardiaco** y el **Volumen Sistólico.**

Como hemos comentado, la relación encontrada entre **VO2max** y **DTR** en partido justificaría la realización de entrenamientos centrados en la mejora del **VO2max** del futbolista (Smaros, 1980; Bangsbo, 1994; Helgerud et al., 2001). Además, también se ha encontrado que el **VO2max** está relacionado con el número de esprints realizados durante el partido. En concreto, en esta investigación tras 8 semanas de entrenamiento se consiguió (Helgerud et al., 2001):

- Un incremento del 11% en el VO2max del futbolista y un incremento del 20% en la DTR durante partido.

- Un incremento del 23% en las acciones realizadas directamente sobre el balón o el poseedor de él.

- Un incremento del 100% en el número de esprints realizados por cada jugador.

Estos elevados incrementos fueron justificados por la mayor capacidad de recuperación entre esfuerzos que los jugadores con mayor **VO2max** poseen (Bangsbo y Mizuno, 1988; Aziz, 2000). Además, se ha sugerido que los futbolistas con mejor rendimiento en resistencia, durante ejercicios de moderada intensidad gastarían menos energía por medio de la depleción de los depósitos de glucógeno, debido a un mayor uso de los ácidos grasos libres. Este efecto ahorro podría ayudar a reducir la posible pérdida de rendimiento en la segunda parte, ya que la depleción de los depósitos de glucógeno puede ser uno de los factores determinantes de la fatiga del futbolista (Jacobs et al., 1982; Williams, 1995).

DEMANDAS FISIOLÓGICAS DEL FÚTBOL

En contra de los estudios anteriormente descritos, un trabajo con jugadores de élite daneses no encontró diferencia en el VO2max entre jugadores titulares y no titulares de un equipo, lo que podría indicar que este marcador del rendimiento no es tan crucial como las investigaciones previas han sugerido (Bangsbo, 1994).

En general, se tiende a sugerir que esta variable puede no ser lo suficientemente sensible como para medir cambios en el rendimiento (Reilly, 1993; Bangsbo, 1994), pero también cabe destacar que muchos autores han encontrado relaciones significativas entre VO2max y la capacidad del deportista de repetir esprints (Dupont et al., 2003; Bishop et al., 2004).

Ha sido encontrado que los atletas que ingirieron una dieta rica en carbohidratos previa al ejercicio, en comparación con los que tomaron una dieta baja, aumentaron de forma significativa el tiempo hasta la fatiga en un test hasta el agotamiento (Schabort et al., 1999). Los resultados de esta investigación coinciden con el consenso general aceptado, que indica que una dieta rica en carbohidratos consumida antes del ejercicio de resistencia puede mejorar el rendimiento (Burke, 1995).

Figura 3. Medidas del Consumo de Oxígeno – Respuesta al Inicio del Ejercicio
(adaptado de pponline.co.uk/VO2kinetics).

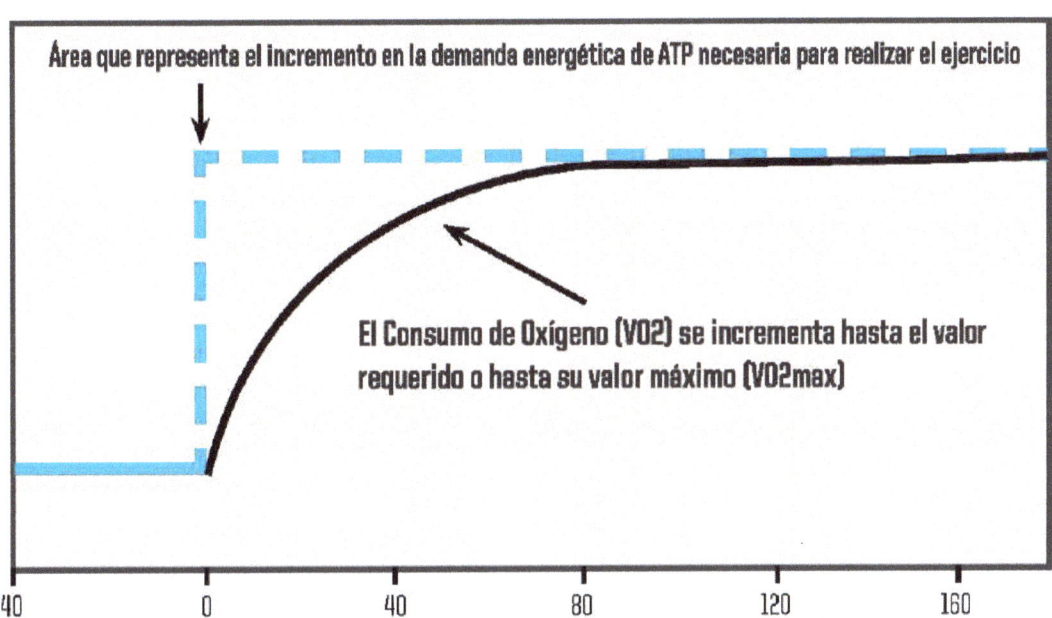

* Con el ejercicio físico la demanda de **Adenosín Tri-Fosfato (ATP)** dentro de la célula muscular se incrementa rápidamente junto con las contracciones musculares, mostrando la figura que la energía suministrada por el **Metabolismo Oxidativo** *(procesos químicos en los que el oxígeno es empleado para generar energía)* se produce con cierto retraso. El atleta, en este caso, alcanza el estado de equilibrio (steady-state) aproximadamente en 2 minutos

El espacio existente entre la línea continua y la discontinua representaría el déficit de O2 y reflejaría la cantidad de energía que debería ser suministrada por los procesos de obtención de energía anaeróbicos, para hacer frente al rápido incremento en la demanda energética.

DEMANDAS FISIOLÓGICAS DEL FÚTBOL

Cinética del Consumo de Oxígeno

Al igual que el **VO2max,** la cinética del Consumo de Oxígeno se ve muy influida por los efectos del entrenamiento (McKay et al., 2009; Murias et al., 2010; Christensen et al., 2011). La cinética del Consumo de Oxígeno (vagamente descrita como la velocidad a la que el organismo procesa y suministra el oxígeno a los músculos activos), ha sido bien descrita por la investigación (Koppo et al., 2004; Dupont et al., 2005; Dupont et al., 2010), mostrando diferentes respuestas en sujetos entrenados y no entrenados. En concreto, los entrenados son más eficientes utilizando el O2 a un ritmo más rápido, evitando así emplear grandes cantidades adicionales de otros sustratos en el proceso de obtención de energía (Koppo et al., 2004; Poole et al., 2008; Christensen et al., 2011).

Atletas entrenados en resistencia son capaces de utilizar significativamente más O2 durante series de esprints repetidos a alta velocidad, en comparación con deportistas de deportes intermitentes (Hamilton et al., 1991). Basándonos en que el fútbol es un deporte de resistencia intermitente con presencia de esprints, los jugadores necesitarían tener un sistema de aporte de oxígeno bien entrenado, con una eficiente **Economía de Carrera (EC)** y una rápida puesta en acción de estos sistemas, para reducir la pérdida de rendimiento en los esprints que permitiría una mejora significativa del rendimiento.

La literatura científica en torno a la cinética del Consumo de Oxígeno ha cobrado fuerza en los últimos años (Koppo et al., 2004; Dupont et al., 2005; Dupont et al., 2010; Christensen et al., 2011). La función del sistema aeróbico en la tasa de regeneración de energía durante la realización de esfuerzos repetidos de alta intensidad, es determinante para el rendimiento, habiéndose encontrado relaciones entre el VO2max, la **Capacidad de Repetir Esprints (RSA)** y el rendimiento en un **Test Aeróbico Intermitente (Yo-Yo Test)** (Bangsbo et al., 1992; Bogdanis et al., 1996; Tomlin y Wenger, 2002).

Se ha sugerido que al comparar equipos de diferentes niveles, los mejores realizan más carrera de alta intensidad en competición (Mohr et al., 2003). Además Bangsbo et al. (2003), destacaron que los jugadores de mayor nivel tienen mejor rendimiento en el **Test Yo-Yo de Recuperación Intermitente** realizado hasta la extenuación. Según la investigación previa, las limitaciones en el **Consumo de Oxígeno** en la parte inicial del ejercicio se atribuyen tanto a la limitación del músculo local como al aporte de oxígeno (Poole et al., 2008). Este estudio de la implicación de la cinética del Consumo de Oxígeno con sujetos no entrenados ha sido puesto en duda por Christensen et al. (2013), en el intento de destacar las razones de las mejoras en este parámetro debido a la mejora acompañada en el **VO2max** y la biología muscular, que influyen positivamente en el flujo sanguíneo y en el suministro de O2 a los músculos empleados. Además, en este estudio se sugirió que no ha sido investigado el efecto de la inactividad en la cinética del Consumo de Oxígeno en la misma medida que otras cuestiones. En resumen:

- Dos semanas de entrenamiento con futbolistas de élite indujo un descenso en la velocidad de la cinética del Consumo de Oxígeno, asociado a una reducción del volumen de entrenamiento (-30%).

- Tras detener el entrenamiento, descendió el rendimiento en el Yo-Yo Intermittent Recovery Test y en el test de Esprints Repetidos (**RSA**).

- Además, el periodo de 2 semanas de entrenamiento que incluyó 10 sesiones de entrenamiento de alta intensidad, sustituyendo el entrenamiento normal con un 30% de menos volumen, mejoró la eficiencia de trabajo durante carrera submáxima y en un test de esprints repetidos (Christensen et al., 2013).

- Estos datos de mejora en economía de trabajo y **RSA** coinciden con resultados recientes de un estudio de 4 semanas que empleó situaciones de juego reducido durante el periodo competitivo. Este estudio consiguió mejoras en la **EC** y la **RSA** en jugadores profesionales de fútbol (Owen et al., 2012). Aunque no se mencionó en el estudio, a partir de las investigaciones previas podríamos sugerir que la mejora de la cinética del Consumo de Oxígeno puede estar asociada a esas mejoras.

DEMANDAS FISIOLÓGICAS DEL FÚTBOL

CARBOHIDRATOS
ESPECIFICACIONES DE INGESTA PARA ATLETAS
Por Louise Burke e Íñigo Mulika, IJSNEM 2014

 **BAJA** — Ligera

COMPETICIÓN DIARIA / VOLUMEN DE ENTRENO

ALTA — VO2max, Competición

Estrés metabólico prolongado para inducir adaptación aeróbica

INTENSIDAD DE LA SESIÓN

Entrenamiento de Alta Calidad / Resultado Competitivo

OBJETIVO DE LA SESIÓN

3 4 5 6 7 8 9 10

g carbohidrato x kg de masa corporal x día

 Menor, incluyendo déficit energético para pérdida de peso

TAMAÑO CORPORAL

Mayor, incluyendo necesidades de crecimiento

BAJO

MASA MAGRA COMO PORCENTAJE DE LA MASA CORPORAL

ALTO

Quizás innecesariamente suplementado

FEEDBACK A PARTIR DE EXPERIMENTACIÓN

A menudo sin combustible en la sesión

Glucógeno muscular menos limitante para completar la sesión. Menos necesidad de ingesta de carbohidratos durante el día y en torno a la sesión. Algunas sesiones pueden realizarse con baja disponibilidad de carbohidratos

Altos requerimientos de glucógeno para completar la sesión u obtener un rendimiento óptimo en competición. Promover oportunidades para ingerir carbohidratos durante el día y en torno a la sesión

Diseñado por @YLMSportScience

DEMANDAS FISIOLÓGICAS DEL FÚTBOL

ECONOMÍA DE CARRERA (EC)

Como se ha discutido con anterioridad, la literatura científica tiende a sugerir que el rendimiento en Resistencia y en la Capacidad de Repetir Esprints (RSA) depende de tres factores principalmente:

- *Consumo Máximo de Oxígeno*
- *Umbral de Lactato (Lactate Threshold)*
- *Economía de Trabajo/Carrera (EC)*

- La eficiencia del movimiento, conocida como **economía de carrera (EC),** ha sido definida por los autores revelando diferencias del 20% en ejercicios submáximos a diferentes intensidades al comparar atletas de resistencia con similares valores de **VO2max** (Helgerud et al., 1990). Sin embargo, la literatura publicada sobre los efectos de la mejora de la **EC** en el rendimiento en fútbol se limita a un único estudio.

- En este estudio comparativo Impellizzerri et al. (2006), encontraron que las situaciones de juego reducido (**SSG**) son tan efectivas como el trabajo inespecífico de carrera intervalico para la mejora de la **EC** y el **VO2max**.

- El efecto de las **SSG** junto con el entrenamiento de carrera intervalico inespecífico, mostró reducir la **FC** a 7km/h (9 pulsaciones por min), equivalente a una mejora en la eficiencia de trabajo del 14% cuando se implementa en futbolistas profesionales. Esta mejora posibilita al jugador efectuar el mismo trabajo empleando menos energía, lo que a lo largo de la sesión de entrenamiento o el partido ayudaría a prolongar su rendimiento (Chamari et al., 2005). Sin embargo, es muy difícil conocer si el factor clave en este incremento del rendimiento fue la mejora encontrada en la **FC** o en el **VO2max**, debido al empleo simultáneo de **SSG** y entrenamiento intervalico. En la actualidad y según los conocimientos del autor, no existe investigación adicional que analice los efectos del entrenamiento específico de fútbol sobre la **EC.**

- La investigación previa ha indicado que la **EC** puede mejorar el rendimiento en resistencia e incluso esta cualidad puede mostrar diferencias en atletas con similar **VO2max** (Conley y Krahenbul, 1980; Hoff et al., 2002; McMillan et al., 2005). La mayoría de las investigaciones efectuadas han sido realizadas en corredores o ciclistas, estando bien documentada la asociación entre la **EC** y el rendimiento en este tipo de atletas. En corredores de resistencia, se encontró una elevada correlación entre el tiempo en 10 km y esta variable (Conley y Krahenbul, 1980) y en jugadores de fútbol un 5% de mejora en la **EC** podría incrementar la distancia recorrida en partido (Hoff y Helgerud, 2002).

- Las conclusiones obtenidas por Hoff y Helgerud (2002), y las mejoras sugeridas en los desplazamientos propios del juego (**DTR**, número de esprints) independientemente del incremento del **VO2max** del futbolista, pueden ser mejor comprendidas por medio de la **Figura 4** de la siguiente página, que detalla:

- Jugadores con mismo **VO2max** pero diferente **EC**, pueden tener diferente rendimiento físico.

- Este aspecto puede ser clave cuando el jugador compite durante los más de 90 min de partido.

- En fútbol la pretemporada suele durar 6 semanas y la **EC** debe ser muy tenida en cuenta cuando se realizan mediciones del rendimiento, ya que el **VO2max** suele mostrar mínimos cambios en comparación con la **EC**. Además Ziogas et al. (2011), encontraron que la **EC** puede revelar diferencias significativas entre equipos con similares valores de **VO2max**.

DEMANDAS FISIOLÓGICAS DEL FÚTBOL

Figura 4. Relaciones entre VO2 y Velocidad en Sujetos con Diferente Economía de Carrera
(a partir de Da Silva et al. ,2011).

- Jugador 1 (CÍRCULOS) tiene menor economía de carrera que Jugador 2 (ROMBOS).

- Jugador 2 es más eficiente al trabajar empleando el mismo VO2, a una velocidad más rápida.

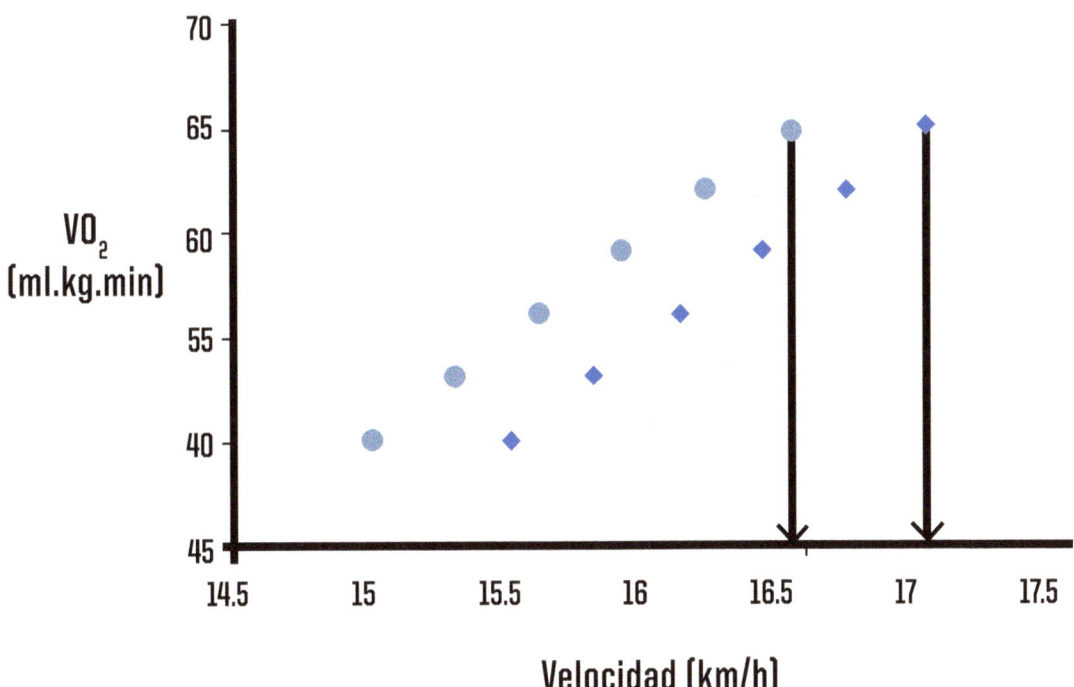

 **ASPECTOS CLAVE:**
Cuando discutimos sobre la naturaleza específica del entrenamiento en fútbol y el poco tiempo existente para la valoración fisiológica del jugador que le lleve a alcanzar su VO2max (prueba maximal que genera una elevada fatiga en el futbolista), una valoración submáxima de la EC sería menos extenuante y por tanto más aplicable en los cortos periodos de tiempo existentes entre partidos.

EL EFECTO DE LAS SITUACIONES DE JUEGO REDUCIDO

Hasta la realización del presente libro y en cuanto al conocimiento de los autores se refiere el estudio de Owen et al. (2012), parece ser el único trabajo publicado que ha investigado los efectos del empleo de Situaciones de Juego Reducido (3vs3 + Porteros) sobre la economía de carrera (*EC*). En este estudio se observaron mejoras significativas en la *EC*, vía reducción de la *FC* a 9, 11 y 14 km/h (Tabla 13).

Tabla 13. Efecto del Empleo de Situaciones de Juego Reducido en el Rendimiento Aeróbico Sub-Máximo (Owen et al., 2012).

VO2max	PRE	POST	TAMAÑO DEL EFECTO/ MAGNITUD
9 km/h, 3%	31.90	30.23	0,98/grande
11 km/h, 3%	43.96	42.01	0,85/grande
14 km/h, 3%	52.03	49.81	0,53/media
Frecuencia Respiratoria (FR)	PRE	POST	TAMAÑO DEL EFECTO/ MAGNITUD
9 km/h, 3%	34.54	32.26	0,22/pequeña
11 km/h, 3%	39.00	35.93	0,37/pequeña
14 km/h, 3%	48.38	45.43	0,34/pequeña
FC, p/min	PRE	POST	TAMAÑO DEL EFECTO/ MAGNITUD
9 km/h, 3%	145.79	126.79	1,46/grande
11 km/h, 3%	170.07	154.64	1,38/grande
14 km/h, 3%	184.43	173.36	1,06/grande
Lactato Sanguíneo, mmol/L	4.72	4.80	0,06/trivial

FC = Frecuencia Cardiaca

FR = Frecuencia Respiratoria

VO2max = Consumo Máximo de Oxígeno

DEMANDAS FISIOLÓGICAS DEL FÚTBOL

ESTRATEGIAS PARA MEJORAR LA ECONOMÍA DE CARRERA

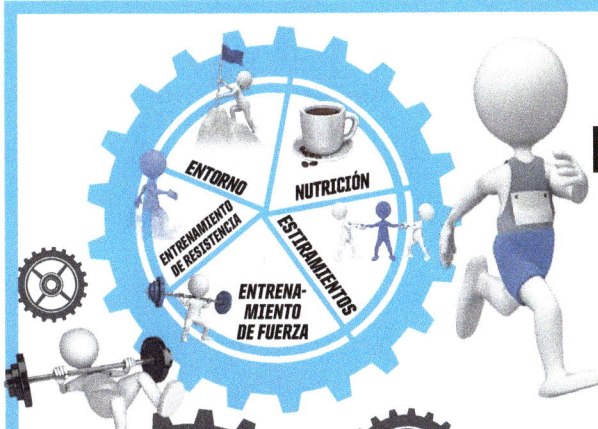

Los resultados a partir del entrenamiento de alta intensidad no son claros. Parece que las mayores mejoras en EC se consiguen con entrenamientos próximos a la máxima intensidad en llano o en pendiente

El entrenamiento de resistencia, de fuerza explosiva y pliométrico, conforman la estrategia más comúnmente empleada para mejorar la economía de carrera

ESTRATEGIAS NUTRICIONALES

La ingesta de nitratos en la dieta, especialmente en forma de zumo de remolacha, parece representar una forma natural de mejorar la EC

ALTITUD

La aclimatación a la altitud implica una mejora en la difusión y el empleo del oxígeno, mecanismos que potencialmente podrían mejorar la EC

ESTIRAMIENTOS

Pueden mejorar la EC, sin embargo, parece existir un grado óptimo de flexibilidad necesaria para maximizar esta mejora

Referencia: Barnes & Kilding
Sports Medicine, Agosto 2014

Diseñado por @YLMSportScience

2. COMPONENTES DEL ENTRENAMIENTO INTENSIVO DE CORTA DURACIÓN

COMPONENTES DEL ENTRENAMIENTO INTENSIVO DE CORTA DURACIÓN

Durante la repetición de acciones intermitentes son necesarios altos niveles de rendimiento aeróbico para un óptimo rendimiento anaeróbico (Hamilton et al., 1991; McMahon y Wenger, 1998; Bishop et al., 2004; Dupont et al., 2004). La evidencia en torno a esta afirmación necesita mayor profundización y detalle, ya que no están claros los factores específicos que la sustentan. El conocimiento actual indica que unos elevados niveles de rendimiento aeróbico conllevarían una mayor recuperación entre acciones repetidas de alta intensidad (Balsom et al., 1992; Bishop et al., 2004; Glaister et al., 2005).

Las investigaciones previas han mostrado que las series de trabajo anaeróbicas de corta duración, desempeñan por medio de diferentes cambios fisiológicos un papel positivo en la mejora del rendimiento de resistencia en deportistas de equipo (Aziz et al., 2000). También se conoce que algunas de las mejoras conseguidas, por medio del entrenamiento de resistencia anaeróbica, incrementan significativamente la recuperación muscular reduciendo las negativas consecuencias metabólicas del empleo de la *Glucólisis* para la obtención de energía (Petersen y Cooke, 1996). La *Glucólisis* es la reacción metabólica que degrada la glucosa hasta convertirla en ácido pirúvico con la finalidad de obtener energía.

Con la gran parte del partido sucediéndose a moderadas y bajas intensidades, los esfuerzos anaeróbicos son relativamente poco frecuentes, pero cabe destacar que estos esfuerzos son la base de los aspectos cruciales del juego (p. ej. esprints, tiros a puerta o saltar con un oponente). Como consecuencia, mejorar la capacidad del deportista de intervenir a altas velocidades y mantener el rendimiento ante la repetición a lo largo del partido de ese tipo de acciones, podría tener un impacto positivo en el resultado (Bangsbo, 1994; Drust et al., 1998).

Los estudios previos han revelado los siguientes datos sobre el futbolista de élite:

- El jugador realiza de media 150-250 acciones intensas de corta duración (dependiendo de la posición específica de juego), durante un partido de competición.

- La tasa de regeneración de energía anaeróbica es alta en algunos periodos del encuentro (Mohr et al., 2003).

- Estos periodos de elevada intensidad del partido corresponden a menudo a los momentos más decisivos de los que depende la victoria o la derrota.

UMBRAL DE LACTATO Y SISTEMA DE LOS FOSFÁGENOS

Sistema de los Fosfágenos = Los músculos emplean este sistema de producción de energía (también conocido como sistema anaeróbico aláctico) de manera predominante, durante los primeros 10 segundos de una acción maximal. Es anaeróbico porque la energía puede producirse independientemente de la presencia de oxígeno y "aláctico" porque esta vía anaeróbica no resulta en una elevada producción final de ácido láctico.

Necesidad Energética para Movimientos Explosivos

Para poder continuar repitiendo acciones explosivas e intensas a lo largo del partido, los músculos activos requieren de manera inmediata energía. Este requerimiento energético se produce en el interior de la célula muscular donde las moléculas de Adenosín Trifostafo (**ATP**) y Fosfocreatina (conocidos ambos como fosfágenos de alta energía), suministran de forma muy rápida pero limitada esa energía. Este sistema aporta energía de forma mucho más rápida que la **Glucólisis** o el **Sistema Aeróbico** (producción de energía en la mitocondria con el empleo de oxígeno). Aunque el empleo de Fosfocreatina (PCr) en el partido puede ser pequeño, juega un papel determinante aportando un fosfato en la resíntesis de **ATP** gracias a la acción de la enzima **Creatin Quinasa (CK)** durante las elevaciones en la intensidad del ejercicio (esprint máximo para crear espacio o perseguir a un oponente en la disputa del balón).

Creatin Quinasa (CK) = Es una enzima necesaria en la célula muscular para la producción de energía. Normalmente presenta niveles bajos en sangre, mostrando la elevación de los mismos alteraciones del tejido muscular.

La actividad de alta intensidad durante el partido implica un incremento en el empleo de la **PCr**, que es resintetizada durante los periodos de baja intensidad. Ha sido sugerido que tras un periodo de contracciones intermitentes podría ser factible recuperar los niveles previos (Bangsbo, 1994). En general, la recuperación de los niveles de **PCr** tras una serie intensa de ejercicios comienza con una fase inicial rápida de recuperación, seguida de un incremento más lento hasta los niveles previos (Sahlin et al., 1979; Balsom, 1994).

La investigación ha revelado una reducción en el 30% de los niveles previos de PCr, tras la realización de acciones de alta intensidad durante los partidos. Sin embargo, es necesario destacar que durante los periodos más intensos del partido el descenso puede llegar al 70%. El descenso mostrado menor del 30% debe ser tomado con precaución, al destacar los autores que el tiempo empleado en obtener la biopsia muscular, para el posterior análisis, pudo permitir la recuperación de los depósitos (Krustrup et al., 2005).

Capacidad Anaeróbica

El objetivo del entrenamiento para la mejora del rendimiento anaeróbico de los futbolistas en los últimos años, se ha centrado en el desarrollo de:

- *La Resistencia a la Velocidad* (Dupont et al., 2004).
- *La Capacidad de Repetir Esprints (Repeated Sprint Ability, RSA)* (Ferrari-Bravo et al., 2008).
- *El Desarrollo de la Velocidad y la Potencia* (Wislǿff et al., 2005; Miller et al., 2006).

El Rol del Sistema de los Fosfágenos

Las primeras investigaciones centradas en el rol de la **PCr** en los ejercicios intermitentes de alta intensidad fueron desarrolladas por Margaria et al. (1969), Saltin y Essén (1971), y Fox y Mathews (1974). Sugirieron que la **PCr** es el principal recurso energético para la resíntesis de **ATP** durante el inicio del ejercicio, y que su resíntesis se debe a los niveles de absorción de O2 durante la recuperación activa.

DEMANDAS FISIOLÓGICAS DEL FÚTBOL

Sin embargo con posterioridad Dupont et al. (2003), encontraron que una recuperación pasiva permitió una menor reducción de la **oxihemoglobina**, un incremento de la resíntesis de PCr y una mayor reoxigenación de la **mioglobina**, comparado con una recuperación activa durante un ejercicio intermitente en intervalos de 15 s de trabajo y 15 de recuperación. En general, para toda intensidad submáxima se ha sugerido que son necesarios aproximadamente 21-22 s para resintetizar el 50% de los niveles previos de PCr (Harris et al., 1975), y en torno a 30 s si la recuperación es activa (Edwards et al., 1973). Posteriormente Haseler et al. (1999), encontraron que la recuperación de los niveles de PCr estaría más cerca de un minuto.

El amplio número de factores que influyen de manera simultánea sobre el ratio de recuperación de PCr posibilita los diferentes resultados encontrados.

Oxihemoglobina = Es la unión de la hemoglobina con el oxígeno, siendo la forma en la que el oxígeno es transportado.

Mioglobina = Proteína que se encuentra en el tejido muscular encargada de llevar el oxígeno a los músculos.

Figura 5. Relación Entre Recuperación de PCr e Incremento de la Producción de Potencia (a partir de Bogdanis et al., 1995).

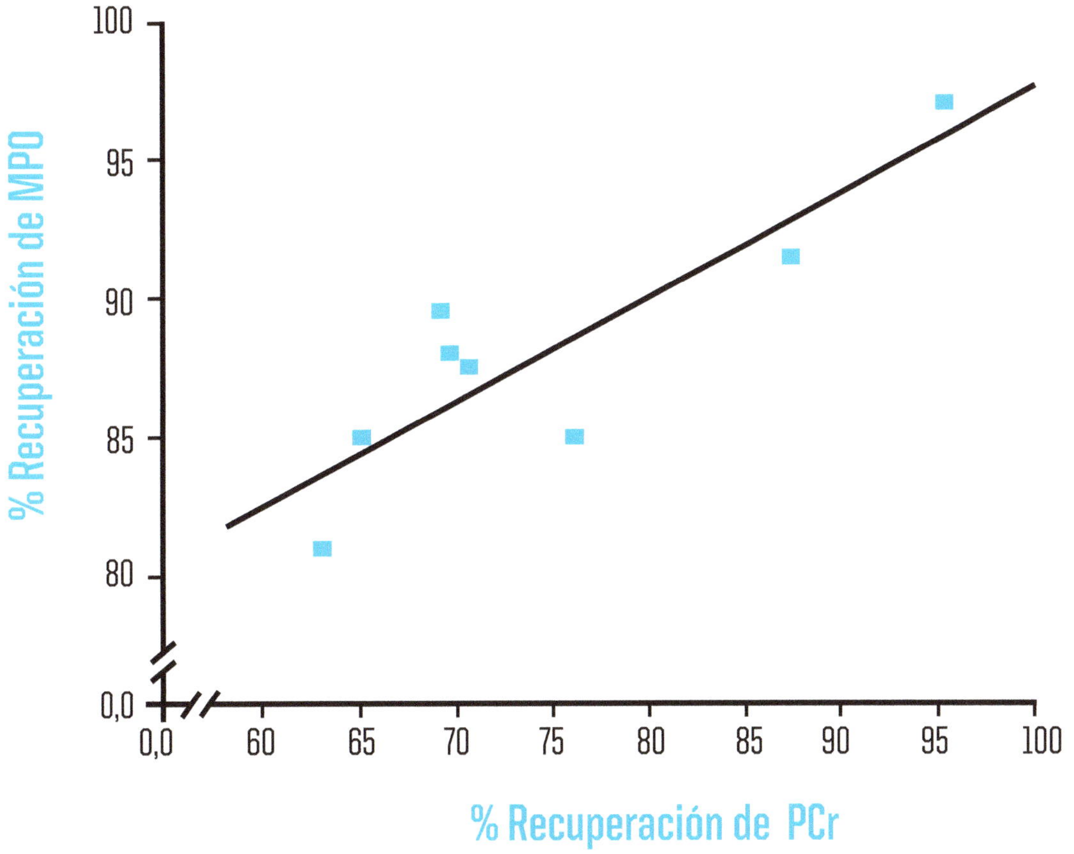

DEMANDAS FISIOLÓGICAS DEL FÚTBOL

Gracias a las nuevas técnicas espectroscópicas es posible efectuar análisis más detallados y menos invasivos, mejorando el conocimiento durante el ejercicio de las concentraciones intramusculares de *PCr* (Hamaoka et al., 2003; Dupont et al., 2007), el rol del metabolismo tisular (Neary, 2004) y las características del volumen sanguíneo implicado (Bhambhani, 2004).

Diferentes estudios han intentado esclarecer la importancia de la *PCr* al realizar ejercicio de tipo intermitente. Gaitanos et al. (1993), sugirieron que durante 10 series de 6 s de esprint en cicloergómetro con 30 s de recuperación entre esprints, el último esprint fue sostenido energéticamente hablando, por el incremento del sistema aeróbico debido a la limitada disponibilidad de *PCr* y al descenso en la disponibilidad de glucosa y otros carbohidratos que son generalmente degradados para la obtención de energía durante ejercicios de alta intensidad (McMahon y Jenkins, 2002). Este hallazgo coincide con los resultados obtenidos por Bogdanis et al. (1998), destacando la importancia de la resíntesis de *PCr* para el rendimiento en estas acciones maximales (*Figura 5*).

La concentración de *PCr* en el músculo esquelético es limitado. Según Gaitanos et al. (1993), durante la fase inicial de un ejercicio compuesto por 10 series de 6 s de esfuerzo máximo, los niveles de *PCr* en el músculo descendieron de 76 a 32.9 mmol.kg. Este estudio destacaría el importante rol que desempeña la *PCr* en acciones repetidas de máxima intensidad.

Como forma para reducir el descenso del rendimiento que propicia la falta de disponibilidad de *PCr*, la suplementación con Creatina (*Cr*) ha sido muy empleada y sugerida como método para mejorar la capacidad de mantener el rendimiento ante la repetición de esfuerzos de máxima intensidad (Balsom et al., 1995). Balsom et al. (1994), mostraron mejoras del rendimiento del deportista tras la suplementación con 20 g de *Cr* por día durante 6 días. Preen et al. (2002), consiguieron mejorar el rendimiento en series intermitentes de esprints con la suplementación de 15 g de *Cr* durante 5-6 días.

Series de carrera intermitente que incluyan movimientos explosivos, están relacionadas con el desarrollo de la capacidad de amortiguación o tampón de la musculatura (capacidad de tolerar la concentración de ácido láctico producida por la *Glucólisis*), mejorando su tolerancia a la acumulación de lactato cuando el sistema anaeróbico sea el mecanismo dominante en la producción energética (Bonning et al., 2007), por medio de la modificación del contenido intracelular de bicarbonatos, fosfatos y dipéptidos (Bangsbo et al., 1994).

Niveles de Acidez en el Músculo Suplementación con Beta-Alanina (βA)

La suplementación en atletas para la mejora en esprints repetidos con Cr ha sido bien documentada, recibiendo recientemente especial atención para la mejora del rendimiento en este tipo de acciones de máxima intensidad la *Beta-Alanina (βA)* (Hoffman et al., 2006; Zoeller et al., 2007). La principal fuente de *βA* procede de la carne, siendo pollo y pavo donde se encuentran mayores concentraciones. La investigación en este campo ha sugerido que la mejora del rendimiento por medio de este suplemento, podría ser atribuido a su efecto sobre el incremento de los niveles de carnosina (Hill et al., 2007; Kendrick et al., 2008), ya que estos niveles parecen estar limitados por la disponibilidad de *βA* (Harris et al., 2006). La carnosina (formada por los aminoácidos β-alanina-L-histidina), es un dipéptido que actúa como tampón intramuscular absorbiendo los protones de Hidrógeno (*H+*) (Hill et al., 2007; Kendrick et al., 2008). Durante periodos de trabajo de intensidad máxima, existe una gran dependencia del sistema anaeróbico para suministrar *ATP* a la célula muscular acumulando *H+* y como consecuencia provocando cambios en los niveles de acidez muscular que alteran el pH (Robergs et al., 2004; Hobson et al., 2012).

Messonnier et al. (2007), sugirieron que la fatiga muscular y el descenso de la capacidad contráctil son causa del descenso del pH en la célula muscular (medida de acidez o alcalinidad de la célula muscular), y que la acidosis relacionada con el ejercicio puede llevar a mejoras en el rendimiento en actividades que requieren series prolongadas de trabajo de alta intensidad.

Más específicamente, se ha demostrado que la acumulación de H^+ interrumpe directamente el funcionamiento del músculo que se contrae o trabaja (Donaldson y Hermansen, 1978; Fabiato y Fabiato, 1978). La fatiga durante las acciones de alta intensidad, como esprintar y cambiar de dirección de forma repetida a alta velocidad, está relacionada con un incremento en la acumulación de ácido o H^+ en el músculo y la sangre. El músculo reduce su capacidad de trabajo cuando la acidez es demasiado alta. Como resultado, incrementar los niveles de carnosina podría retrasar la fatiga derivada de la acidosis muscular y mejorar el rendimiento, ya que la carnosina ayudaría a mantener una correcta acidez por medio de su capacidad tampón sobre los H^+. Como evidencia que refuerza estos hallazgos, son mayores las concentraciones de carnosina en atletas de velocidad (Nicolson y Sleivert, 2001) y deportistas de equipo (Edge et al., 2006), que participan regularmente en ejercicios intermitentes de alta intensidad al compararse con no entrenados.

Recientemente Jordan et al. (2011), fue uno de los primeros autores en examinar durante un test de carrera incremental los efectos de la suplementación con **Beta-Alanina (βA)** sobre el inicio de la acumulación de Lactato en sangre (conocido como **ObLa** en inglés, **onset blood lactate**, y a efectos prácticos determinado por la intensidad que coincide con una concentración de La de 4 mmol/L). Tras 28 días de 6g/día de suplementación con **βA**, se encontró un significativo retraso en la **ObLa**. Estos resultados coinciden con los mostrados por investigaciones previas en las que se retrasó la aparición de fatiga tras una suplementación con **βA** (Derave et al., 2007; Smith et al., 2010). En deportes de equipo como el fútbol, caracterizado por acciones musculares prolongadas e intensas y repetidas acciones de alta intensidad, un cierto retraso o desplazamiento a la derecha en la **ObLa** ofrecería una significativa ventaja al jugador, justificando por tanto el uso de **βA** en futbolistas profesionales.

DEMANDAS FISIOLÓGICAS DEL FÚTBOL

ENTRENAMIENTO Y NUTRICIÓN EN DEPORTES EXPLOSIVOS

Por Kent Sahlin, Sports Medicine, Octubre 2014

Muchos deportes incluyen actividades explosivas, donde los ejercicios de alta intensidad ocurren durante un tiempo prolongado (esprints) o durante cortos y repetidos esfuerzos intercalados por periodos de baja intensidad (p. ej. deportes de equipo como el fútbol, balonmano y baloncesto).

En estos deportes, la alta demanda energética requiere que los sistemas anaeróbicos de producción de energía suministren una amplia parte del ATP requerido. Esta producción energética anaeróbica implica la depleción de la fosfocreatina (PCr) y la acumulación de ácido láctico, limitando la producción anaeróbica de ATP y por lo tanto comprometiendo el rendimiento en ejercicios de alta intensidad.

1 EFECTOS DEL ENTRENAMIENTO

La capacidad anaeróbica está determinada por el contenido muscular de PCr, la capacidad tampón y el volumen de la masa muscular que participa en la acción. El entrenamiento de alta intensidad puede incrementar la capacidad tampón y la musculatura contráctil, sin afectar a la concentración de PCr.

2

SUPLEMENTACIÓN DE CREATINA

La suplementación con creatina incrementa la concentración muscular de creatina y PCr, mejorando el rendimiento especialmente durante la realización repetida de esfuerzos de alta intensidad. El efecto ergogénico de la creatina está relacionado con el incremento de la resíntesis de ATP y la mejora de la capacidad tampón de la musculatura.

La ingesta de creatina previa o durante el entrenamiento, podría también permitir incrementos en la carga de trabajo y por tanto mejorar el entrenamiento. Este aspecto explicaría el incremento de la fuerza muscular conseguido, cuando el entrenamiento de fuerza se combina con la ingesta de creatina.

BICARBONATO

3

La suministración de bicarbonato incrementa la capacidad tampón extracelular y puede mejorar el rendimiento facilitando la eliminación del ácido láctico generado. Un problema asociado a su uso radica en los problemas gastrointestinales que muchos deportistas experimentan con su empleo, pudiéndose limitar estos efectos adversos mediante la suplementación con dosis pequeñas, combinadas con un alto consumo de agua o comida o bien dando esta ayuda ergogénica durante varios días previos a la competición.

4 BETA-ALANINA

Existen claras evidencias de que la suplementación con b-alanina puede incrementar la concentración muscular de carnosina y por tanto su capacidad tampón, siendo necesarios periodos prolongados con grandes dosis. El efecto ergogénico está bien documentado durante eventos de al menos 1-4 minutos, donde la acidosis láctica sea importante.

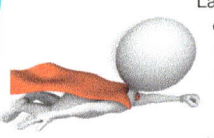

El rendimiento en esfuerzos de alta intensidad puede ser mejorado mediante intervenciones que incrementen la capacidad de la producción anaeróbica de ATP, sugiriendo que las restricciones energéticas limitan el rendimiento.

Diseñado por @YLMSportScience

UMBRAL DE LACTATO (LACTATE THRESHOLD, LT)

Umbral de Lactato (*LT*): Máximo esfuerzo o intensidad que un atleta puede mantener sin incremento, por encima de los valores de reposo, de la concentración de lactato en sangre.

El *Umbral de Lactato (LT)* es generalmente conocido en la literatura científica como un parámetro clave en los deportistas de resistencia (Bassett et al., 2000). Uno de los aspectos que destacan en esta variable fisiológica es su capacidad de modificación sin verse acompañada en cambios en el *VO2max* (Allen et al., 1985; Bishop et al., 1998).

En lo que respecta al futbolista, a mayor velocidad de desplazamiento un mayor *LT* reduciría la necesidad de recurrir a las vías glucolíticas en esfuerzos de alta intensidad reduciendo los niveles de *La* en sangre, incrementándose probablemente la distancia recorrida y los esfuerzos efectuados a alta intensidad, en comparación con otro futbolista con un *LT* inferior. Durante el partido, se ha sugerido que el futbolista trabaja a una intensidad media próxima a este umbral (Bangsbo, 1994; Reilly, 1994; Bassett et al., 2000).

Tabla 14. Diferencias en la Concentración de Lactato en Sangre entre la 1ª y la 2ª Parte en Futbolistas Profesionales

PUBLICACIÓN	VALORES 1ª PARTE (LACTATO, mmol/L)	VALORES 2ª PARTE (LACTATO, mmol/L)
Bangsbo et al (1991)	4.9	3.7
Bangsbo et al (1994)	4.1	2.4
Brewer y Davis (1994)	5.1	4.6
Florida-James y Reilly (1995)	4.4	5.0

El Efecto de Mejorar el Umbral de Lactato

Si el *LT* del futbolista profesional mejorase, teóricamente las distancia recorridas y especialmente las recorridas a alta intensidad o elevada velocidad, deberían incrementarse. La literatura publicada ha mostrado valores de *LT* en futbolistas profesionales entre el 76,6% y el 90,3% de la *FCmax* del jugador (Stolen et al., 2005). Es necesario tener en cuenta en la interpretación de estos datos que la concentración de *La* en sangre es altamente dependiente de las acciones inmediatamente antes realizadas, por lo que pueden encontrarse valores muy dispares en sesiones de entrenamiento y partidos, en función del momento en el que se realice la medición.

Investigaciones recientes han mostrado variaciones en la concentración de *La* dependiente de la posición de juego (Dellal et al., 2012) y del número de jugadores en situaciones de juego reducido durante entrenamientos (Dellal et al., 2011).

DEMANDAS FISIOLÓGICAS DEL FÚTBOL

Situaciones de Juego Reducido (*Small Sided Games*, SSG)

Independientemente del mayor número de esfuerzos de alta intensidad efectuados por minuto de juego observados durante las *SSG* (Dellal et al., 2012), se encontraron valores mayores de *La* en estas tareas en comparación con la competición, probablemente debido a la realización de más carreras de alta intensidad en las *SSG* (Dellal et al., 2012).

En las *SSG* la utilización de las vías anaeróbicas de obtención de energía es mayor en comparación con su solicitación en partido. Las menores concentraciones de *La* encontradas en partido podrían explicarse por la menor frecuencia con la que se realizan carreras de alta intensidad. Como consecuencia, en partido existiría una mayor dependencia del *Sistema de los Fosfágenos (ATP y PCr)* y una menor dependencia de la glucólisis anaeróbica, explicando las menores concentraciones de *La* encontradas.

Efecto de la Posición Específica de Juego y el Nivel del Jugador

Es importante destacar cuando hablamos de la importancia del *umbral de lactato* en el futbolista, que algunos jugadores pueden mantener una elevada intensidad de trabajo bajo elevadas concentraciones de *La*, debido a su tolerancia individual y a su mayor capacidad de amortiguación de estos niveles de acidez muscular. Los jugadores entrenan y juegan en posiciones en las que se recorre más distancia y a mayor velocidad, haciendo frente a inferiores tiempos de recuperación entre esfuerzos repetidos de alta intensidad. Con el tiempo y la repetición de estos estímulos determinados por la posición de juego, estos jugadores pueden desarrollar una mayor capacidad oxidativa en el músculo, debido a las adaptaciones fisiológicas mencionadas en los estudios que han empleado series cortas de *entrenamiento interválico (short-interval training, SIT)*. En concreto, este trabajo ha mostrado inducir rápidos cambios en la capacidad de los músculos empleados para absorber y metabolizar el oxígeno (Burgomaster et al., 2005; Gibala y McGee, 2008; Hazell et al., 2010).

Se han obtenido muestras sanguíneas en el descanso, inmediatamente tras la finalización del partido (Ekblom, 1986) y durante el mismo (Gerisch et al., 1988; Rhode y Espersen, 1988), para conocer la concentración de *La* en sangre. Se encontraron valores de 4,9 y 3,7 mmol/L en la primera y la segunda parte respectivamente (Ekblom, 1986; Gerisch et al., 1988; Rhode y Espersen, 1988). Aunque deben tomarse con cautela, debido a que estos valores solo pueden proporcionar información fiable del nivel de actividad de los últimos cinco minutos del jugador (Ekblom, 1986; Bangsbo, 1994), estos datos podrían evidenciar una posible depleción de los depósitos de glucógeno durante el primer tiempo, siendo una posible explicación a las diferencias en las distancias recorridas, menor intensidad de carrera y menor valor de frecuencia cardiaca media, encontradas durante el segundo tiempo con respecto al primero.

Además Ekblom (1986), encontró que a mayor nivel de juego el futbolista mostró mayores niveles de concentración de *La*. Como aparece en la *Tabla* de la siguiente página, los jugadores de 1ª División llegaron a alcanzar valores de 8-10 mmol/L, frente a los 4 mmol/L de jugadores de 4ª División.

DEMANDAS FISIOLÓGICAS DEL FÚTBOL

Diferencias en la Concentración de Lactato entre la 1ª y la 2ª Parte en Futbolistas Suecos (Ekblom, 1986)

División	Descanso	Final
1ª División	9.5 (6.9-14.3)	7.2 (4.5-10.8)
2ª División	8.0 (5.1-11.5)	6.6 (3.1-11.0)
3ª División	5.5 (3.0-12.6)	4.2 (3.2-8.0)
4ª División	4.0 (1.9-6.3)	3.9 (1.0-8.5)

Ejemplo de Medición de Lactato (Kit Lactate Pro, Akray, Japón)

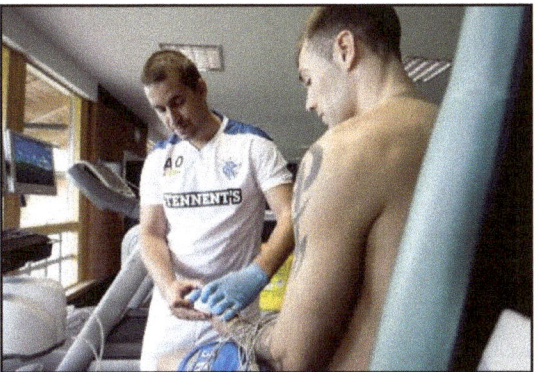

La investigación previa ha encontrado relación positiva entre la contribución anaeróbica de la glucólisis y el nivel de juego (Ekblom, 1986). Ha sido sugerido que la clave en las diferentes concentraciones de *La* de diferentes niveles, radica en la distancia recorrida a alta velocidad o alta intensidad más que en la distancia total (Ekblom, 1986). Ekblom (1986), destacó: "Parece que la principal diferencia entre la concentración de *La* de jugadores de diferente nivel no radica en la distancia recorrida durante el partido, sino en el porcentaje de esa distancia recorrido a alta velocidad y a los valores absolutos de acciones a velocidad máxima durante el partido".

Como se ha indicado con anterioridad, el *LT* de los jugadores puede ser similar, pero según los últimos estudios la clave es la habilidad del futbolista para eliminar parcialmente el *La* producido y recuperar o prolongar el trabajo bajo esa elevada acidez metabólica (Buchheit et al., 2012; Dellal et al., 2012).

La literatura científica ha encontrado una asociación entre la capacidad de repetir esprints del deportista *(Repeated Sprint Ability, RSA)* o la habilidad de mantener la producción de potencia en el ejercicio con la *cinética del VO2* al inicio (Dupont et al., 2005) y en la finalización del ejercicio (Dupont et al., 2010). Una cinética rápida al inicio del ejercicio implicaría una reducción del déficit de O2, evitando como consecuencia las alteraciones en la célula muscular que podrían llevar al cese o la disminución de la intensidad del ejercicio, por la implicación de las vías anaeróbicas de obtención de energía, permitiendo el mantenimiento de la producción de potencia durante la repetición del esfuerzo (Jones y Burnley, 2009). Estas reducciones en la alteración del entorno celular estarían posibilitadas por la menor acumulación de metabolitos relacionados con la fatiga, como los *H+* y la consiguiente acumulación de *La* (Jones y Burnley, 2009).

Una de las primeras investigaciones en este área comparó en jugadores profesionales de fútbol (1ª División de Dinamarca), la concentración de *La* muscular y la *FC* como respuesta al entrenamiento, a la primera parte de un partido y al partido completo. Encontraron que ambas variables fueron significativamente menores en entrenamiento (Rhode y Espersen, 1988). Dellal et al. (2012), confirmaron recientemente estos datos al estudiar las demandas físicas y técnicas de la competición y de diferentes formatos de *SSG*, teniendo en cuenta la posición de juego (*Tabla 15* de la siguiente página).

ASPECTOS CLAVE:
Para ser un excelente entrenador es necesario conocer la fisiología básica y las consecuencias de diferentes tipos de entrenamiento. Revisa este capítulo cuidadosamente e indaga lo necesario para tener una comprensión completa.

DEMANDAS FISIOLÓGICAS DEL FÚTBOL

Tabla 15. Respuesta de la FC, Concentración de Lactato y RPE Asociada a la Realización de 4vs4 y 11vs11 (Amistoso) de 40 Jugadores Profesionales de Fútbol (Dellal et al., 2012).

	POSICIÓN DE JUEGO	NORMAS	LACTATO (mmol/L)	RPE (1-10)	%Hrmax	%FC Reserva
PARTIDO	CD (N = 8)	N/A	4.2	7.5	81.7	75.9
	LAT (N = 8)		4.4	8.0	83.2	78.2
	MCD (N = 12)		5.4	8.2	86.3	82.8
	CB (N = 7)		4.9	8.1	83.7	78.6
	D (N = 5)		5	8.0	81.2	75.3
	TOTAL (N = 40)		4.8	7.4	83.2	78.2
4 vs 4	CD (N = 8)	1 Toque	3.3	9.3	88.9 **	85.2 ***
		2 Toques	3.2	8.2	87.1 **	83.0 ***
		Juego Libre	3.1	7.7	85.9 *	81.3 ***
	LAT (N = 8)	1 Toque	3.0	7.9	87.4 *	83.5 ***
		2 Toques	2.9	8.0	85.9	81.5
		Juego Libre	2.8	7.5 *	84.9	80.2
	MCD (N = 12)	1 Toque	3	8.0	86.3	82.2
		2 Toques	2.9	7.9	83.9 **	79.1 *
		Juego Libre	2.7	7.2 ***	82.8 **	77.6 **
	CB (N = 7)	1 Toque	2.9	7.9	88.8 *	85.1 ***
		2 Toques	2.8	7.8	86.6	82.0
		Juego Libre	2.7	7.1 ***	86.5	82.0
	D (N = 5)	1 Toque	2.8	7.9	88.9 ***	84.8 ***
		2 Toques	2.7	7.6 **	86.4 ***	81.3 ***
		Juego Libre	2.7	7.0 ***	85.6 ***	80.2 ***
	TOTAL (N = 40)	1 Toque	3	8.0	87.6	83.6
		2 Toques	2.9	7.9	85.6	80.8
		Juego Libre	2.8	7.3	84.7	79..7

C = Defensa Central; *LAT* = Defensa Lateral; *MCD* = Medio Centro Defensivo; *CB* = Centrocampista de Banda; *D* = Delantero

RPE = Percepción Subjetiva del Esfuerzo (*Rate of Perceived Exertion, RPE*) para medir la intensidad del ejercicio. Es una medida subjetiva de la intensidad del esfuerzo en una escala del 1 al 10, siendo 1 una actividad muy ligera y 10 una actividad que supone un esfuerzo máximo.

- * Diferencias significativas en los valores durante partido y las tres **SSG**, para una posición específica de juego; p <0,05
- ** Diferencias significativas en los valores durante partido y las tres **SSG**, para una posición específica de juego; p <0,01
- *** Diferencias significativas en los valores durante partido y las tres **SSG**, para una posición específica de juego; p <0,001

DEMANDAS FISIOLÓGICAS DEL FÚTBOL

El Efecto de las Diferentes Tácticas o Estilos de Juego

Un estudio con los mejores amateurs del fútbol alemán, investigó los efectos de diferentes estilos de juego sobre la concentración de *La* tomada en el descanso y al final de encuentros oficiales (Gerisch et al., 1988). Encontraron valores entre 2,2 y 12,4 mmol/L y observaron que el marcaje en zona producía menores niveles de lactato que el marcaje individual. Al establecer áreas acotadas de actuación en el sistema defensivo en zona, el jugador podría realizar menos esfuerzos de alta intensidad, carreras a alta velocidad y esprints, explicando la menor concentración de *La* observada. Además también significaría una menor depleción de los depósitos de glucógeno, siendo un efecto positivo en términos de ahorro energético para la parte final de los partidos. Sin embargo, se necesitan más investigaciones en esta línea que justifiquen estas hipótesis.

Ejercicio Intermitente

Con respecto a la variación de los valores en la concentración de *La* en función del nivel de juego, debe aclararse que aunque el *La* es una medida válida de la intensidad del ejercicio, la mayoría de los movimientos realizados en sesiones de entrenamiento y partidos son altamente intermitentes (Dellal et al., 2011). Debido a este irregular patrón de movimiento, el jugador puede oxidar parte de la producción de lactato durante los periodos de recuperación existentes. Por tanto, como se ha indicado con anterioridad, el *La* tomado en entrenamiento o partido solo muestra el nivel de actividad realizado durante los 5 minutos previos a la toma (Ekblom, 1986; Bangsbo, 1994).

Alguno de los primeros estudios efectuados en ejercicios intermitentes se centraron en analizar la evolución de la concentración de *La* (Christensen et al., 1960; Margaria et al., 1969; Astrand y Rodhal, 1970). Balsom (1995), encontró valores de *La* entre 7-15 mmol/L al realizar repeticiones de 15 m con una recuperación pasiva de 15 s *(Figura 6)*. Estos datos reflejan que el ejercicio intermitente solicita la degradación de glucógeno y la glucólisis de forma inmediata (Chamari et al., 2001). Balsom et al. (1995), midieron la producción de *La* muscular tras 6 s de trabajo a máxima intensidad en cicloergómetro. Mostraron que el 50% de la energía empleada procedió de la glucólisis anaeróbica y adicionalmente encontraron que el lactato muscular y la glucólisis anaeróbica, contribuyeron significativamente a la producción total de energía al realizar el citado ejercicio. Según Gaitanos et al. (1993), la glucólisis anaeróbica produciría de forma significativa menores valores de *La* por la corta duración de los periodos de ejercicio intermitente empleados. El incremento del La en el músculo es consecuencia de su difusión y transporte, sin embargo, durante estos ejercicios el *La* será mantenido en niveles ligeramente elevados *(Figura 7)* al compararlo con periodos de trabajo continuo. Estos valores elevados son asociados a su metabolización durante los periodos de recuperación por medio de la neoglucogénesis. Durante este proceso, el lactato es convertido en glucógeno en el hígado, permitiendo su empleo para la obtención de energía si el atleta permanece activo.

El tipo de recuperación influirá directamente en la concentración de lactato. Tras 6 s de series repetidas de ejercicio Ahmaidi et al. (1996), encontraron mayores niveles de *La* al realizar una recuperación pasiva frente a realizar una recuperación activa al 32% del *VO2max*. Nielsen et al. (2002), confirmaron que la capacidad de tampón de los músculos debería ser suficiente para reducir o aliviar esta no máxima acumulación de lactato durante el ejercicio. Además Kindermann (1978), observó que tras 3 carreras a una velocidad establecida el *La* se redujo rápidamente al efectuar una recuperación activa en comparación con efectuar una recuperación pasiva. Estas ventajas de la recuperación activa podrían deberse al incremento en la dispersión del *La* producido por el incremento en la circulación sanguínea promovido por este tipo de recuperación (Gupta et al. ,1996; Toutaou et al., 1996).

DEMANDAS FISIOLÓGICAS DEL FÚTBOL

Figure 6. Concentración de Lactato Durante y Después de Esprints Repetidos (Balsom et al.,1995).

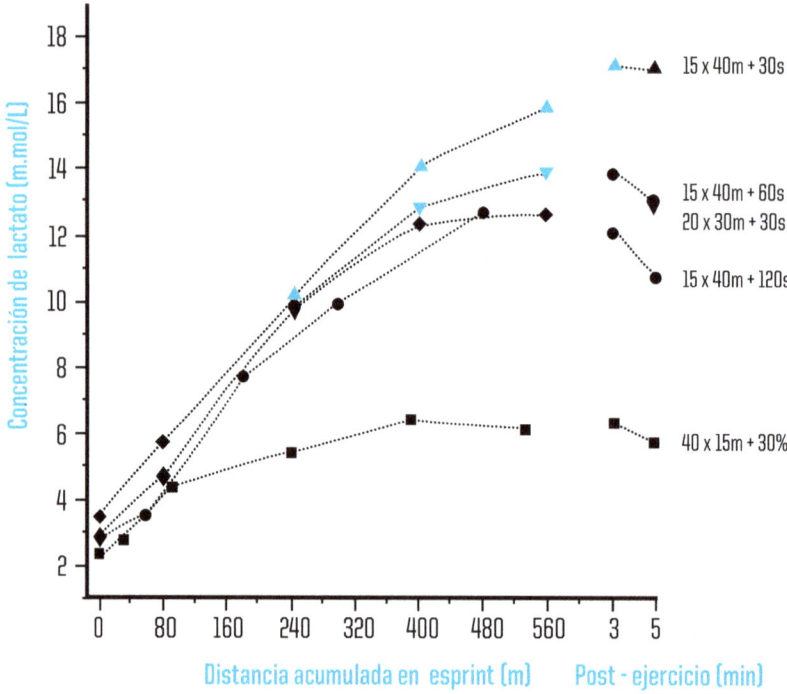

Figura 7. Evolución del Lactato Durante Ejercicio Intermitente y Continuo (Fox y Mathews, 1974).

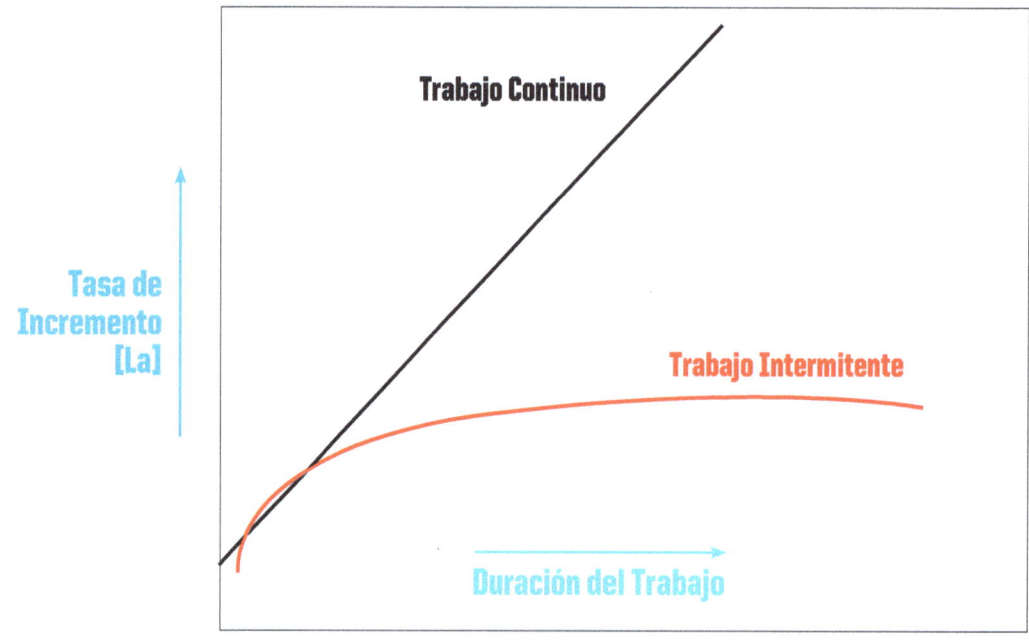

DEMANDAS FISIOLÓGICAS DEL FÚTBOL

RECUPERACIÓN ACTIVA

Por Yann Le Meur y Cristophe Hausswirth en Recuperación para el Rendimiento en el Deporte, Human Kinetics, 2013

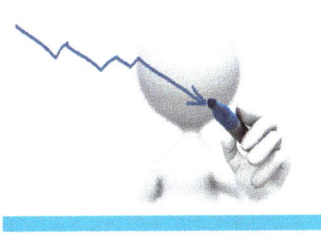

1 La recuperación activa entre esprints cortos (> 6s) desciende la resíntesis de PCr (almacén energético)

2 La recuperación activa entre esprints largos (> 20s) acelera la vuelta a la homeostasis (respuesta coordinada para mantener el equilibrio del organismo) y reduce la deuda de oxígeno acumulada en el inicio

3 Durante el entrenamiento interválico corto, la recuperación pasiva y activa acumulan similar tiempo cerca del VO2max

4 Durante el entrenamiento interválico para desarrollar el VO2max con intervalos largos (> 30s), la recuperación activa incrementa la contribución aeróbica por la más rápida cinética del VO2 y mayor VO2 en la recuperación

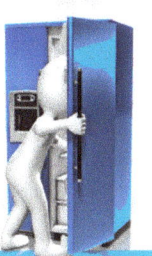

5 Cuando el rendimiento debe ser repetido en un corto tiempo (< 30 min), se debe planear la recuperación activa para acelerar la vuelta a la homeostasis. Al mantener la intensidad de ejercicio submáxima no se observa un beneficio claro frente a periodos de recuperación más largos. Otras estrategias como la nutrición, el descanso, el masaje o la inmersión en agua fría tienen más efecto para promover la recuperación.

Diseñado por @YLMSportScience

DEMANDAS FISIOLÓGICAS DEL FÚTBOL

DEPLECIÓN DE GLUCÓGENO Y VARIACIÓN HORMONAL

El futbol de élite solicita al futbolista la realización de carreras repetidas a intensidad variable, alternadas con periodos cortos y largos de recuperación activa y pasiva. Las características del entrenamiento y la propia competición marcan la intensidad y velocidad de las acciones, que pueden ser alteradas en cualquier momento. Además de estos cambios, las acciones decisivas del juego, los goles, a menudo son precedidas por aceleraciones, esprints y disparos a portería (Bishop et al., 2011; Faude et al., 2012; Owen et al., 2013). Por lo tanto es importante que el entrenamiento se centre en mejorar y recrear el trabajo repetido de alta intensidad. La investigación previa que lo justifica ha indicado que para un rendimiento exitoso, el futbolista necesita ser capaz de realizar múltiples carreras a elevada velocidad y tener una excelente capacidad para recuperarse de esos esfuerzos (Dupont et al., 2004).

Según Bangsbo (1994), el entrenamiento anaeróbico puede ser definido como el ejercicio realizado a una intensidad superior a la del *VO2max*, con el objetivo prioritario de solicitar la producción de energía anaeróbica.

Investigaciones previas han descrito que para desarrollar esos esfuerzos anaeróbicos máximos, las sesiones de **deplección de glucógeno** que incluyen el trabajo de resistencia a la velocidad (**ResV**) son fundamentales. Además de las series a máxima velocidad de 2-10 s de duración para el desarrollo de la velocidad, el entrenamiento de **ResV** puede ser descrito para otras intensidades anaeróbicas. Los autores han considerado que cuando se discute sobre **ResV** hay dos formas de considerar el entrenamiento (laia y Bangsbo, 2010; **Tabla 16**). Primero, existe el **entrenamiento de producción**, donde el ejercicio dura entre 10-40 s y son realizados cerca de la máxima intensidad (70-100%), con periodos de recuperación largos (>5 veces la duración del ejercicio). Este ratio trabajo:descanso es sugerido para permitir que el atleta vuelva a realizar a la máxima intensidad la siguiente serie. Segundo, el **entrenamiento de mantenimiento**, que consiste en series de 5–90 s, realizadas con menos tiempo de recuperación (1-3 veces la duración del ejercicio), resultando en una ligera menor intensidad y en la progresiva acumulación de fatiga durante el entrenamiento.

Tabla 16. Tipos de Entrenamiento Anaeróbico (a partir de laia y Bangsbo, 2010).

TIPO DE ENTRENAMIENTO ANAERÓBICO	INTENSIDAD (% DE LA VELOCIDAD MÁXIMA)	DURACIÓN DEL EJERCICIO (S)	DURACIÓN DE LA RECUPERACIÓN	NÚMERO DE REPETICIONES
Velocidad	100	2 - 10	> 5 veces la duración del ejercicio	5 - 20
Resistencia a la Velocidad (Producción)	70 - 100	10 - 40	> 5 veces la duración del ejercicio	3 - 12
Resistencia a la Velocidad (Mantenimiento)	50 - 100	5 - 90	1-3 veces la duración del ejercicio	2 - 25

DEMANDAS FISIOLÓGICAS DEL FÚTBOL

Desarrollo de la Resistencia a la Velocidad (ResV)

Una vez conocido el papel que desempeña el sistema de producción de energía anaeróbica en el fútbol, el desarrollo de la *ResV* es vital para el futbolista. Para mejorar esta cualidad específica, se debe conocer lo que ha aportado la literatura científica. En este sentido, se encontraron adaptaciones anaeróbicas positivas (Roberts et al., 1982; Parra et al., 2000; Rodas et al., 2000; Dupont et al., 2004), y mejoras en la capacidad tampón muscular (Sharp et al., 1986) con 2-4 sesiones de entrenamiento semanales con 4-8 repeticiones de 15-30 s de ejercicio de máxima intensidad. Además, los investigadores de referencia en este área (Tabata et al., 1997; Bangsbo, 2003) sugieren dividir el trabajo de la *ResV* en dos áreas:

1. **Entrenamiento de Producción**
2. **Entrenamiento de Mantenimiento**

El entrenamiento de producción sugerido para mejorar la potencia anaeróbica, se basa en asegurar la completa recuperación entre repeticiones para permitir la realización del ejercicio a máxima intensidad (15-40 s con 2-4 min de recuperación). Sin embargo, el entrenamiento de mantenimiento de la *ResV* se centra en la mejora de la capacidad anaeróbica del atleta, utilizando menos tiempo de recuperación entre repeticiones (20-90s con ratios de trabajo:recuperación 1:1-1:3), con el objetivo de inducir la fatiga de forma gradual conforme se realizan las repeticiones (Bangsbo, 1993).

Las investigaciones previas comparando intervalos cortos de trabajo a máxima intensidad y recuperación (20s:10s), frente a largos (30s:2min), mostraron que ambas alternativas mejoraron significativamente el rendimiento anaeróbico. Sin embargo, el trabajo con periodos más cortos permitió también mejoras en el rendimiento aeróbico, y el efectuado con intervalos más largos consiguió mayores incrementos en la potencia anaeróbica (Tabata et al., 1997). Estos resultados justificarían las sugerencias de Bangsbo (1997), en cuanto a la diferenciación del entrenamiento de la *ResV* en producción y mantenimiento. En un trabajo más reciente sobre la *ResV* con jóvenes futbolistas de élite franceses, tras 10 semanas de entrenamiento en las que efectuaron 2 sesiones de entrenamiento interválico de alta intensidad (12-15 carreras de 15 s al 120% del *VO2max* con 15 s de recuperación y 12-15 esprints de 40 m con 30 s de recuperación), se consiguieron mejoras significativas en la velocidad aeróbica máxima (*VAM*) superiores al 8%. Ha sido sugerido que las adaptaciones que este tipo de entrenamiento de *ResV* conlleva en el organismo del deportista, son principalmente de tipo periférico más que central (Bangsbo, 2003).

Como se ha descrito con anterioridad, el entrenamiento para la *ResV* generalmente incluye series repetidas efectuadas a máxima intensidad por encima del *VO2max*, con tiempos fluctuando entre 10 s y 2 min. Numerosas investigaciones han mostrado que estos formatos de trabajo solicitan en gran medida el sistema anaeróbico de producción de energía (Tabata et al., 1997; Bangsbo, 2003; Burgomaster et al., 2005; Dupont et al., 2005). Estos esfuerzos a alta velocidad o alta intensidad son considerados primordiales para inducir mejoras en la capacidad de las enzimas glucolíticas, junto con la mejora de la capacidad anaeróbica del futbolista (Parra et al., 2000; Rodas et al., 2000). Sin embargo, cabe destacar que la incidencia sobre la mejora del rendimiento aeróbico de estas sesiones de entrenamiento no debe ser infravalorado (Burgomaster et al., 2005; Dupont et al., 2005). Las elevadas intensidades y velocidades llevadas a cabo en las sesiones de *ResV*, conllevan una elevada producción de piruvato, compuesto con el que se inicia el *Ciclo de Krebs* (conjunto de reacciones químicas realizadas para la producción de energía aeróbica), directamente responsable de la producción de *ATP* y cuya solicitación está relacionada con la pérdida de masa grasa, la reducción de los niveles de lípidos en sangre y la mejora de la resistencia durante ejercicios aeróbicos.

DEMANDAS FISIOLÓGICAS DEL FÚTBOL

Junto con estos beneficios, el entrenamiento de *ResV* es visto como un óptimo medio para inducir el incremento de la respuesta oxidativa del músculo, el transporte del lactato y la capacidad tampón del músculo esquelético (Weston et al., 1997; Burgomaster et al., 2005). Investigaciones previas han descrito que las mejoras en el transporte del lactato y la capacidad tampón del músculo, por medio de una mejora en la capacidad de eliminar los productos de deshecho asociados al ácido láctico, tendrían efectos positivos en la recuperación entre series y en la capacidad para mantener la carga de trabajo a una intensidad relativa (Weston et al., 1997; Bangsbo, 2003; Burgomaster et al., 2005).

El Efecto del Carbohidrato Almacenado

El rendimiento durante el ejercicio intermitente de alta intensidad está significativamente influido por la disponibilidad de carbohidratos *(CHO)* en forma de glucógeno muscular (Nevill et al., 1993; Favano et al., 2008). Esta concentración de glucógeno muscular constituye, junto con la fosfocreatina, la provisión de sustrato energético esencial del músculo.

Además, se ha demostrado que los *CHO* son esenciales en la dieta de los atletas que realizan entrenamientos intensos de tipo intermitente (Davis et al., 1999; Welsh et al., 2002). Un incremento en la dieta (55% o 602 g/día) conllevó significativas mejoras en un ejercicio de resistencia intermitente, frente a los deportistas que ingirieron menor cantidad de *CHO* (39% o 355 g/día) (Bangsbo, 1994; Davis et al., 1999; Bishop et al., 2002; Favano et al; 2008). En esta línea Patterson y Gray (2007), mostraron que la suplementación con *CHO* mejoró el rendimiento durante una prueba de carrera intermitente. Utter et al. (2007), encontraron relación entre el nivel de suplementación de *CHO* y el nivel de esfuerzo en entrenamiento. A inferior suplementación, más duro es percibido el entrenamiento y más esfuerzo es realizado por el deportista. Estos datos sugieren la necesidad para el futbolista de consumir una alta cantidad de carbohidratos en su dieta precompetitiva.

Figura 8. Tiempo Hasta el Agotamiento Durante un Test de Carrera Intermitente de Ida y Vuelta Comparando Placebo e Ingesta de Carbohidratos (Patterson y Gray, 2007).

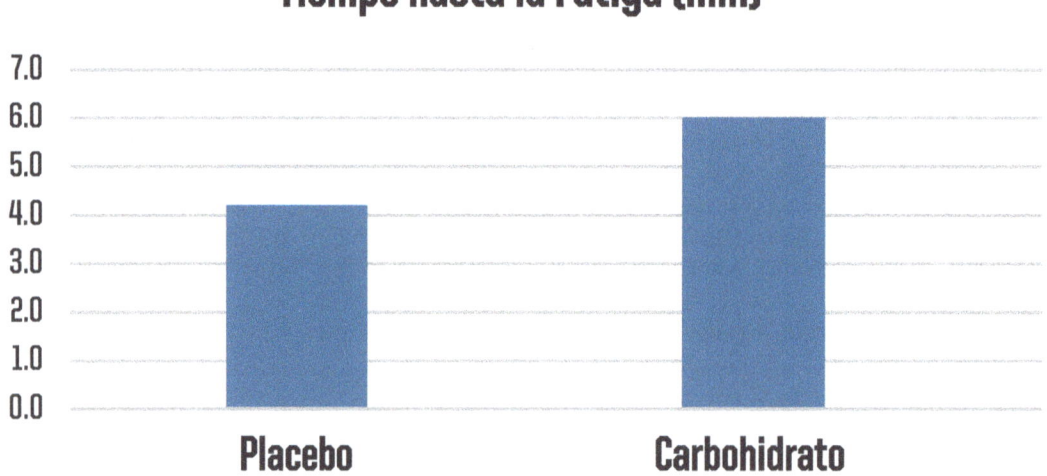

DEMANDAS FISIOLÓGICAS DEL FÚTBOL

REPEATED SPRINT ABILITY (RSA)

En el fútbol profesional, el concepto **RSA** se asocia con la habilidad del jugador de reproducir esprints máximos sobre distancias cortas, típicamente menos de 10 s de esprint, intercalados con periodos de recuperación. Los jugadores de élite realizan entre 8 y 18 esprints por partido (Bradley et al., 2009; Di Salvo et al., 2009; Dellal et al., 2010), generalmente de entre 10 y 25 m o de ente 3 y 5 s de duración (Barros et al., 2007). La tendencia reciente de reducir el número de periodos de recuperación y su duración en el partido, junto con el incremento de la especificidad de los entrenamientos, ha generado investigación y discusión sobre el concepto del entrenamiento de esprints repetidos *repeated sprint training (RST)* en deportes como el fútbol (Bompa, 1999; Dupont et al., 2005).

El rendimiento en deportes de equipo intermitentes se basa en las cualidades técnicas y tácticas de los jugadores. Por tanto y de acuerdo con algunas investigaciones, ha sido cuestionado el *RSA* como determinante físico fundamental del rendimiento en los deportes de equipo (Buchheit et al., 2010). Sin embargo, la aparición de la fatiga en los deportes de equipo como el fútbol ha sido asociada con la capacidad de repetir esprints, en concreto se encontraron significativas reducciones en el esprint y la carrera a alta velocidad en las fases finales de un encuentro (Mohr et al., 2003). El ritmo aleatorio de un partido lleva a numerosos periodos de acciones intensas, esprints, que pueden determinar el resultado final del encuentro, ganar o perder la posesión del balón o conceder o conseguir una oportunidad de gol (Trappatonni, 1999). En esta línea, una de las primeras investigaciones efectuadas cuantificó en una reducción en torno al 0,8% en el esprint, un incremento significativo en la probabilidad de que un jugador perdiera la posesión ante el oponente cuando dos jugadores desde lados opuestos compiten por el balón (Paton et al., 2001).

Acciones Explosivas en Situaciones de Gol

La literatura reciente ha intentado progresar en la idea de la asociación éxito-rendimiento físico, analizando la influencia de la velocidad y las acciones potentes efectuadas por el jugador de fútbol profesional en situaciones de gol. Faude et al. (2012), analizaron 360 goles de la 1ª División alemana registrando las acciones que acabaron en gol y las inmediatamente anteriores, categorizándolas en:

- Acción no explosiva
- Giros (sobre la línea central del cuerpo)
- Esprint en línea recta
- Esprint con cambio de dirección
- Salto
- Cualquier combinación de las anteriores

Los resultaron mostraron que 298 goles (83% de los conseguidos), fueron precedidos de al menos una acción explosiva realizada por el jugador que marcó o por el que le asistió. Las acciones más comunes del jugador que marcó fueron:

- Esprint en línea recta (161, el 45% de los goles analizados)
- Salto (57, equivalente al 16% del total de goles)
- Giro (22, equivalente al 6%)
- Esprint con cambio de dirección (22 goles, 6%)

Faude et al. (2012), también encontraron que la mayoría de los esprints de los 360 goles analizados se realizaron sin presión de un oponente (109) y sin el balón (121). Además, las acciones más frecuentes del jugador que asistió fueron:

- Esprint en línea recta (137 acciones, o el 38%)
- Giro (28 acciones, o el 8% de los registros)
- Salto (22, o el 6% de las acciones totales)
- Esprint con cambio de dirección (18, o el 5%)

DEMANDAS FISIOLÓGICAS DEL FÚTBOL

Cabe destacar que el esprint en línea recta efectuado por el jugador que asiste es realizado mayoritariamente con balón (93 de los 360 goles). En resumen y concluyendo con el estudio de Faude et al. (2012), el esprint en línea recta es la acción más frecuente realizada tanto por el jugador que asiste como el que marca en partidos de competición. Como consecuencia, debe ser tenido en cuenta que la potencia, la velocidad y de manera más notoria la habilidad para esprintar desarrollando altas velocidades, son fundamentales en las situaciones decisivas del fútbol y por tanto deben ser incluidas en las situaciones de entrenamiento y evaluación durante la temporada.

ASPECTOS CLAVE:

La potencia, la velocidad y de manera más importante la habilidad del futbolista para esprintar a elevadas velocidades, son determinantes en las situaciones decisivas del partido y por tanto deben ser incluidas tanto en las sesiones de entrenamiento, como en las pruebas de valoración del rendimiento físico.

DEMANDAS FISIOLÓGICAS DEL FÚTBOL

Fatiga

Según el estudio de Girard et al. (2011), la fatiga durante la repetición de esprints generalmente evoluciona de forma rápida tras el primer esprint (*Figura 9* de la próxima página). Este autor también ha sugerido, existiendo amplio consenso al respecto, que la fatiga puede ser debida a numerosos factores, como el envío de órdenes inadecuadas por parte del córtex motor (ejemplo de factor neural) o la acumulación de metabolitos en la célula muscular (ejemplo de factor muscular). Por tanto, no parece existir un mecanismo único y global responsable de la fatiga, sino múltiples factores que contribuyen (Girard et al., 2011).

Recientemente, los factores determinantes de la fatiga durante la realización de esprints repetidos han recibido mucho interés, debido posiblemente al desarrollo tecnológico que ha posibilitado la proliferación de estudios y la aparición de numerosos protocolos de *RSA*. Sin embargo, aún no hay una clara explicación de los mecanismos que limitan este tipo de acciones (Glaister, 2005). En un intento de combatir la fatiga experimentada en los tests de *RSA*, ha sido investigada la suplementación nutricional encontrando que la **suplementación con creatina** *(Cr)* en el jugador de fútbol podría reducir la fatiga en este tipo de esfuerzos repetidos como muestra la *Figura 9*. El incremento total de los valores de *Cr* y *PCr* en el músculo, obtenidos por medio de la suplementación con *creatina*, podría mejorar al tasa de resíntesis de *ATP* tras los esfuerzos de alta intensidad. Como resultado, retrasaría la aparición de la fatiga incrementando el rendimiento durante las series repetidas de esprints. En esta línea argumental Mujika et al. (2000), mostraron que la **suplementación** aguda de *creatina* (5 gr, 4 veces al día durante 6 días), en comparación con un grupo placebo, tuvo efectos positivos sobre el tiempo en esprints repetidos y limitó la pérdida de salto tras la realización de ejercicio intermitente.

Cinética del VO2

Previamente se ha discutido el potencial beneficio de mejorar la *cinética del VO2* antes del inicio del ejercicio, con el objetivo de limitar la necesidad de la contribución anaeróbica y la consiguiente producción y acumulación de lactato. La investigación reciente sugiere que la mejora de la *cinética del VO2* puede ayudar a la mejora de la recuperación tras el esprint y al reaprovisionamiento de O2 y *PCr* (Borsheim y Bahr, 2003). Esta mejora en la recuperación podría por tanto, mejorar significativamente el rendimiento ante la sucesiva repetición de esprints (Bogdanis et al., 1996). Asimismo, con la investigación reciente sugiriendo que en entrenamientos de alta intensidad mayores niveles de desoxigenación del músculo durante los periodos de recuperación implican la reducción del rendimiento en esprints repetidos (Dupont et al., 2007; Buchheit et al., 2009), una rápida tasa de reoxigenación tras las series de alta intensidad podría resultar en mejoras del rendimiento durante los esprints posteriores.

DEMANDAS FISIOLÓGICAS DEL FÚTBOL

Figura 9. Tiempo Medio en 5 m y 15 m Durante un Test de Esprints Repetidos Antes y Después de la Suplementación con Creatina o Placebo

*= Diferencia Significativa entre Pre-Suplementación y Post-Suplementación (a partir de Mujika et al., 2000).

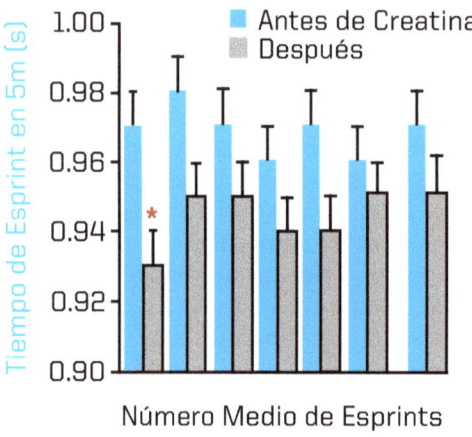
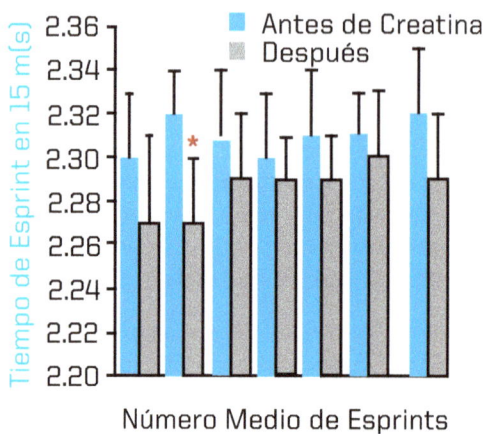
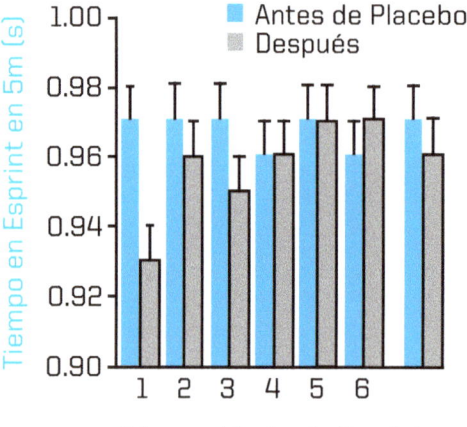
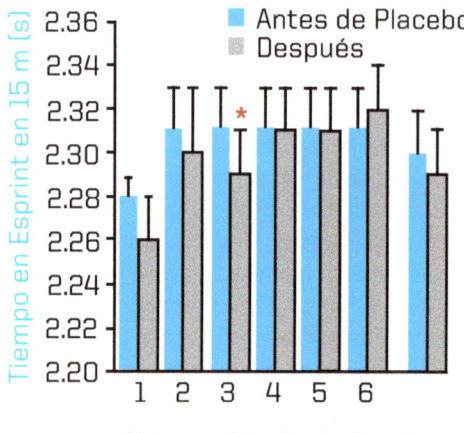

DEMANDAS FISIOLÓGICAS DEL FÚTBOL

Figura 10. Esprints Repetidos y Contribución Aeróbica (adaptado de McGawley y Bishop, 2008).

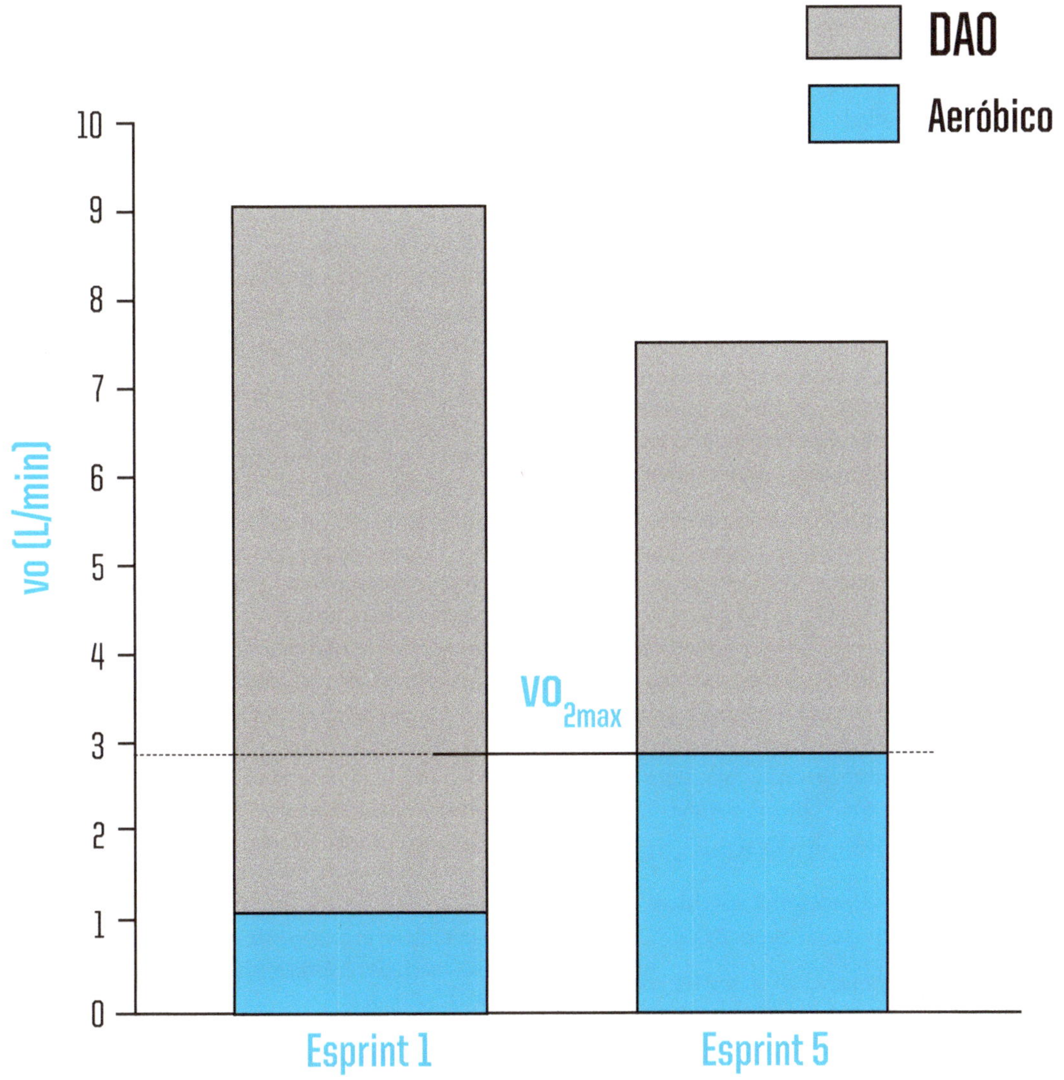

Conforme los esprints se repiten, hay un incremento en la contribución aeróbica en cada esprint. La línea horizontal representa el consumo máximo de oxígeno (*VO2max*).

DAO = Déficit Acumulado de Oxígeno (*Accumulated Oxygen Deficit*). Mide la capacidad anaeróbica. Es la diferencia numérica entre la energía total demandada y el oxígeno total consumido.

DEMANDAS FISIOLÓGICAS DEL FÚTBOL

La Importancia de la Carrera a Alta Intensidad

El desarrollo de la capacidad de repetir esprints del futbolista (RSA) es fundamental para su óptimo rendimiento. Investigaciones recientes han encontrado una reducción en la carrera efectuada a alta intensidad tras los periodos más intensos de partido que podría ser decisiva. A partir del análisis de los periodos de 5 minutos más intensos que suceden en el partido, se podrían generar protocolos de entrenamiento y evaluación para minimizar su efecto sobre el rendimiento (Di Mascio y Bradley, 2012). El entrenamiento mediante esprints repetidos tiene efectos sobre el incremento de la cantidad de ATP-PCr en la célula muscular y sobre la actividad enzimática relacionada con la resíntesis de energía mediante la vía del Sistema de los Fosfágenos, conllevando una mejora en la tasa de recuperación entre esprints repetidos.

El entrenamiento no específico de fútbol interválico de tipo corto (~15 min de ejercicio intenso durante dos semanas), incrementó el potencial oxidativo del músculo y dobló la capacidad de resistencia en sujetos activos en un protocolo aeróbico en cicloergómetro (Burgomaster et al., 2008). En otro estudio que investigó el efecto del entrenamiento de esprints repetidos (EER) Dupont et al. (2004), mostraron que tras 10 semanas se consiguieron mejoras significativas tanto en el esprint en 40m como en el RSA en jugadores internacionales franceses.

RSA y Cambios de Dirección Repetidos (*Repeated Changes of Direction, RCOD*)

Curiosamente, el rendimiento en un test **RSA** parece estar relacionado con la edad del futbolista y los entrenadores deben prestar especial atención a los perfiles fisiológicos individuales de los jugadores, edad cronológica, maduración biológica, experiencia previa de entrenamiento, morfología, características antropométricas y también al nivel de juego para estimar de forma más precisa los aspectos clave que pueden afectar tanto al **RSA**, como a la capacidad del futbolista de repetir cambios de dirección (**RCOD**), especialmente con jóvenes futbolistas (Dellal y Wong, 2013).

Dellal y Wong (2013), compararon el índice RSA/RCOD entre futbolistas de élite de diferentes edades (Sub15, Sub17, Sub19 y Profesionales). En este estudio el rendimiento en ambos tests se vio afectado por el nivel de maduración, mostrando grandes diferencias entre el grupo Profesional y los Sub15 y Sub19. Las variables examinadas para ambos protocolos fueron el esprint más rápido, el tiempo total y el tiempo medio.

Wong et al. (2011), y Brughelli et al. (2008), destacaron que el esprint en línea recta y el efectuado con cambio de dirección inducen diferentes cualidades motoras, concluyendo que deben existir similares diferencias al comparar el rendimiento del jugador en **RSA** y **RCOD**.

También podría aceptarse la teoría de Impellizzeri et al. (2006), y Rampinini et al. (2009), que afirman que ambos rendimientos dependen de la habilidad individual del jugador. Estos autores encontraron un rendimiento en **RSA** mejorado en jugadores profesionales en comparación con jugadores amateurs, explicado probablemente por las diferencias encontradas en el despliegue físico y la fatiga experimentada por el jugador profesional en competición (Mohr et al., 2003). Además, la agilidad de los futbolistas parece afectar al rendimiento en **RCOD** (Dellal y Wong, 2013), por la importancia en estas acciones de la coordinación de los miembros inferiores, el control de los apoyos y los tiempos de contacto y fuerzas de reacción de estos apoyos, sugiriendo la necesidad de un entrenamiento específico de la capacidad de esprintar, pero también del patrón de movimiento en el giro y de la fuerza específica aplicada en estas acciones (Wong et al., 2011; Young et al., 2001).

ASPECTOS CLAVE:

Tras destacar la importancia para el futbolista de su RSA Girard et al. (2011), concluyeron que intervenir con entrenamientos de alta velocidad con el objetivo de mejorar los factores determinantes de los esfuerzos repetidos, podría ser favorable para minimizar las reducciones asociadas a la fatiga de estas acciones y por tanto mejorar la capacidad del futbolista.

DEMANDAS FISIOLÓGICAS DEL FÚTBOL

ENTRENAMIENTO INTERVÁLICO DE ALTA INTENSIDAD

Buchheit y Laursen, Sports Medicine, 2013

Solución al puzzle de la programación

El entrenamiento interválico de alta intensidad es un método de entrenamiento muy conocido para mejorar la función metabólica y respiratoria. Es importante manipular de forma adecuada las variables que componen este tipo de entrenamiento, no solo con respecto a las adaptaciones fisiológicas y las mejoras del rendimiento esperadas con su aplicación, sino también con el objetivo de optimizar la periodización diaria/semanal del entrenamiento.

9 VARIABLES PARA MANIPULAR ENTRENAMIENTO INTERVÁLICO DE ALTA INTENSIDAD

La prescripción de este tipo de entrenamiento consiste en la manipulación de al menos nueve variables; cualquiera de ellas tiene incidencia sobre la respuesta muscular y metabólica

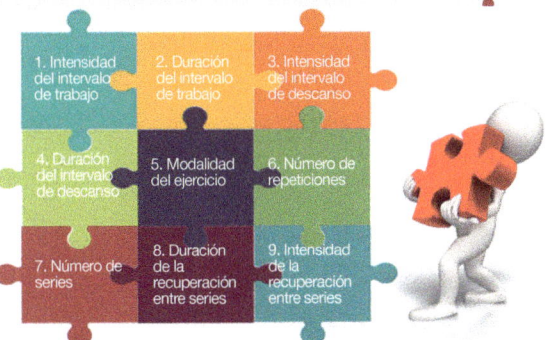

1. Intensidad del intervalo de trabajo
2. Duración del intervalo de trabajo
3. Intensidad del intervalo de descanso
4. Duración del intervalo de descanso
5. Modalidad del ejercicio
6. Número de repeticiones
7. Número de series
8. Duración de la recuperación entre series
9. Intensidad de la recuperación entre series

IMPLICACIONES PRÁCTICAS: 8 ASPECTOS CLAVE

1. La Velocidad del VO2max y la Velocidad Aeróbica Reserva son las referencias más precisas para diseñar estos entrenamientos con intervalos largos (>1-2 min) y cortos (<45 s).

4. Debe existir poco tiempo entre el calentamiento y el inicio de la sesión para alcanzar en poco tiempo la intensidad del VO2max

2. El volumen total de la sesión debe permitir a los atletas pasar entre 5 min (deportes de raqueta y de equipo) y 10 min (deportes de resistencia) a la intensidad del VO2max

3. Las sesiones deben diseñarse en función de la adaptación fisiológica deseada (metabólica, neuromuscular) y no necesariamente para el deporte en sí

(no numerado) El trabajo interválico prolongado a intensidades próximas a la máxima, parece ser el preferido para desarrollar adaptaciones cardiovasculares (p. ej. > 4 min al 90-95% de la velocidad del VO2max)

(no numerado) Aunque la magnitud de la carga neuromuscular durante estas sesiones puede ser modulada mediante la manipulación de las variables mostradas, las respuestas son altamente dependientes del perfil del deportista (sea o no de resistencia)

6. Es posible minimizar la participación de los sistemas anaeróbicos utilizando intervalos cortos y posiblemente algunas situaciones de juego reducido

7-8. El patrón de carrera (con cambios de dirección o línea recta), tipo de ejercicio (correr, pedalear, remar), el terreno (llano o con pendientes) y la superficie en la que se entrena deben ser tenidos en cuenta en la programación a partir del análisis coste/beneficio

Diseñado por @YLMSportScience

3. DESARROLLO DE LA VELOCIDAD, AGILIDAD Y COORDINACIÓN

DEMANDAS FISIOLÓGICAS DEL FÚTBOL

DESARROLLO DE LA VELOCIDAD, AGILIDAD Y COORDINACIÓN

Velocidad

Previamente ha sido claramente establecido que aunque la mayor parte del partido requiere de acciones de moderada y baja intensidad, las menos frecuentes acciones anaeróbicas que se suceden tienen un efecto crucial sobre el resultado (p. ej. esprintar y tirar a puerta, desmarcarse hacia el espacio libre para recibir un pase o correr con un rival para intentar robarle el balón antes de disparar a portería).

Cuando discutimos las diferencias entre los niveles de juego en términos de alta intensidad y esprint, Mohr et al. (2003), mostraron al comparar élite con jugadores de nivel medio que los mejores jugadores realizaban entre un 28-58% más de acciones de carrera de alta intensidad. Sin embargo para el mismo nivel de juego, los equipos menos exitosos recorren mayor distancia a alta velocidad en comparación con los más exitosos (Rampinini et al., 2009) y además, se recorre más distancia a alta intensidad cuando un equipo que está en las últimas posiciones de la tabla compite contra un equipo que está en las posiciones altas (Rampinini et al., 2007).

Aunque la velocidad y la capacidad de esprintar han mostrado ser vitales para el rendimiento del futbolista, raramente el jugador consigue su máxima velocidad de esprint compitiendo, siendo de gran importancia la fase inicial de aceleración del esprint (Cronin y Hansen, 2005; Jovanovic et al., 2011). Como consecuencia, será necesario la implementación de métodos de entrenamiento con el objetivo de mejorar el rendimiento en estas acciones del futbolista.

Bradley et al. (2009), establecieron que los jugadores más rápidos tenían valores más altos en *squat jump (SJ)* y en salto con contramovimiento *(countermovement jump, CMJ)*, coincidiendo con los resultados previos de otros autores (Hoff y Helgerud, 2004; Cronin y Hansen, 2005).

Investigaciones previas han mostrado significativas mejoras en la fase de aceleración del esprint mediante el uso de trineos lastrados. Estas mejoras ocurren probablemente por el incremento de la longitud de zancada en el esprint (Cronin y Hansen, 1996), la mejora de la fuerza de la musculatura de rodilla y cadera (Zafeiridis et al., 2005), un incremento en la activación neural y reclutamiento de las fibras musculares (Faccioni et al., 1994) y el desarrollo de la aceleración horizontal generada por la mejora en la oscilación de los brazos (Spinks et al., 2007). Aunque estas mejoras en la aceleración del futbolista son fundamentales para su desarrollo condicional, es necesario destacar con el empleo de trineos lastrados que una excesiva carga o lastre podría producir cambios negativos en los patrones de carrera del jugador (Alcaraz et al., 2009). Para evitar este problema, es conveniente el uso de la ecuación específica de regresión propuesta por los autores (*% body mass = -0.8674 × % velocity + 87.99*), con el objetivo de establecer la óptima carga en función de priorizar la mejora en la máxima velocidad o en la fase de aceleración (Alcaraz et al., 2009).

ASPECTOS CLAVE:
Existe la necesidad de implementar el entrenamiento con métodos dirigidos hacia la mejora de la potencia específica del futbolista.

DEMANDAS FISIOLÓGICAS DEL FÚTBOL

Agilidad y Coordinación

Basado en el hecho de que el futbolista en raras ocasiones alcanza su máxima velocidad de carrera en partido, pero sin embargo repite esfuerzos de alta intensidad y numerosos cambios de dirección durante el mismo, la agilidad aplicada a elevadas velocidades podría considerarse más importante que la capacidad de esprintar en línea recta (Little y Williams, 2005; Thomas et al., 2009; Jovanovic et al., 2011). Establecer en jugadores profesionales niveles específicos de agilidad es fundamental en los patrones de movimiento necesarios para superar la oposición del rival, con o sin la posesión del balón. También justificarían esta necesidad el elevado número de giros y cambios de dirección que se realizan. Además, el desarrollo de la agilidad en el fútbol de élite podría incidir en la prevención de lesiones (Jovanovic et al., 2011), por medio de la optimización en la activación e inhibición de las fibras musculares en los movimientos específicos del fútbol, incidiendo específicamente en la prevención de desgarros y distensiones articulares.

Para la mejora de la agilidad del jugador es necesario tener en cuenta la edad y el nivel de control motor del deportista, así como cuatro factores que se consideran claves y que deben ser trabajados con una apropiada carga de trabajo en los entrenamientos (Pearson et al., 2001): equilibrio, coordinación, agilidad programada (movimiento planificado) y agilidad aleatoria (movimientos inesperados). A partir de los resultados del estudio de Jovanovic et al. (2011), el entrenamiento estructurado de velocidad y agilidad a lo largo de una temporada completa, parece ser efectivo para mejorar la rapidez de movimientos, la aceleración y la potencia de salto en futbolistas jóvenes, siendo una decisión acertada desarrollar programas de este tipo de forma integrada junto con el resto de contenidos de entrenamiento. Estas mejoras son similares a las encontradas por Jullien et al. (2008), quienes consiguieron mejoras en un test de agilidad tras tres semanas de trabajo de agilidad con futbolistas. De forma adicional, se encontró que una intervención de este tipo podría proporcionar respuestas longitudinales en forma de cambios neuromusculares del programa motor. Dentro del fútbol actual, que implica destrezas perceptivo motrices que intervienen simultáneamente en un entorno cambiante (Gabbett et al., 2008; Bullock et al., 2012), parece que el éxito requiere del jugador tener bien establecidas habilidades perceptivas y de toma de decisión para asegurar la anticipación al resultado de la acción. La literatura más reciente ha mostrado que la agilidad de tipo reactiva se ha convertido en un componente muy popular en la evaluación de las destrezas del deportista, siendo esta cualidad una combinación de aspectos físicos como el equilibrio, la velocidad y la potencia, y mentales relacionados con la toma de decisión (Chelladurai et al., 1977; Farrow et al., 2005; Young y Wiley, 2010; Bullock et al., 2012).

Según Royal et al. (2006). La agilidad reactiva proporciona una medida de destreza perceptual y cognitiva difícil de cuantificar en partido, pero capaz de ser mejorada con el entrenamiento. Se ha sugerido que incluir esta cualidad en la evaluación de las habilidades del futbolista, podría ayudar al conocimiento de la influencia de la toma de decisión del jugador sobre el éxito del equipo. Jugadores con mejor toma de decisión y anticipación podrían, como consecuencia, recorrer menos distancia a diferentes velocidades, especialmente a alta intensidad y esprintando, al ser capaces de leer mejor el juego y tomar mejores decisiones. Este aspecto podría ser muy importante al medir o analizar los movimientos que se suceden en el partido, mostrando la relación entre la agilidad reactiva y la habilidad perceptivo cognitiva.

ASPECTO CLAVE:

Existen 4 componentes claves de la agilidad; equilibrio, coordinación, agilidad programada y reactiva.

El entrenamiento de la agilidad y la velocidad como parte de un programa estructurado a lo largo de la sesión, mejora la rapidez de movimientos, la aceleración y la potencia de salto en futbolistas jóvenes.

DEMANDAS FISIOLÓGICAS DEL FÚTBOL

ARTÍCULO DESTACADO

Efecto del Entrenamiento de Esprints Resistidos en Jóvenes sobre Variables Cinéticas y Cinemáticas por Rumpf et al. Eur J Sports Sci

OBJETIVO Y MÉTODO

El entrenamiento con trineos lastrados es un método de entrenamiento popular y eficiente para mejorar el rendimiento en esprints en deportistas adultos, sin embargo, no ha sido todavía empleado en jóvenes. Por tanto, el objetivo de este estudio fue investigar el efecto de este tipo de entrenamiento, en deportistas jóvenes con diferentes niveles de maduración, sobre los parámetros cinéticos y cinemáticos del esprint

32 chicos participaron en la evaluación (pre y post) de su rendimiento. 18 fueron medidos antes de su pico de crecimiento (Pre) y 14 en ese momento madurativo y posterior (Mid/Post) utilizando una cinta de correr no motorizada.

La intervención de 6 semanas consistió en 12 sesiones de entrenamiento con trineos lastrados para el grupo Pre y 14 para el Post/Mid. En cada sesión se efectuaron 8-10 esprints de entre 15-30 m con una carga que varió desde el 2,5% al 10% del peso corporal.

RESULTADOS E IMPLICACIONES PRÁCTICAS

Los participantes del grupo Pre no mejoraron el rendimiento en esprint, mientras que el resto de participantes consiguieron:

- mejorar significativamente en el esprint (5,76%) y en los parámetros verticales (17,4%) y relativos (45%) de la rigidez muscular favorables al rendimiento

- e incrementar significativamente de la velocidad media (5,99%), frecuencia de paso (5,65%), potencia media (6,36%) y pico de fuerza horizontal (9,7%)

El trabajo con trineos lastrados puede ser un método de entrenamiento eficaz para la mejora del esprint en 30 m en atletas cuya maduración esté próxima a su pico de crecimiento

Diseñado por @YLMSportScience

DEMANDAS FISIOLÓGICAS DEL FÚTBOL

ARTÍCULO DESTACADO

ESPRINTS CON CAMBIOS DE DIRECCIÓN Y SITUACIONES DE JUEGO REDUCIDO (SSG): EFECTO DEL ENTRENAMIENTO EN LA AGILIDAD Y EL CAMBIO DE DIRECCIÓN (COD) EN FUTBOLISTAS

MÉTODO

- 36 futbolistas fueron divididos en tres grupos experimentales de 12 jugadores durante un periodo de 6 semanas de entrenamiento, e hicieron: 1) Entrenamiento de esprints con COD conocidos; 2) SSG; 3) Grupo control.

- Los jugadores completaron los siguientes tests antes y después el periodo de entrenamiento: esprint lineal (15 y 30 m), esprint con COD (COD 15 m, Balón-15 m, 10-8-8-10 m, zigzag 20 m), agilidad reactiva y salto vertical y horizontal (counter-movement jump y 5-Saltos).

RESULTADOS E IMPLICACIONES PARA EL ENTRENAMIENTO

- ↗ en el esprint, agilidad sin balón, COD y salto mayores en el grupo control que en el resto.

- El grupo de SSG = ↗ más que el resto el test de agilidad con balón.

- El grupo control mostró ↗ en esprint lineal sobre distancia > 10 m y en todos los tests de COD y agilidad.

> "Como conclusión, en jóvenes futbolistas la agilidad puede ser mejorada mediante el uso de SSG o esprints con COD conocidos. Por contra, el uso de COD específicos puede propiciar resultados superiores en variables relevantes para el partido."

Diseñado por @YLMSportScience

RESUMEN DEL CAPÍTULO

DEMANDAS FISIOLÓGICAS DEL FÚTBOL

RESUMEN DEL CAPÍTULO

Cuando desarrollamos las capacidades físicas del futbolista, debemos centrarnos en tres áreas diferentes:

1. *Resistencia*
2. *Esfuerzos Intensos de Corta Duración*
3. *Desarrollo de la Velocidad, Agilidad y Coordinación*

Optimizar estos elementos clave del rendimiento físico, por medio de un método de entrenamiento funcional y específico, es imperativo para el proceso de entrenamiento y la motivación del jugador.

ENTRENAMIENTO DE RESISTENCIA

- La naturaleza intermitente del fútbol destaca la necesidad de tener bien desarrolladas las capacidades físicas relacionadas con generar altas cantidades de energía por unidad de tiempo, junto con ser capaz de mantener el rendimiento durante un periodo de tiempo prolongado a intensidad variable (resistencia intermitente).

- Predomina la necesidad del jugador de poseer una buena resistencia para recorrer las distancias mostradas (9-12 km durante los 90-120 min de partido)

ENTRENAMIENTO DE ESFUERZOS INTENSOS DE CORTA DURACIÓN

- Los aspectos cruciales del resultado dependen de estas acciones (p. ej. esprintar y tirar a puerta o esprintar para evitar un gol).

- Mejorar la capacidad de esprintar y mantener el rendimiento en esprints repetidos, son aspectos fundamentales y pueden incidir positivamente sobre el resultado del partido.

- La fase inicial del esprint (aceleración) tiene elevada importancia en fútbol y debe ser trabajada como un componente clave del rendimiento físico del futbolista.

DESARROLLO DE LA VELOCIDAD, AGILIDAD Y COORDINACIÓN

- En la élite, el desarrollo de la velocidad y la capacidad de esprintar es de enorme importancia. Sin embargo, los jugadores rara vez alcanzan su velocidad máxima durante los partidos.

- Hay cuatro componentes clave de la agilidad: equilibrio, coordinación, agilidad programada (movimiento planificado) y agilidad aleatoria (movimientos inesperados).

- Entender la velocidad y la agilidad como parte de un programa estructurado de entrenamiento durante la temporada, permite mejorar la rapidez de movimientos, la aceleración y la potencia de salto en futbolistas jóvenes.

TOMA DE DECISIÓN

- Jugadores con mejor toma de decisión y anticipación podrían recorrer menos distancia especialmente a alta velocidad y esprintando, ya que son capaces de leer de forma más eficiente las situaciones de juego. Este aspecto debería tenerse en cuenta en el análisis de los movimientos que el jugador realiza en competición.

¿CÓMO PUEDO UTILIZAR ESTA INFORMACIÓN PARA IMPLEMENTAR MIS ENTRENAMIENTOS?

- En la actualidad el entrenador debe conocer los elementos determinantes del desarrollo del jugador (físicos, técnicos, tácticos, fisiológicos y sociales) – debe existir una justificación de cada acción llevada a cabo – pregúntate a ti mismo por qué.

- Los entrenadores deben intentar y conseguir un mayor conocimiento de los diferentes sistemas de obtención de energía solicitados por los futbolistas, al desarrollar y llevar a cabo las sesiones de entrenamiento.

- Conocer los ejercicios de entrenamiento que solicitan componentes específicos de la capacidad física del jugador (p. ej. resistencia aeróbica, capacidad de repetir esprints o desarrollo de la velocidad), mejorará la eficiencia y el resultado del proceso de entrenamiento tanto a corto como a largo plazo.

- Es importante conocer que las *SSG* (3vs3 – 5vs5) solicitan en mayor medida la fuerza del jugador por medio de cambios de dirección, junto con una elevada intensidad de *FC* y el consiguiente estrés cardiaco.

- Es también importante conocer que amplias *SSG* (9vs9 – 11vs11) exponen al jugador a más esprints y esfuerzos a alta velocidad durante el entrenamiento, junto con un menor estrés cardiaco.

- Conocer cuando administrar estas sesiones específicas a lo largo de la temporada o la semana de entrenamientos y la fatiga asociada a su empleo, es fundamental en el entrenamiento diario.

- Es clave ser capaz de monitorizar las demandas de la sesión de entrenamiento y tener un mayor conocimiento de como la sesión afecta al jugador en la preparación del partido. Aquí es donde el proceso de entrenamiento puede optimizarse, junto con la evaluación de las tareas de entrenamiento y las sesiones. Es necesario implementar de forma continua para mejorar la calidad y la eficiencia del proceso.

CAPÍTULO 3

EJERCICIOS PARA ENTRENAR LA VELOCIDAD

EJERCICIOS PARA ENTRENAR LA VELOCIDAD

FORMATO EMPLEADO

Cada ejercicio incluye diagramas claros con las siguientes notas:

- Nombre del Ejercicio
- Objetivo del Ejercicio
- Descripción del Ejercicio
- Variación y Progresión (si es posible)
- Puntos a Destacar por el Entrenador

LEYENDA

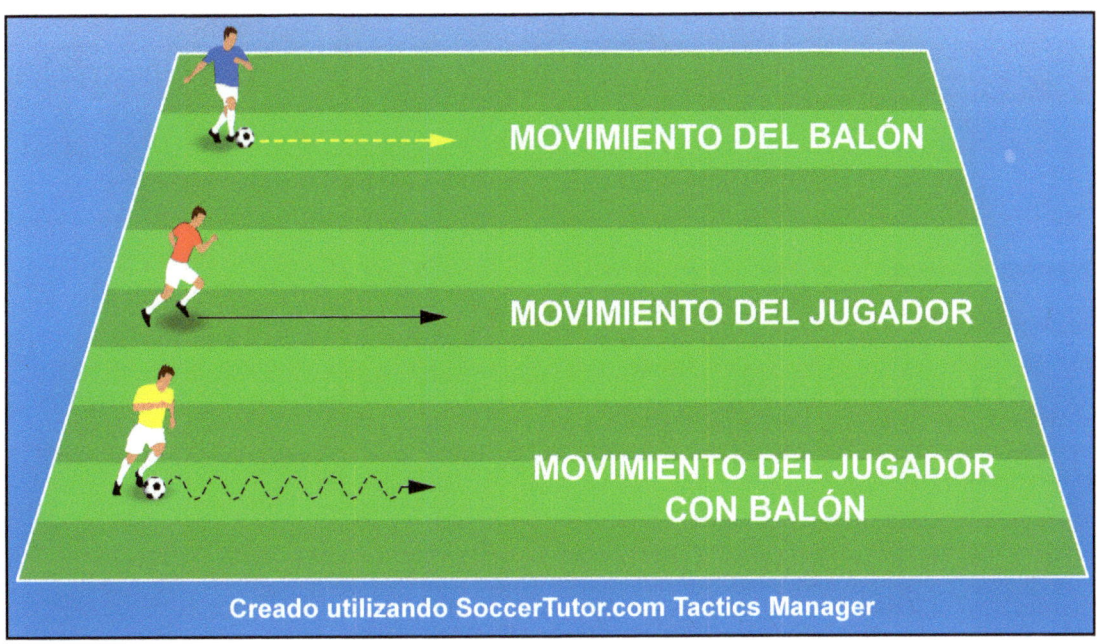

EJERCICIOS PARA ENTRENAR LA VELOCIDAD

Ejercicio de Velocidad de Reacción

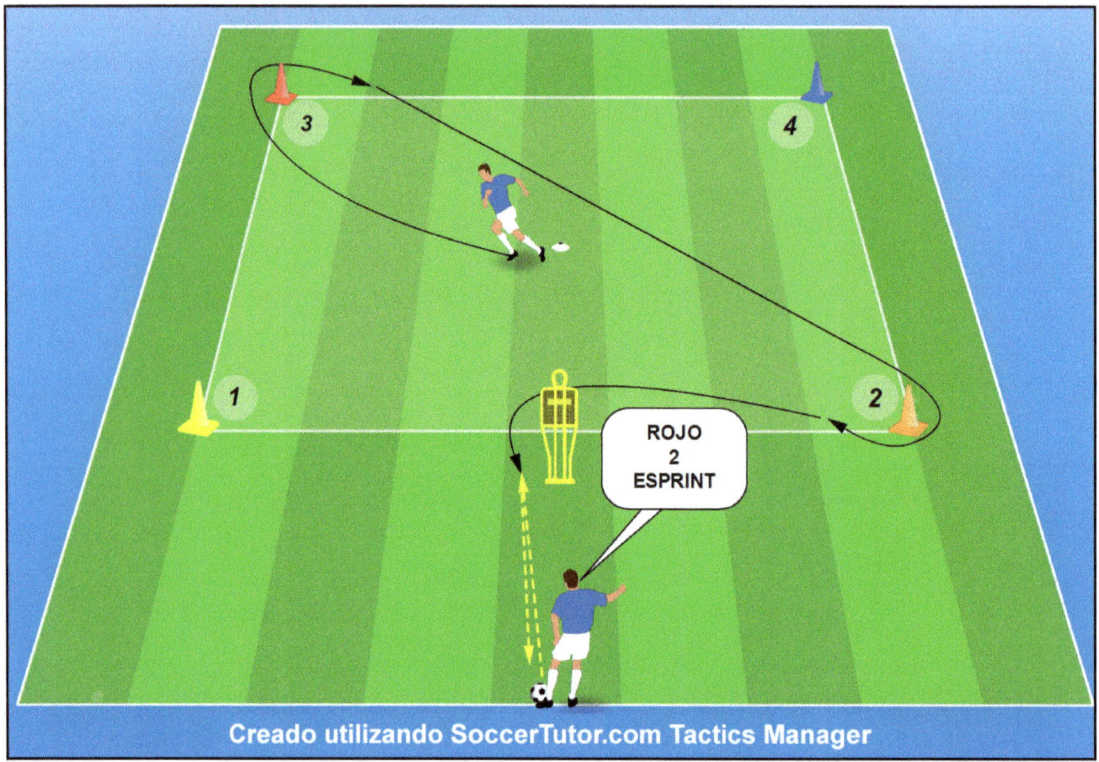

Objetivo: Incrementar la velocidad de reacción con un ejercicio práctico de velocidad.

Descripción

Los jugadores se ordenan en grupos de 6, para salir desde el centro del cuadrado con otro de los jugadores actuando como pasador del balón. El resto espera recuperando de la acción realizada para asegurar la máxima intensidad en las repeticiones. Cada repetición dura aproximadamente 10 s, realizándose hasta 10 repeticiones (duración máxima 2 min). Para permitir que el ejercicio sea fiel a las demandas del juego, la distancia de esprint no debe superar los 15m.

El pasador grita una secuencia de números, colores o ambos (como en el diagrama) para trabajar el tiempo de reacción del jugador que participa. El objetivo es dar cualquier orden (p. ej. esprint) cuando el jugador esté en el punto intermedio entre los conos, para que esprinte hacia el muñeco y devuelva el balón que le pasa el compañero que le ha marcado la acción (con el pie o la cabeza, a ras de suelo o a media altura). El pasador marca el número de conos de la que consta la secuencia pero habrá un máximo de tres antes de jugar con el compañero.

Puntos a Destacar por el Entrenador

1. La aceleración del jugador siempre debe ser efectuada a máxima intensidad.
2. Los jugadores deben reaccionar rápidamente a las órdenes dadas por el pasador.

EJERCICIOS PARA ENTRENAR LA VELOCIDAD

Entrenamiento de Resistencia a la Velocidad en un Ejercicio Específico de Fútbol

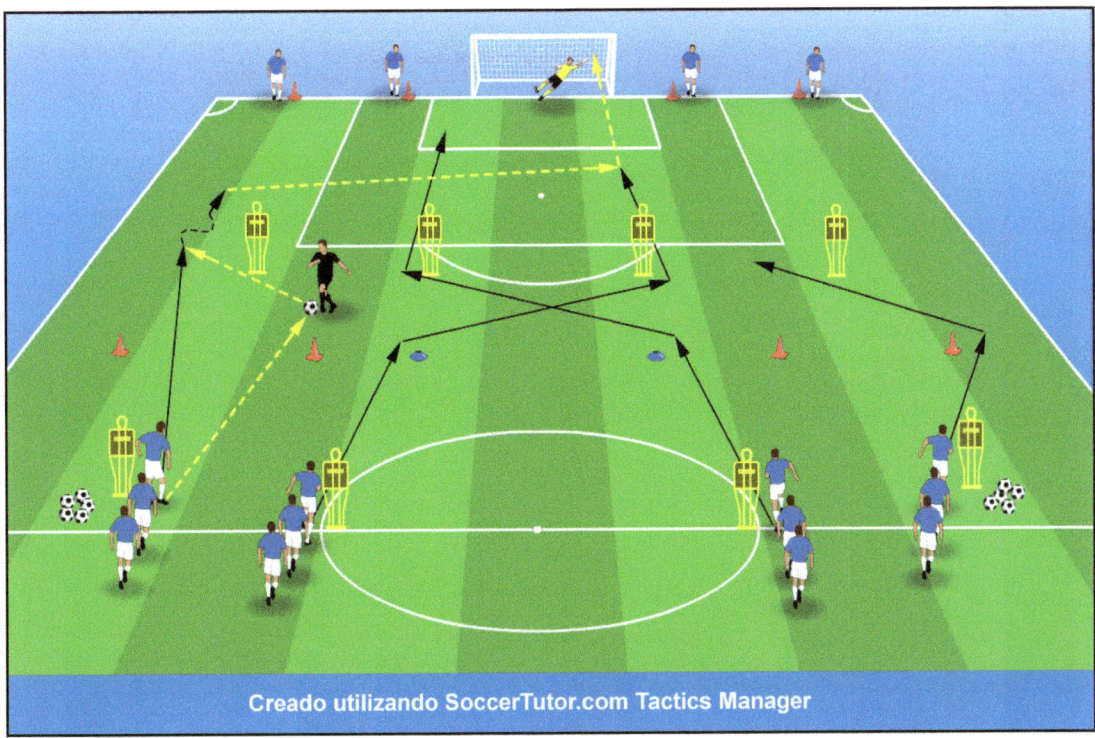

Objetivo: Desarrollar (con un ejercicio específico) la capacidad de repetir esprints y la velocidad.

Descripción

Los jugadores se organizan en cuartetos en medio campo (2 centrados y otros 2 más abiertos), y empiezan el ejercicio con un patrón de pases alrededor de los muñecos o con un pase directo al entrenador (como muestra la imagen).

A la orden del entrenador, los 4 jugadores esprintan hacia la portería con los jugadores más centrados cruzándose como muestra la imagen. El entrenador pasa el balón al jugador abierto que centra al área para la finalización de los otros 3 atacantes. Tras el intento de remate, los 4 jugadores caminan hacia los conos situados en la línea de fondo y esperan que el siguiente grupo finalice. Una vez que todos los grupos han realizado el ataque, esprintarán de forma sucesiva hasta el cono situado a 40 m (conos rojos de la imagen), terminando con trote de recuperación hasta la posición inicial de ataque.

Puntos a Destacar por el Entrenador

1. Los jugadores deben efectuar las acciones a la máxima intensidad posible.
2. Tanto el entrenador como los jugadores pueden ampliar los pases previos a la finalización (en lugar de un único pase del entrenador), reproduciendo las características propias de su modelo de ataque.
3. La temporización de los jugadores de ataque y la precisión del centro son fundamentales para la correcta realización del ejercicio.

EJERCICIOS PARA ENTRENAR LA VELOCIDAD

Ejercicio de Aceleración y Potencia en 1vs1 con Finalización

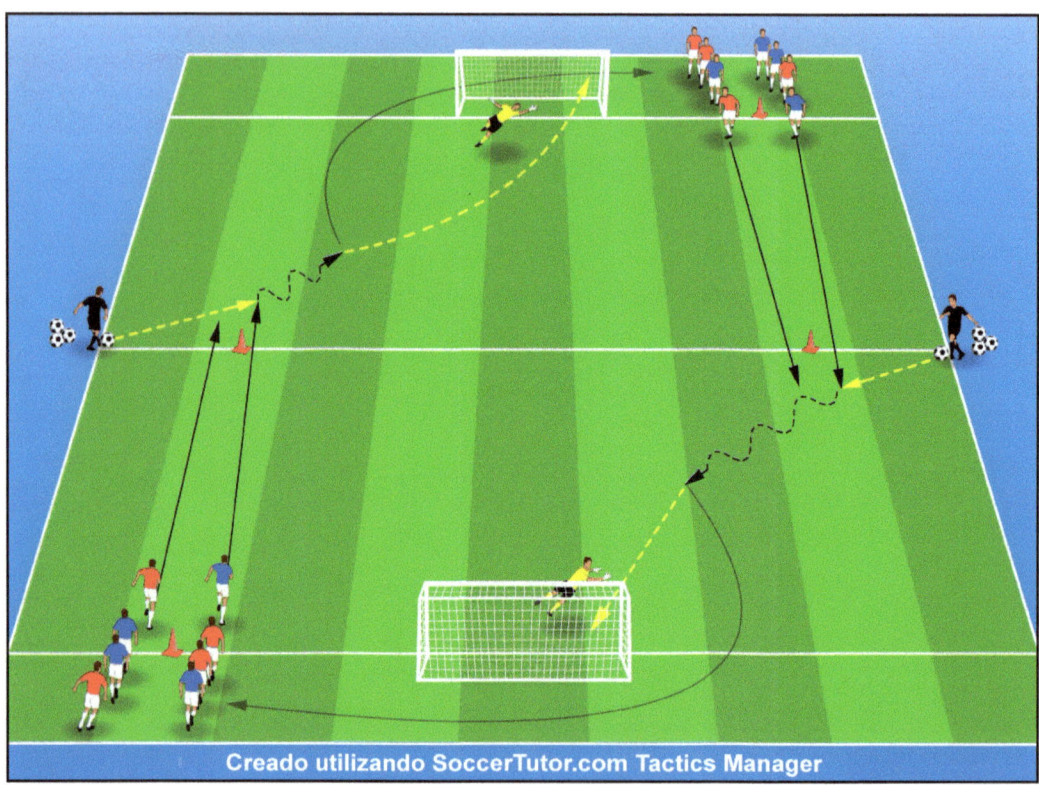

Creado utilizando SoccerTutor.com Tactics Manager

Objetivo: Desarrollar en el jugador la aceleración, la fuerza y la potencia con un trabajo específico de 1vs1.

Descripción

En un área de 60 x 40 m se distribuyen los jugadores en 2 grupos por parejas con similar velocidad o bien enfrentando a defensores con atacantes. Los jugadores se colocan a los lados de las porterías y esprintan hacia la portería contraria. Se puede fijar el rol atacante-defensor o bien premiar al ganador del esprint con la finalización. El ejercicio se inicia cuando el entrenador pasa el balón hacia el cono situado en línea con los jugadores, quienes disputan un 1vs1 e intentan marcar. Tras la acción, los jugadores caminan por detrás de la portería hacia la nueva posición de salida (fase de recuperación).

Puntos a Destacar por el Entrenador

1. Los jugadores deben actuar a máxima intensidad.
2. Los jugadores deben acelerar al máximo hasta la posición del balón, con el objetivo de mejorar su capacidad de efectuar aceleraciones máximas.
3. Para llegar al balón es precisa la reacción rápida tras la puesta en juego por parte del entrenador. Tras esta acción rápida, es necesario actuar de forma inteligente para salir exitoso del 1vs1.
4. El entrenador debe pasar el balón con la fuerza correcta para permitir que los jugadores disputen el balón tras conseguir una elevada velocidad.

EJERCICIOS PARA ENTRENAR LA VELOCIDAD

Ejercicio de Resistencia a la Velocidad con 1vs1

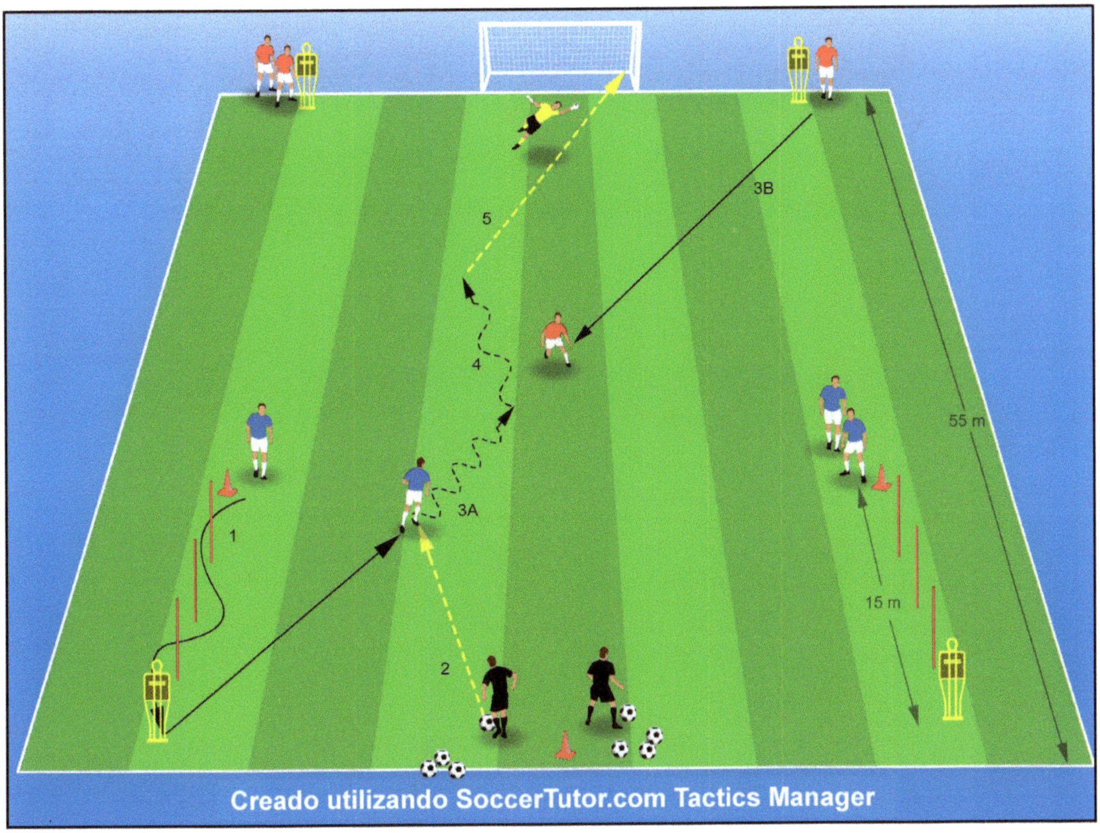

Objetivo: Desarrollar la resistencia a la velocidad y la preparación física específica del futbolista.

Descripción

En un espacio de 40 x 50 m colocamos muñecos, picas y conos como muestra la imagen. El jugador azul inicia la carrera entre las picas, toca el muñeco y comienza a alejarse del mismo para recibir el pase del entrenador. Al recibir, el defensor rojo esprinta hacia él para disputar un 1vs1 en el que el atacante intenta marcar gol con la oposición del jugador rojo y del portero. Una vez finalizada esta acción, los jugadores corren al lado opuesto al que iniciaron e intercambian los roles posicionales para empezar de nuevo.

Progresión: Este ejercicio puede efectuarse también con 4 jugadores al mismo tiempo y disputar un 2vs2.

Puntos a Destacar por el Entrenador

1. Los atacantes deben realizar el recorrido y la acción contra el defensor a máxima velocidad, buscando finalizar rápidamente.
2. Los defensores deben acelerar al máximo para ganar metros y alejar al atacante de la portería.
3. En este ejercicio la velocidad e intensidad del movimiento es vital con y sin balón, para conseguir los objetivos que se persiguen.

EJERCICIOS PARA ENTRENAR LA VELOCIDAD

Resistencia a la Velocidad y Potencia en una Acción de Ataque con Finalización

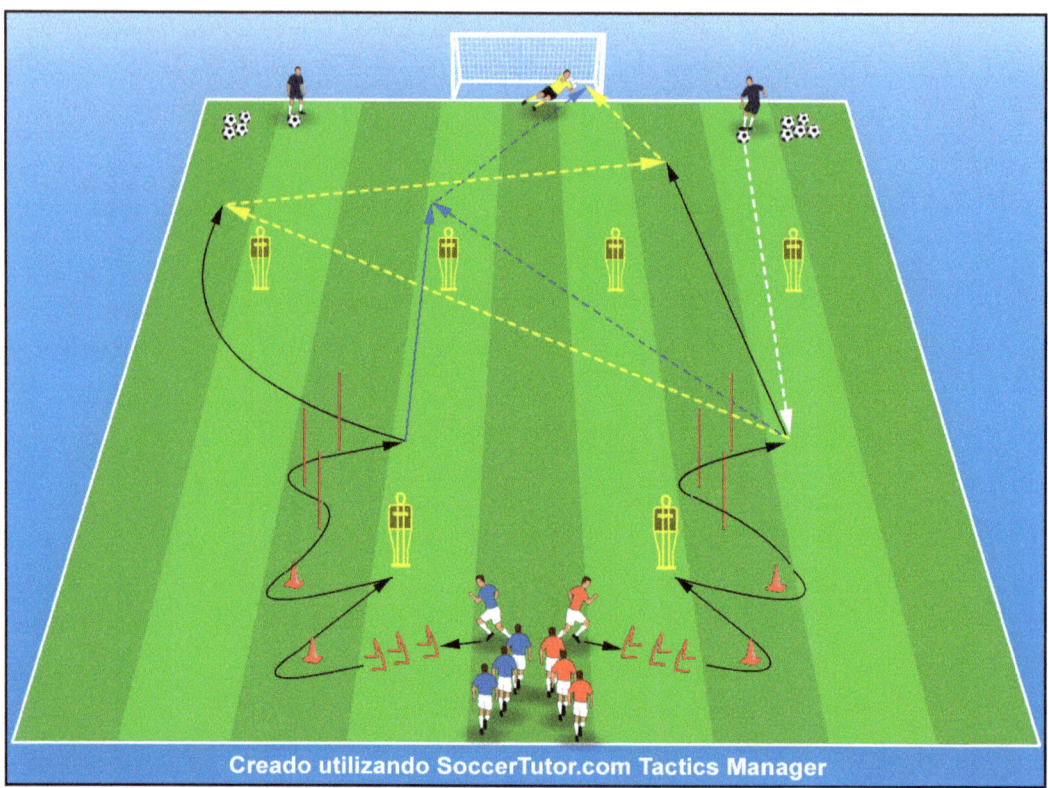

Objetivo: Desarrollar en el futbolista la capacidad de repetir esprints, la velocidad y la potencia.

Descripción

En un espacio de 50 x 55 m se colocan conos, vallas y muñecos como muestra la imagen. Dos jugadores (rojo y azul) comienzan al mismo tiempo con una acción pliométrica sobre 3 vallas, seguida de un esprint hacia el muñeco, para volver a rodear el segundo cono y esprintar en zigzag entre las picas.

Uno de los entrenadores pasa el balón al jugador que sale de las picas (jugador rojo de la imagen), que controla teniendo dos opciones:

1. Pase en profundidad a la espalda de los dos muñecos (actúan como centrales), hacia el desmarque del jugador azul para que finalice.
2. Pase en profundidad entre muñeco más abierto (posición de lateral) y el más próximo (central de ese lado), para que el jugador azul actúe como un extremo corriendo a la espalda del lateral y centre hacia la incorporación del jugador rojo que buscará hacer gol.

Puntos a Destacar por el Entrenador

1. Los jugadores deben colocarse en función de su posición específica y trabajar a la máxima velocidad, para conseguir que las acciones sean lo más reales posibles.
2. Los jugadores necesitan acordar la elección del pase antes de recibir el balón del entrenador.

EJERCICIOS PARA ENTRENAR LA VELOCIDAD

Circuito de Velocidad y Agilidad con Pared

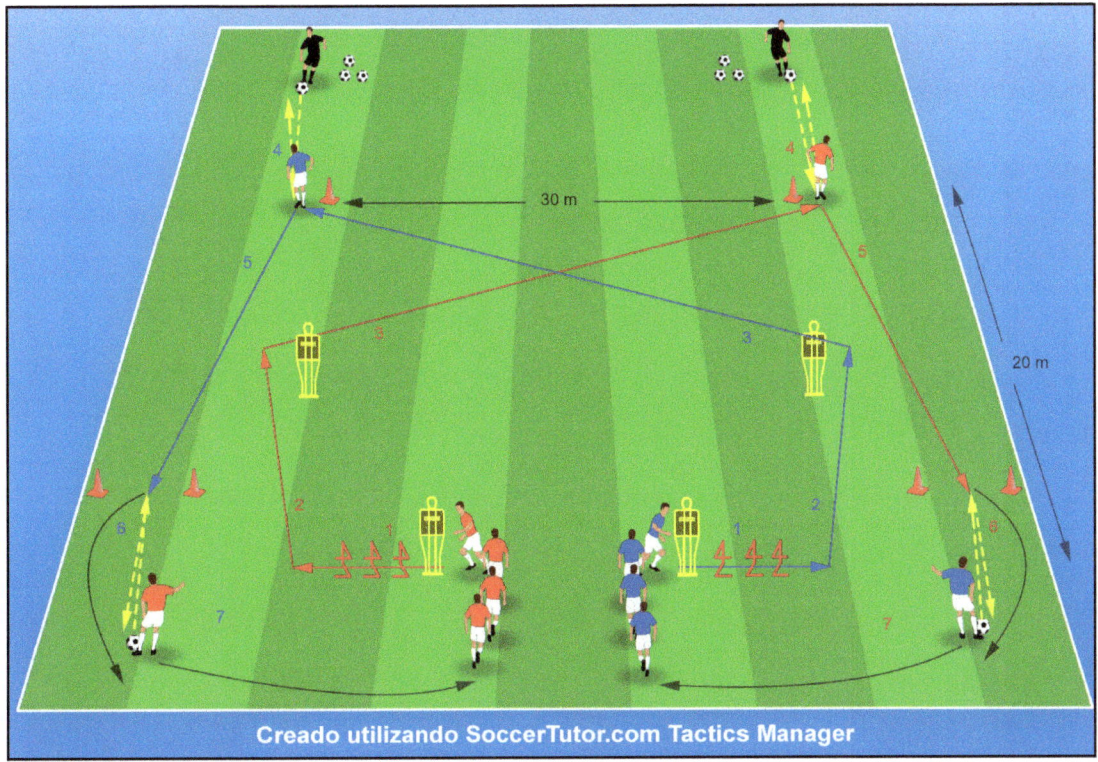

Objetivo: Desarrollar la aceleración/deceleración del jugador mediante acciones específicas de fútbol.

Descripción

Colocamos vallas, muñecos y conos como muestra la imagen. Son necesarios 4 entrenadores o jugadores en los laterales para realizar la pared. Si son futbolistas, los roles cambian tras cada secuencia.

Los jugadores se organizan en dos grupos (rojo y azul) y comienzan saltando las 3 vallas, antes de acelerar hacia el segundo muñeco en el que giran para esprintar en diagonal hacia el cono, donde juegan una pared con el entrenador (o jugador).

Tras la primera pared, el jugador gira y acelera hacia la puerta de conos para terminar el circuito jugando otra pared y colocándose al final de la cola.

Puntos a Destacar por el Entrenador

1. Las aceleraciones de los jugadores deben ser máximas.
2. Los jugadores deben comunicarse y concentrarse en la realización correcta de la pared, buscando la máxima precisión y calidad en la acción.
3. Los jugadores deben acelerar y decelerar para maximizar el aspecto condicional del ejercicio.

EJERCICIOS PARA ENTRENAR LA VELOCIDAD

Ejercicio de Resistencia a la Velocidad con Salidas y Finalización

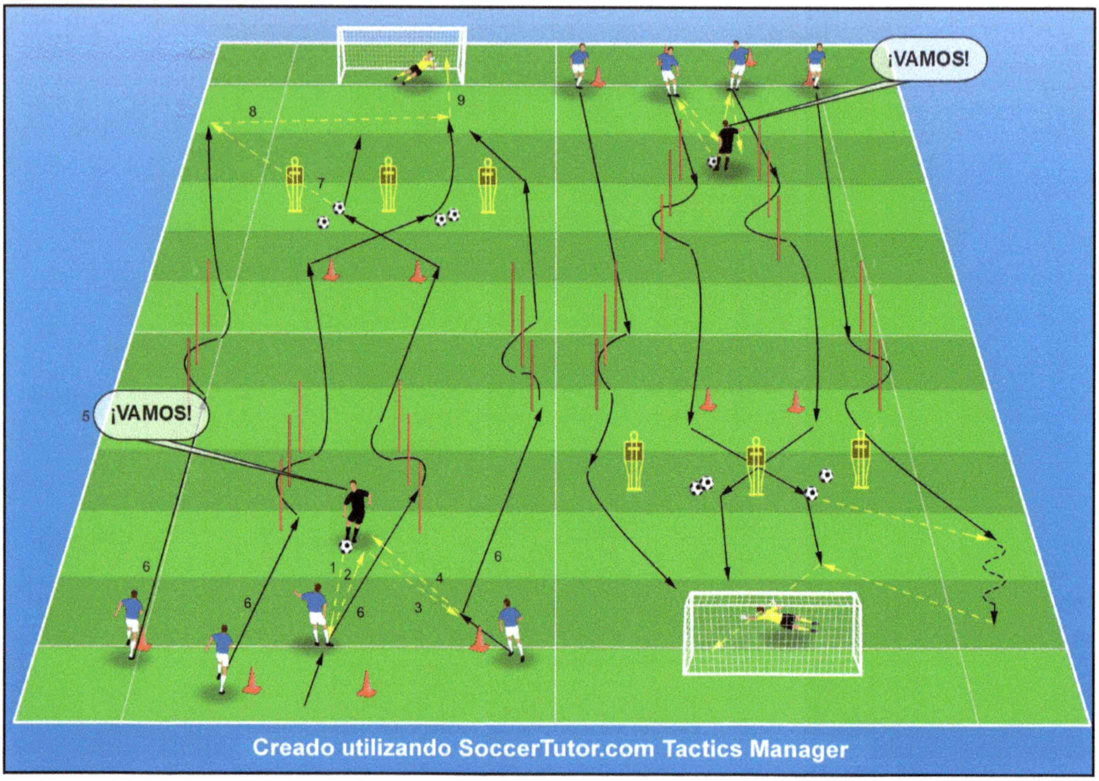

Objetivo

Desarrollar la capacidad de resistencia a la velocidad y a la repetición de esfuerzos de alta intensidad.

Descripción

En una superficie de 50 x 75 m señalizamos 2 zonas de 25 m de ancho, necesitando para cada zona balones, 6 conos, 12 picas, 3 muñecos, 1 portería y un portero. Los jugadores se agrupan por cuartetos. El ejercicio comienza con el entrenador haciendo paredes con los jugadores. Cuando un jugador avanza hacia el balón para devolver la pared, los demás cierran el espacio que este deja efectuando movimientos de cobertura.

A la orden del entrenador, los jugadores esprintan (haciendo zigzag entre las picas) como muestra la imagen. Tras este zigzag uno de los jugadores más centrados pasa el balón a uno de los dos jugadores más abiertos, que centrará el balón para que uno de los otros 3 compañeros lo rematen. Después los jugadores vuelven andando por detrás de la portería que atacaron para iniciar la acción en el lado contrario.

Puntos a Destacar por el Entrenador

1. Los jugadores deben efectuar aceleraciones máximas.
2. La temporización de las carreras y la llegada a la zona de remate son aspectos clave para el correcto desarrollo del ejercicio

EJERCICIOS PARA ENTRENAR LA VELOCIDAD

Trabajo de Resistencia a la Velocidad Combinando Regate, Esprint y Pared

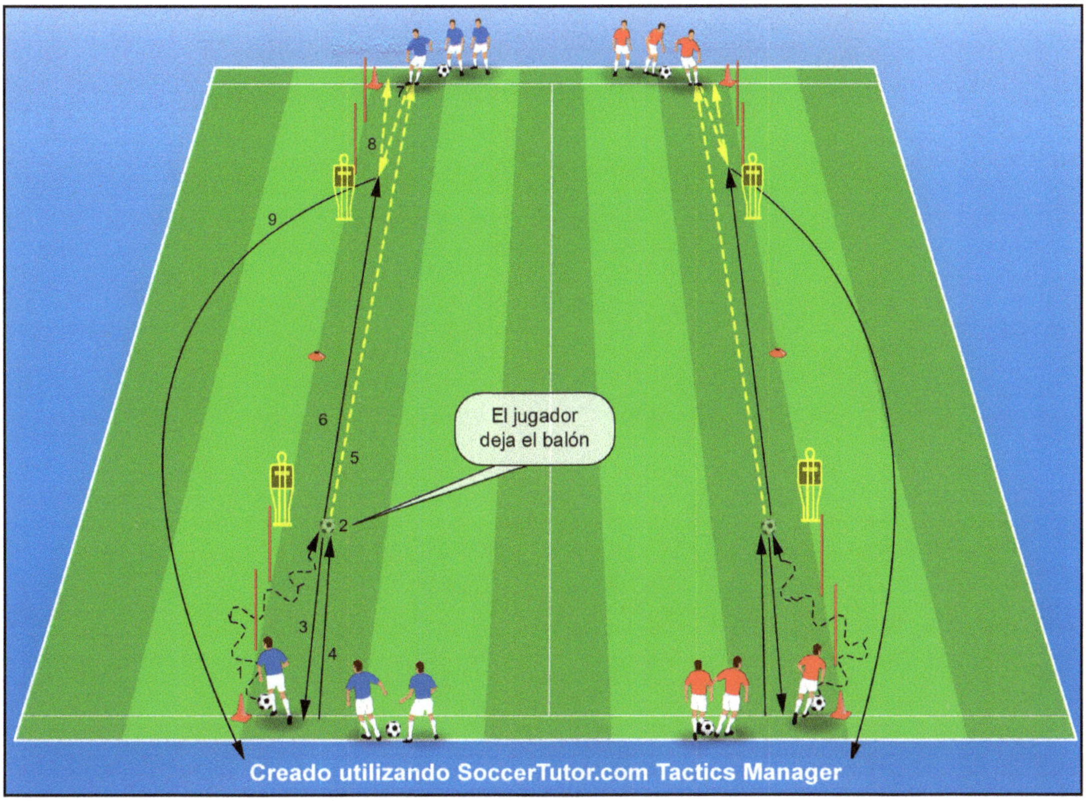

Objetivo
Desarrollar la resistencia a la velocidad del jugador y la capacidad de repetir esfuerzos de alta intensidad.

Descripción
En una superficie de 50 x 75 m, señalizamos 2 zonas de 25 m de ancho con 3 conos, 4 picas y 2 muñecos. Los jugadores se distribuyen en grupos de hasta 6 jugadores.

El primer jugador inicia la acción regateando las picas hasta llegar al muñeco, donde deja el balón y vuelve recuperando hasta la línea de inicio. Desde allí gira esprintando hasta el balón y efectúa un pase al jugador del lado contrario. Tras el pase corre hacia el segundo muñeco donde realizará una pared con el compañero y completará la acción volviendo en esprint hasta la posición de salida. El jugador del lado contrario repite de nuevo la misma secuencia.

Puntos a Destacar por el Entrenador

1. Los jugadores deben trabajar a alta intensidad durante todo el ejercicio.
2. Se necesita concentración en la ejecución técnica para mantener el ritmo del ejercicio.

EJERCICIOS PARA ENTRENAR LA VELOCIDAD

Circuito Técnico Continuo de Resistencia a la Velocidad con Regate

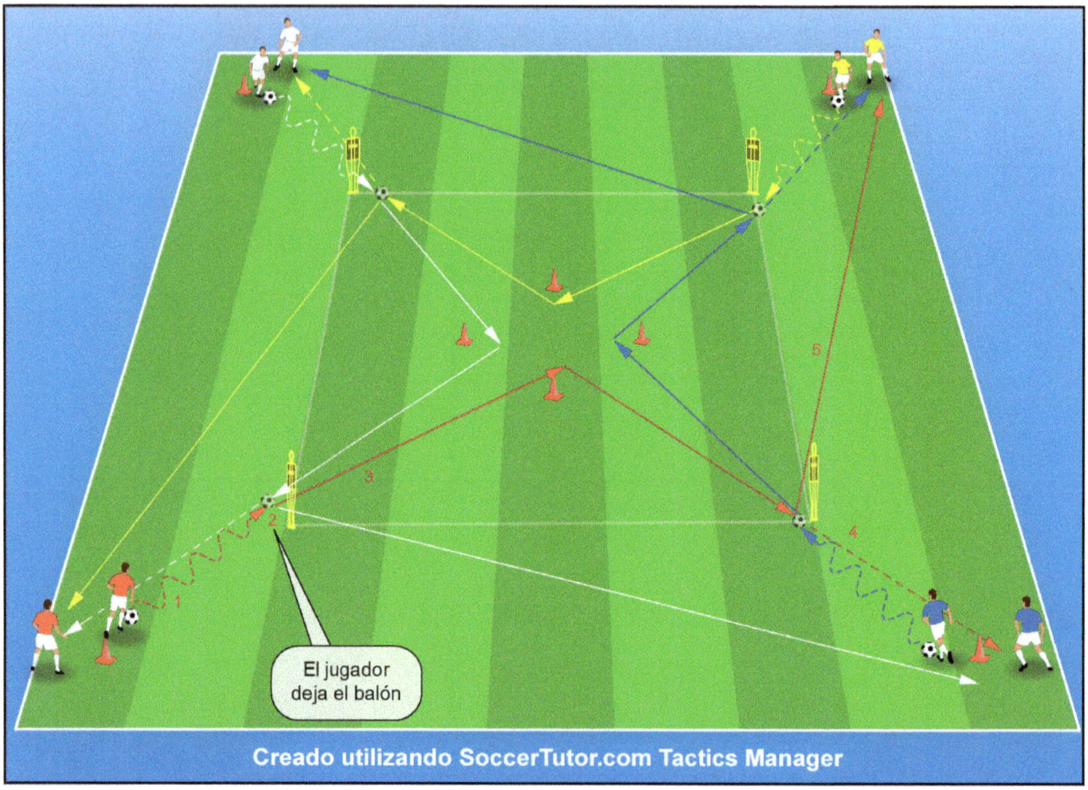

Objetivo
Desarrollar la resistencia a la velocidad y la capacidad de repetir esfuerzos de alta intensidad.

Descripción
Señalizamos un cuadrado central y los jugadores se organizan en grupos de 12 con 3 jugadores en cada estación. La secuencia de este ejercicio es continua en dirección contraria a las agujas del reloj.

Cuatro jugadores inician al mismo tiempo la acción conduciendo hacia el muñeco y dejando el balón. Después aceleran hacia el cono situado en el centro donde giran hacia el muñeco de su derecha, donde se encuentran de nuevo con el balón para pasarlo al compañero que iniciará la siguiente acción. Tras este pase se colocan en la fila de ese grupo para esperar a intervenir de nuevo.

Puntos a Destacar por el Entrenador
1. Los jugadores deben trabajar a alta intensidad durante el recorrido y ejecutar de forma correcta las acciones técnicas propuestas.
2. Es necesario asegurar la recuperación del jugador entre cada intervención. Se puede incrementar el número de jugadores o reducir el número de estaciones para permitir mayor recuperación.

EJERCICIOS PARA ENTRENAR LA VELOCIDAD

Circuito de Resistencia a la Velocidad con Combinación a un Toque

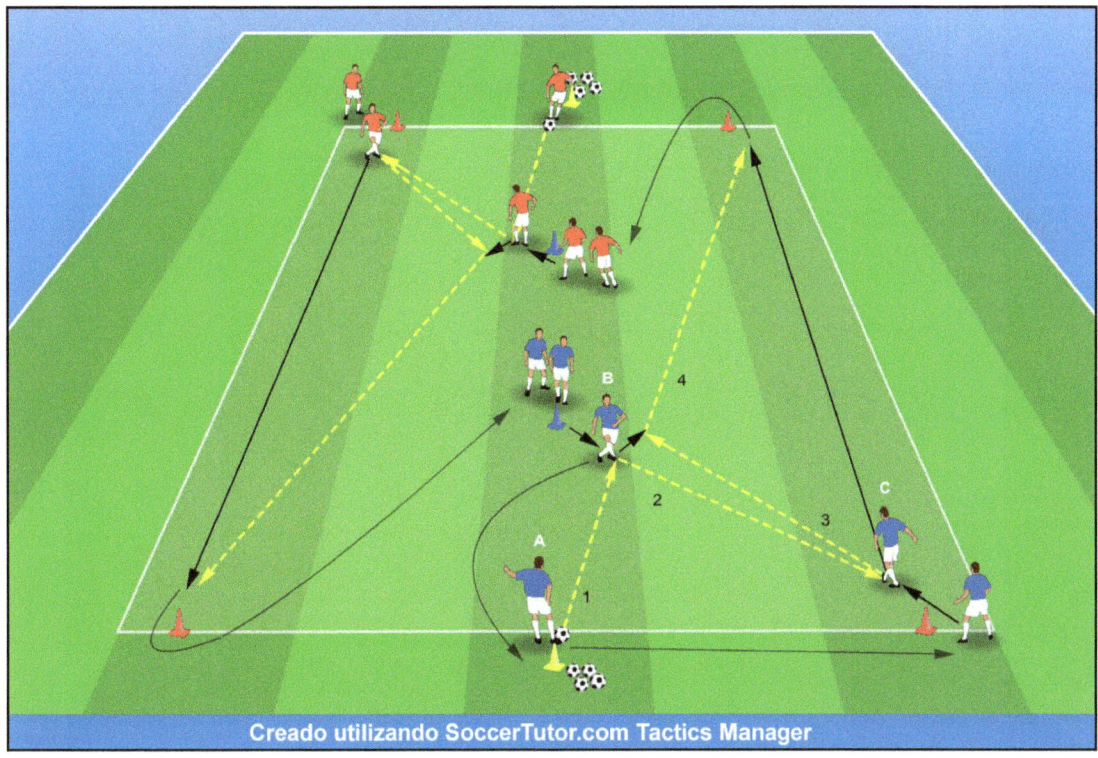

Objetivo: Desarrollar la resistencia a la velocidad del jugador y la capacidad de repetir esfuerzos de alta intensidad.

Descripción

Dividimos a los jugadores en grupos de 12 (3 por estación) y se realizan 2-3 series de 4-6 repeticiones. Se juega con dos balones (uno en cada extremo) iniciándose el ejercicio cuando el Jugador A pasa al Jugador B, que juega una pared con el Jugador C. Al recibir B, orientará el control hacia el cono rojo lejano donde pasará para que tras un esprint C controle. Al finalizar la acción, C pasa a esperar en el grupo contrario, el jugador B va hacia la posición desde la que A inició la acción y A pasa a la posición donde C inició el esprint.

Progresiones: 1. Incrementa las repeticiones y disminuye la recuperación entre ellas.

2. Jugador C puede tirar a puerta en una mini portería tras la recepción en carrera del pase.

Puntos a Destacar por el Entrenador

1. Los jugadores deben trabajar a máxima velocidad en las diferentes acciones del recorrido.
2. Se necesita una correcta temporización (*timing*), entre el pasador y el esprint del receptor del pase para asegurar una máxima aceleración.
3. Asegúrate que el jugador tiene la recuperación adecuada tras cada repetición. Puedes incrementar el número de jugadores en cada estación para permitir más recuperación.

EJERCICIOS PARA ENTRENAR LA VELOCIDAD

Ejercicio de Resistencia al Esprint con Control, Pared y Finalización

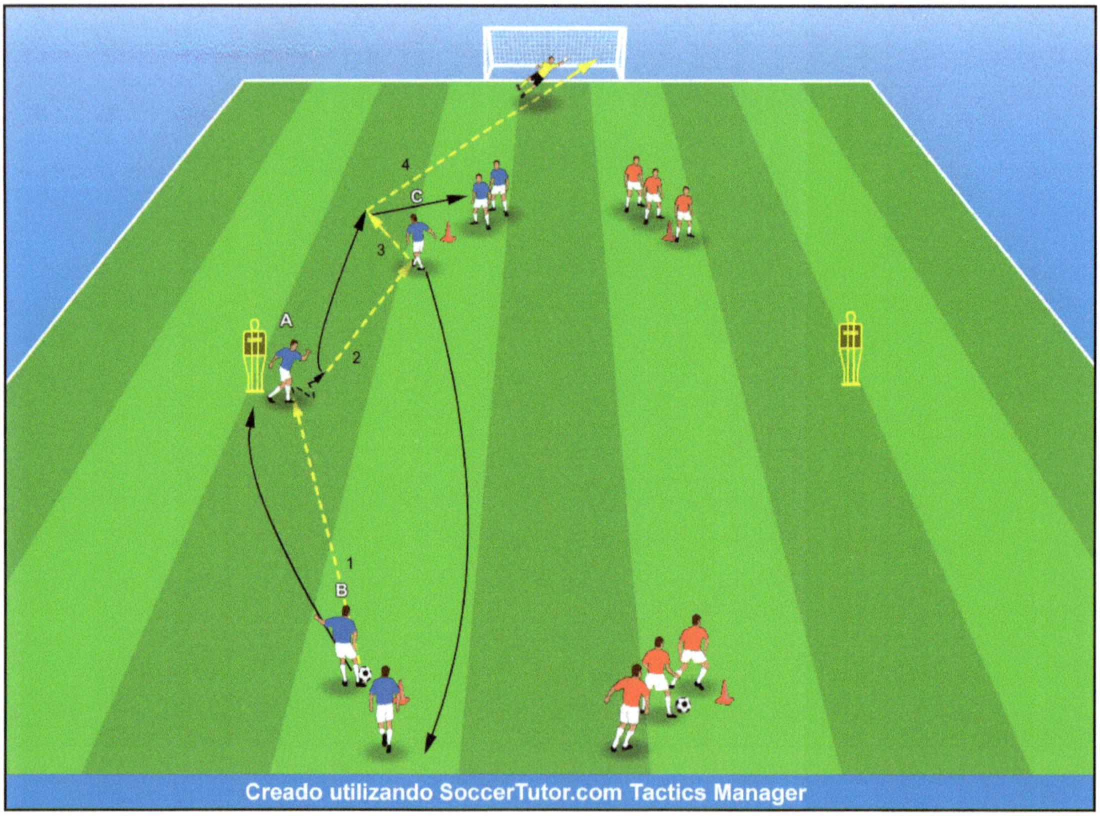

Descripción

Jugadores en grupos de hasta 12 (3 por estación) para realizar 2-3 series de 4-6 repeticiones.

El ejercicio comienza cuando el Jugador A del primer grupo esprinta hacia el muñeco. El Jugador B pasa al Jugador A quien controla orientándose para escapar de la marca del muñeco y juega una pared con el Jugador C, que intentará hacer gol a la portería defendida por el portero.

El Jugador C tras la pared, esprinta al inicio del ejercicio y espera para intervenir de nuevo. Mientras el Jugador B se ha desplazado hacia el muñeco y el Jugador A se queda con los jugadores más alejados del inicio de la acción, que son los encargados de realizar la pared antes de la finalización.

Los dos grupos (rojo y azul) trabajan de forma alternativa a la orden del entrenador para iniciar la acción tras permitir la adecuada recuperación de los jugadores y permitir el máximo esfuerzo en la acción.

Puntos a Destacar por el Entrenador

Para mantener el ritmo adecuado en el ejercicio es importante la correcta ejecución técnica de los jugadores.

EJERCICIOS PARA ENTRENAR LA VELOCIDAD

Circuito de Resistencia a la Velocidad con Esprint, Centro y Finalización

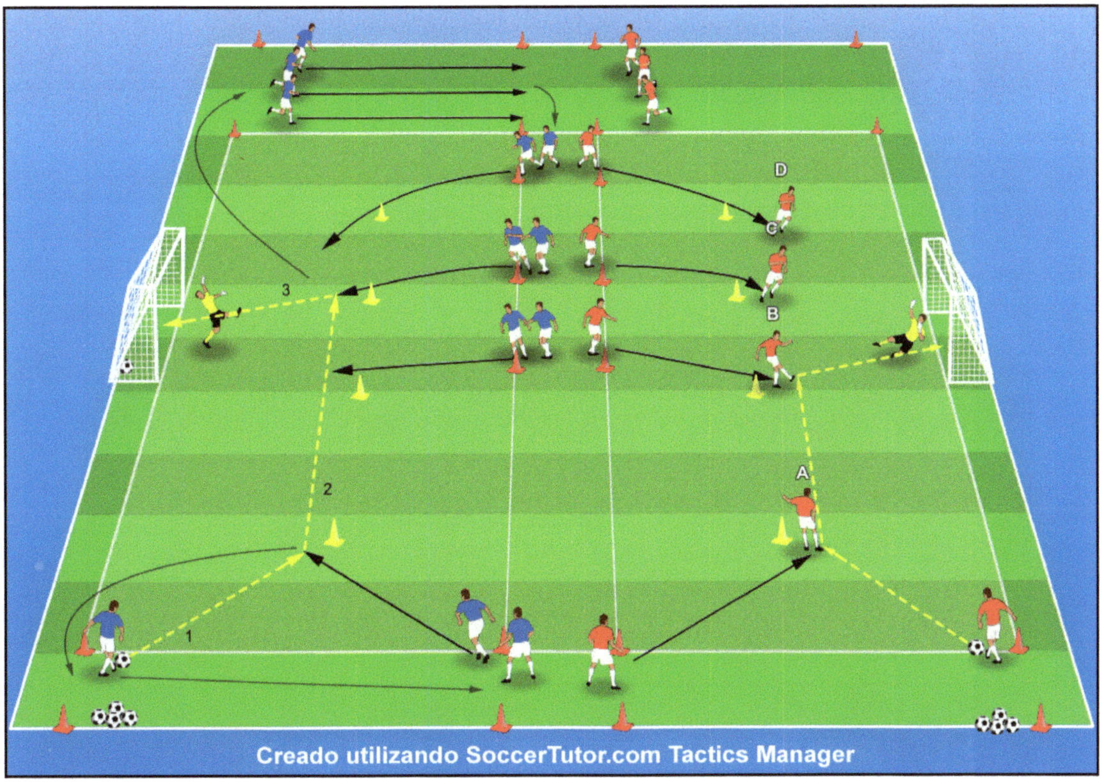

Descripción

En este ejercicio trabajamos con dos grupos (rojo y azul) de manera alternativa, iniciando la acción el entrenador con el silbato procurando la adecuada recuperación entre repeticiones. Es un ejercicio para maximizar el trabajo de esprint y aceleración en la sesión. Los jugadores realizan 2-3 series de 4-6 repeticiones por serie.

Son necesarios dos jugadores mínimo por cada estación (A, B, C y D), más un jugador extra que inicia la acción pasando el balón al Jugador A que se desplaza hacia la trayectoria del balón y centra al primer toque. Los Jugadores B, C y D esprintan para intentar marcar en la portería. Al mismo tiempo, los tres jugadores situados fuera del área realizan un esprint de 30 m antes de caminar recuperando a las posiciones B, C y D. Los Jugadores B, C y D recuperan caminando hacia la zona donde se realiza el esprint de 30 m. Jugador A pasa a iniciar la acción y el jugador que inició pasa a la posición de A.

Puntos a Destacar por el Entrenador

1. Los jugadores deben realizar todas las acciones a la máxima intensidad.
2. Es necesaria la correcta temporización (*timing*) de todos los jugadores, una elevada velocidad de carrera y una buena ejecución técnica al pasar para asegurar altas aceleraciones.
3. La calidad en la ejecución técnica permitirá la existencia de ritmo en el desarrollo del ejercicio.

EJERCICIOS PARA ENTRENAR LA VELOCIDAD

Ejercicio de Resistencia a la Velocidad 3vs2 por Posición Específica

EJERCICIOS PARA ENTRENAR LA VELOCIDAD

Objetivo

Desarrollar la resistencia a la velocidad y la capacidad de repetir esfuerzos de alta intensidad.

Descripción

Los jugadores se organizan en 2 grupos principales. Los defensas (azules) son divididos en otros dos subgrupos a cada lado de la portería, siendo necesarios dos entrenadores o iniciadores (negros) de la acción con numerosos balones a ambos lados. El resto de los jugadores (rojos) se organizan en tres líneas en las posiciones que aparecen en la figura con un balón cada uno.

Cada jugador realiza 2 series de 4-6 repeticiones. El ratio trabajo:recuperación es 1:4.

Los 2 defensores azules inician la secuencia con un esprint rodeando los conos situados fuera del área y volviendo a la línea del área pequeña. En ese momento 2 balones son centrados desde los lados para que sean despejados, mandándose a continuación un balón a un jugador rojo centrado para que inicie el ataque 3vs2.

Los 3 primeros jugadores rojos dispararán a portería y andarán en dirección contraria hacia los conos rojos para iniciar el ataque 3vs2. El jugador rojo que recibe el balón, pasa a sus compañeros para que inicien el ataque en superioridad y se coloca en la fila para la finalización. Una vez que los atacantes cruzan la línea de medio campo tienen 8 s para marcar.

Si los defensores (azules) ganan el balón o el balón sale fuera, el ejercicio se inicia de nuevo con los siguientes jugadores.

Puntos a Destacar por el Entrenador

1. Todos los movimientos de los futbolistas deben realizarse a máxima intensidad.

2. Los jugadores deben asegurar una perfecta ejecución técnica para mantener el ritmo del ejercicio.

3. Son necesarias para asegurar aceleraciones máximas en los jugadores una adecuada temporización, intensidad, velocidad de carrera y calidad en la ejecución del pase.

EJERCICIOS PARA ENTRENAR LA VELOCIDAD

Resistencia a la Velocidad en un 3vs2 Ataque vs Defensa

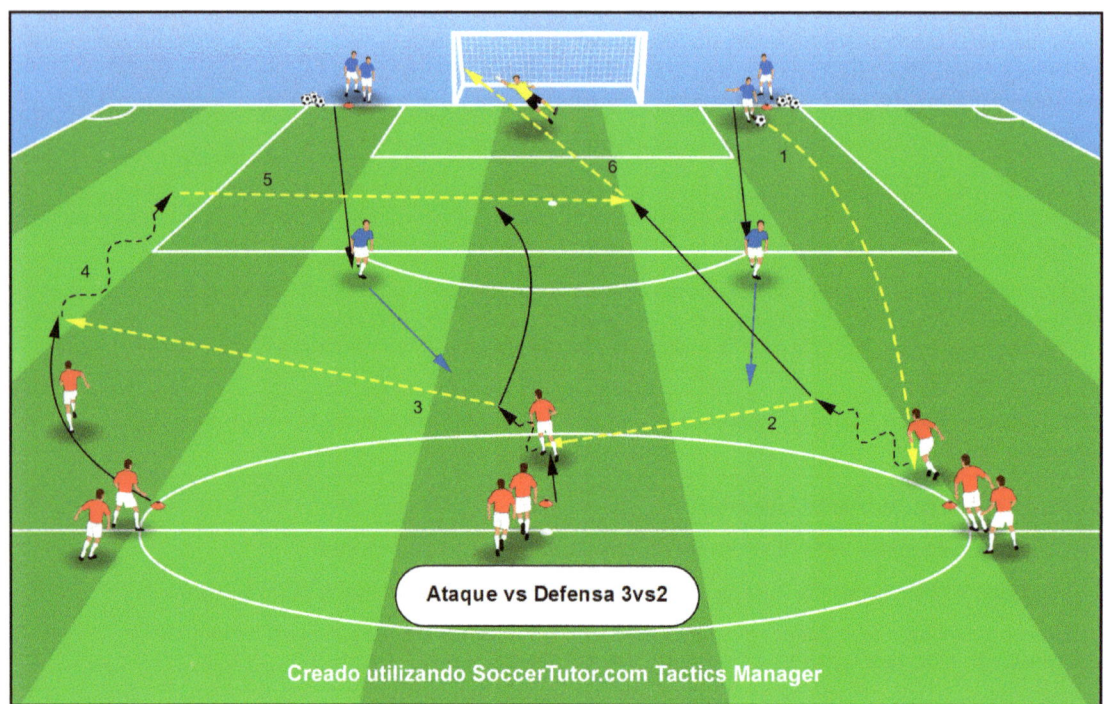

Objetivo
Desarrollar la resistencia a la velocidad y la capacidad de repetir esfuerzos de alta intensidad.

Descripción
Los jugadores se organizan en dos grupos (defensores azules y atacantes rojos). Los primeros 2 defensores (azules) inician esprintando para defender una situación 3vs2. Un jugador azul pasa el balón a la línea de los atacantes para que inicien el ataque y combinen para finalizar antes de 8 s.

Cuando el ataque llega a su fin, los azules esprintan de vuelta a la posición inicial y los jugadores rojos esprintan en dirección contraria a su ataque hasta pasar la línea de medio campo. Se realizan 2 series de 4-6 repeticiones. El ratio trabajo:descanso es 1:4. Se puede reducir el tiempo de recuperación trabajando en ambas mitades de campo.

Puntos a Destacar por el Entrenador
1. Los jugadores deben efectuar todos los movimientos a la intensidad de partido.
2. Debe asegurarse una correcta ejecución técnica para un adecuado ritmo en el ejercicio.
3. Son necesarias para asegurar aceleraciones máximas en los jugadores una adecuada temporización, intensidad, velocidad de carrera y calidad en la ejecución del pase.

EJERCICIOS PARA ENTRENAR LA VELOCIDAD

Circuito Dinámico de Resistencia a la Velocidad

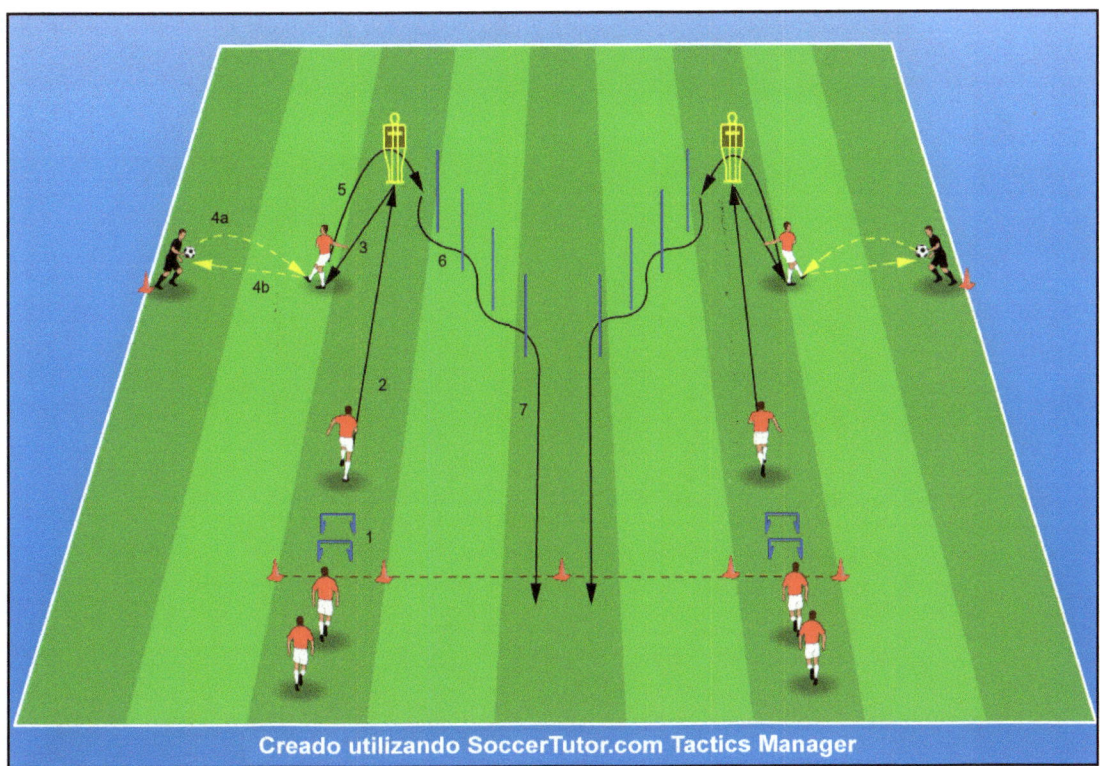

Objetivo
Desarrollar la resistencia a la velocidad y la capacidad de repetir esfuerzos de alta intensidad.

Descripción
Los jugadores se dividen en dos grupos que inician al mismo tiempo. Cada jugador realiza 2 series de 4-6 repeticiones. Los jugadores efectúan:

- 2 saltos de valla rápidos.
- 15 m de esprint hasta tocar el muñeco (acción defensiva).
- Giro para realizar una pared con el entrenador y luego girar sobre el muñeco.
- Esprintar entre las picas (zigzag) y hasta el cono (final de la acción).

Puntos a Destacar por el Entrenador

1. La competición entre jugadores es importante para asegurar que los jugadores la efectúan a la máxima intensidad.
2. Importante trabajar con movimientos que aseguren el desarrollo de la fuerza del jugador.

EJERCICIOS PARA ENTRENAR LA VELOCIDAD

Ejercicio de Velocidad de Reacción con Cambios de Dirección

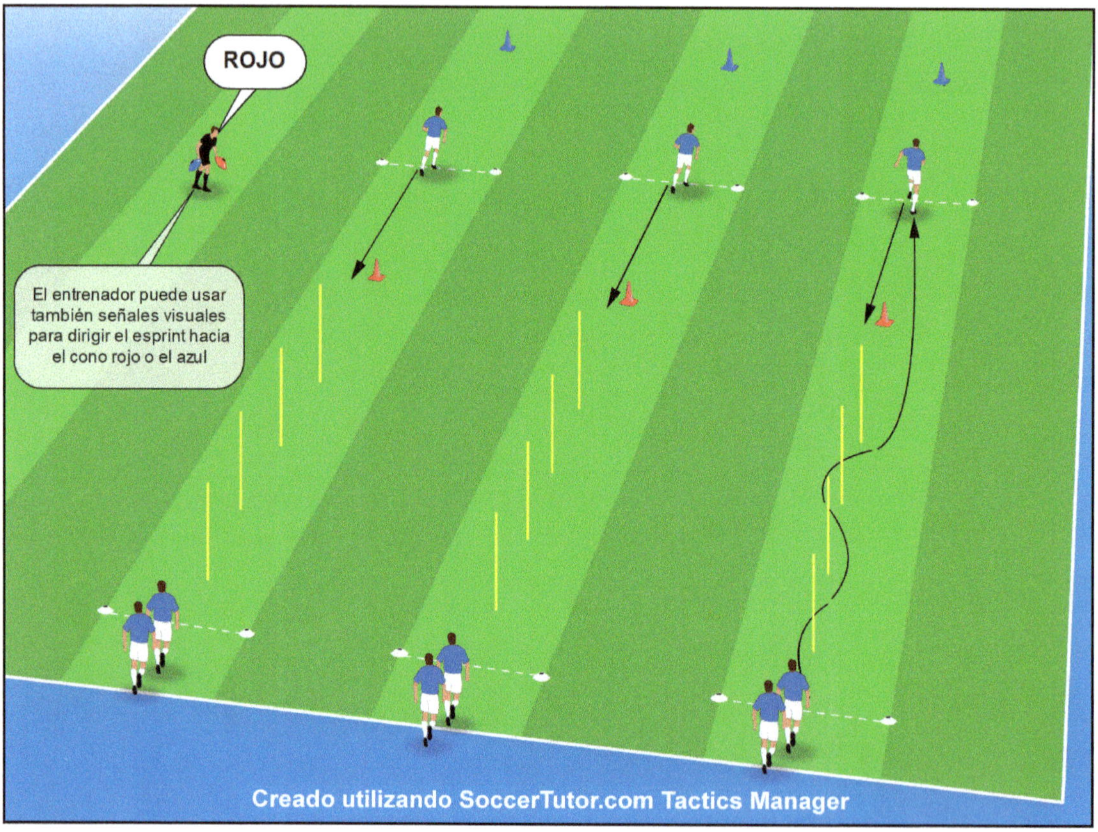

Objetivo
Desarrollar la capacidad de repetir esprints del jugador, la aceleración y velocidad de reacción.

Descripción
En este ejercicio se trabaja en grupos y los jugadores realizan movimientos ágiles en distancias cortas (5m). Cada jugador realiza 2 series de 4-6 repeticiones.

Los primeros jugadores inician corriendo (zigzag) entre las picas para después esprintar 10 m hacia el cono rojo, parándose en la línea como muestra la imagen. El entrenador en ese momento grita "rojo" o "azul" y el jugador debe reaccionar para esprintar 5 m, y si es necesario, girar hasta el cono del color marcado por el entrenador. Una vez realizada la serie, el jugador vuelve andando para recuperar hacia la posición de partida.

Puntos a Destacar por el Entrenador
1. Los jugadores deben trabajar a máxima intensidad y efectuar rápidas reacciones a la orden del entrenador.
2. Es necesario asegurar el esfuerzo máximo en las aceleración y los giros.
3. Se puede emplear una señal visual en lugar de sonora, a la que los jugadores deberán reaccionar.

EJERCICIOS PARA ENTRENAR LA VELOCIDAD

Circuito Continuo de Pases con Aceleraciones y Velocidad de Reacción

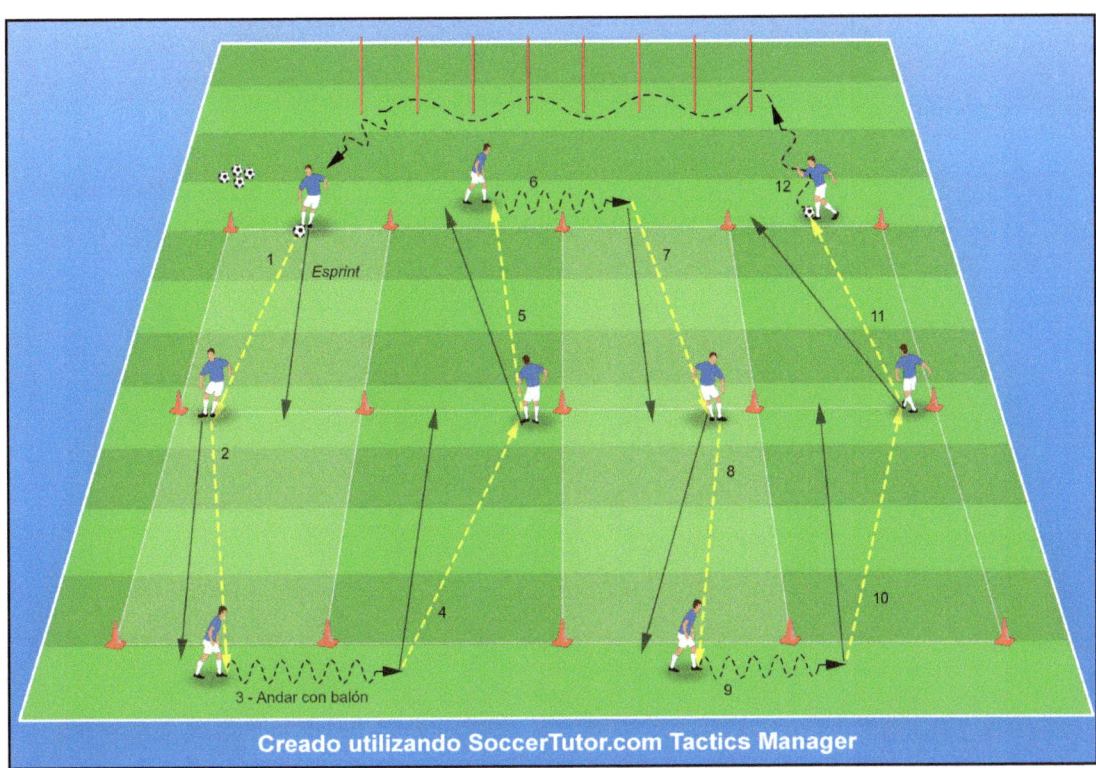

Objetivo
Desarrollar la capacidad de repetir esprints del jugador, su aceleración y velocidad de reacción.

Descripción
Señala el campo con 4 rectángulos como muestra la imagen. Hay 3 jugadores en el primer rectángulo y otros 3 en cada uno de los otros. Los jugadores inician en las posiciones de la imagen y realizan 4-5 series de 2 min.

Los jugadores pasan al siguiente jugador de la cadena y luego esprintan siguiendo la dirección de su pase. Cuando el jugador recibe, camina con el balón hasta el siguiente rectángulo, espera (recupera) y hace el siguiente pase. El último jugador en el rectángulo recibe y después regatea entre las picas para volver al inicio.

Progresión: Los entrenadores pueden cambiar el patrón de pase.

Puntos a Destacar por el Entrenador
1. Los jugadores deben trabajar a la máxima intensidad, salvo en las fases de recuperación.
2. El movimiento y la correcta orientación del cuerpo para recibir el balón es vital para asegurar que el ritmo del ejercicio se mantiene.
3. La temporización y la intensidad en la velocidad de carrera son las claves de este ejercicio.

CAPÍTULO 4

LESIONES Y TÉCNICAS DE PREVENCIÓN

Han participado en la elaboración de este capítulo:

- **Shane Malone** (RISES Universidad Liverpool John Moores, Liverpool, UK).
- **Dr. Mehdi Rouissi** (Centro Nacional de Medicina y Ciencias del Deporte Túnez, Túnez).

LESIONES Y TÉCNICAS DE PREVENCIÓN

INTRODUCCIÓN

El fútbol es un deporte de contacto de alta intensidad, con constantes paradas y arrancadas, que solicita del futbolista de todas las edades, niveles y habilidades aspectos físicos, técnicos, tácticos, psicológicos y fisiológicos (Dellal et al., 2011; Owen et al., 2011). La continua exposición a estas demandas conlleva cierto riesgo de lesión en el futbolista. Con la investigación reciente mostrando una negativa correlación entre incidencia lesional y tanto los partidos totales ganados como la posición final del equipo en competición, ha recibido gran atención la integración de programas preventivos como parte del entrenamiento estructurado de los equipos (Dupont et al., 2010; Dellal et al., 2013; Eirale et al., 2013). Los técnicos directamente implicados en el entrenamiento cotidiano del jugador continúan infravalorando el efecto de las variables propias del entrenamiento (p. ej. superficie de juego, volumen, intensidad, tipo de entrenamiento). Recientemente, Owen et al. (2015), mostraron que la fatiga acumulada por la suma de entrenamientos y la competición, juega un papel destacado al aumentar la probabilidad de sufrir una lesión durante el partido.

Partiendo de que en fútbol grandes cantidades de dinero invertidas correlacionan con la probabilidad de éxito, este éxito también conlleva el incremento del número de partidos disputados durante la temporada disminuyendo el tiempo de recuperación disponible. El programa competitivo del futbolista de élite europeo durante una temporada puede llegar, e incluso superar, los 70 partidos oficiales dependiendo del éxito el equipo. Con tiempos de recuperación entre partidos reducidos, existe un mayor riesgo de lesión en el jugador (Dupont et al., 2010; Rey et al., 2010; Dellal et al., 2013;).

En el fútbol profesional, la incidencia lesional en partido ha sido establecida entre 25 y 35 lesiones por cada 1000 horas de práctica, superior a las 6-8 encontradas por cada 1000 horas de entrenamiento. Aproximadamente un tercio de todas las lesiones en el fútbol son musculares, estando centradas en una amplia mayoría (92%) en la musculatura de los miembros inferiores: isquiosurales (37%), aductores (23%), cuádriceps (19%) y músculos de la parte inferior de la pierna (13%) (Fuller et al., 2006; Ekstrand et al., 2011). El estudio sobre las lesiones previas de los jugadores ha identificado a la musculatura isquiosural como la más vulnerable y por tanto la más lesionada en el futbolista profesional, siendo durante el partido 2,5 veces más probable sufrir una lesión en esta musculatura que en el cuádriceps (Fuller et al., 2006; Owen et al., 2013).

En línea con esta vulnerabilidad observada, el 12-16% de todas las lesiones del futbolista profesional se centran en esta musculatura, con tasas de recaída que llegan al 48% (Arnason et al., 1996; Hawkins et al., 2001; Ekstrand et al., 2011), destacando la importancia de la implementación de los trabajos de prevención y rehabilitación de la lesión.

La resultante pérdida de tiempo debido a las lesiones, puede ser determinante en el resultado de la temporada para un equipo y como consecuencia, para el cuerpo técnico del mismo. De forma intuitiva, la pérdida de jugadores para la disputa de los partidos irá en detrimento de las posibilidades de ganar en el mismo (Eirale et al., 2013), fundamentalmente en los equipos con menos capacidad de sustituir al jugador con otro de similar nivel, debido a los limitados recursos disponibles. Cuando los mejores jugadores no están disponibles para ser alineados por lesiones potencialmente prevenibles (p. ej. problemas musculares asociados a la fatiga), produce un efecto negativo en el rendimiento del equipo. Este aspecto destaca en todos los clubes, independientemente de presupuestos y recursos, siendo necesario minimizar el riesgo de lesión para conseguir mayores posibilidades de éxito. Por tanto, puede ser perjudicial para el jugador obsesionarse con la mejora continua de su capacidad física, técnica o táctica, si este esfuerzo implica la posibilidad de no ser alineado debido a problemas evitables asociados a la fatiga.

LESIONES Y TÉCNICAS DE PREVENCIÓN

ASPECTOS CLAVE:

El 12-16% de todas las lesiones se producen en los isquiosurales y la recaída en esta lesión puede llegar hasta el 48%. Estos datos destacan la importancia de implementar correctamente el trabajo preventivo y rehabilitador en todos los niveles de práctica deportiva.

Figura 11. Tipo y Definición de Lesiones Sufridas en Fútbol: Clasificación del Número de Lesiones - Intervención vs Control en la Temporada (Owen et al., 2013).

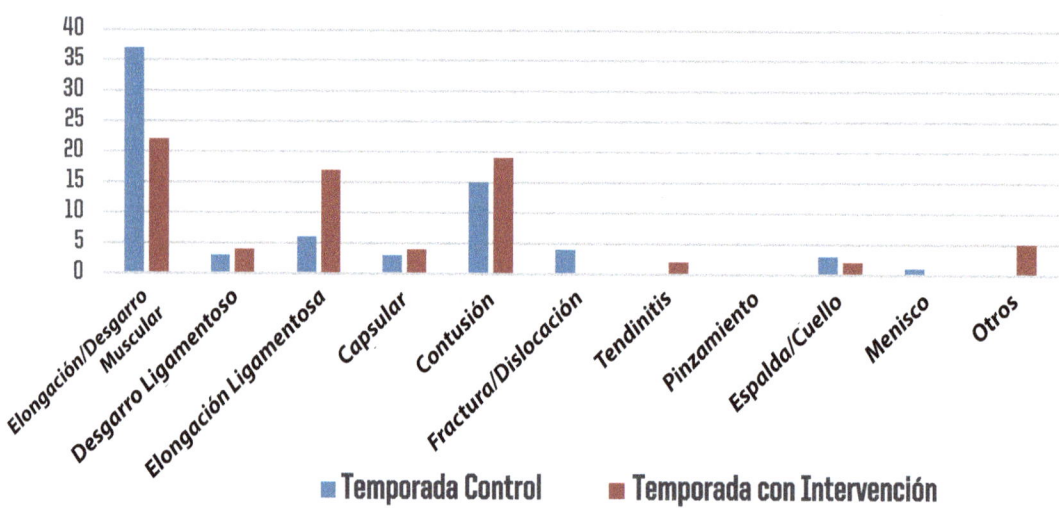

LESIONES Y TÉCNICAS DE PREVENCIÓN

LESIONES EN FÚTBOL | ¿CUÁLES SON LOS FACTORES DE RIESGO?

Edad
Duración de la carrera
Lesión Previa

Inestabilidad Funcional
Isquiosurales, cadera y rodilla

Inestabilidad Mecánica
Tobillo y Rodilla

— Recaída —

Jugadores con una lesión previa tienen dos o tres veces más probabilidad de sufrir otra lesión idéntica en la siguiente temporada

La influencia de factores extrínsecos debe ser también analizada. El estrés físico y social parece incrementar el riesgo de lesión. Sin embargo el valor de la evaluación del estrés del futbolista es todavía infravalorado.

— Superficie —

Parece que el riesgo de lesión no se incrementa por jugar en hierba artificial

Pero se incrementan los esguinces de tobillo y descienden las lesiones en el cuádriceps

Esto indicaría la necesidad de estrategias preventivas específicas con los futbolistas que emplean esta superficie

Diferencias Geográficas

El clima y las condiciones del terreno de juego generan diferencias geográficas en la incidencia lesional. Los equipos del Norte de Europa (p. ej. Inglaterra y Holanda) tienen mayor riesgo de lesión que los del Sur, debido posiblemente al peor clima y las condiciones del campo. De manera inversa, existe una tendencia hacia el incremento del riesgo de lesión del LCA (ligamento cruzado anterior) en países del Mediterráneo, donde se ha sugerido que las condiciones del campo podrían ser un factor de riesgo.

Por Eirale & Ekstrand, en Aspetar Journal of Sport Medicine, 2013

Diseñado por @YLMSportScience

LESIONES Y TÉCNICAS DE PREVENCIÓN

ESTADÍSTICA DE LAS LESIONES EN EL FÚTBOL

2 LESIONES POR JUGADOR Y TEMPORADA

De media, el 12% del equipo no está disponible por lesión en cualquier momento de la temporada

5x veces mayor riesgo de lesión en partido

La probabilidad de lesión se incrementa al final de cada parte

Mayor número de lesiones por sobrecarga durante pretemporada

Un equipo de 25 jugadores puede esperar 7 lesiones isquiosurales y 3 cuadricipitales por temporada

Las lesiones musculares representan casi un tercio de todas las lesiones

2-3 veces mayor riesgo de lesión de LCA en jugadoras en comparación con jugadores

7 LESIONES EN LA ZONA INGUINAL POR EQUIPO Y AÑO

Las lesiones de tobillo parecen ser relativamente importantes en el fútbol moderno, en términos de incidencia y pérdida de tiempo, siendo la zona más lesionada tras el muslo, la rodilla y la zona inguinal

 Por Cristiano Eirale y Jan Ekstrand
En Aspetar Journal of Sport Medicine, 2013

Diseñado por @YLMSportScience

©SoccerTutor.com   Preparación Física En Fútbol Desde Una Aproximación Científica

TÉCNICAS DE PREVENCIÓN DE LESIONES EMPLEADAS EN FÚTBOL

La mayoría de los estudios realizados han examinado los efectos sobre la incidencia lesional de variables de forma aislada. Sin embargo, este punto de vista no es muy aplicable al fútbol ya que las limitaciones de tiempo requieren la aplicación de intervenciones más globales, que permitan el desarrollo simultáneo de varias cualidades.

Desde la perspectiva práctica, los programas de prevención de lesiones son aplicados teniendo como principal objetivo la mejora del rendimiento, como consecuencia directa del incremento de la disponibilidad de los jugadores para entrenamientos y partidos, al reducir el número de lesiones del equipo. Aunque este es el enfoque principal de las estrategias de prevención, no siempre se ve reflejado en la investigación científica. Recientemente, ha sido sugerido que un programa de prevención de lesiones multifactorial puede incrementar la motivación a través de un enfoque integrado dentro de un entorno competitivo (Owen et al., 2013). El mismo trabajo encontró significativamente menos lesiones musculares durante la temporada en la que se efectúo este programa integrado en cuatro partes, al compararlo con otra temporada control. Además, este grupo mostró más lesiones por contusión, mostrando que si bien un programa de prevención de lesiones correctamente elaborado puede resultar beneficioso, puede no ser efectivo para otro tipo de lesiones.

En la literatura científica publicada en este área, los ejercicios relacionados con la prevención son comúnmente incluidos antes o después de las sesiones de entrenamiento a lo largo de la semana, dependiendo de las propias características de la semana y la sesión.

En este capítulo, serán discutidas las técnicas más comunes utilizadas en fútbol mostrándose ejemplos de las mismas. Es aconsejable abogar por la combinación de los métodos mostrados, con la finalidad de acompañar a la periodización correcta del entrenamiento en campo, definida por la carga de entrenamiento diaria y semanal, con la intención de reducir los efectos de la fatiga acumulada y el riesgo de lesión.

LESIONES Y TÉCNICAS DE PREVENCIÓN

Efecto de un Programa de Prevención de Lesiones Musculares en Futbolistas de Elite
¿FUNCIONA?

Por Owen, Wong, Dellal, Paul, Orchant y Collie, JSCR 2013

49 FUTBOLISTAS PROFESIONALES DE ÉLITE

ENTRENAMIENTO PARA LA PREVENCIÓN DE LESIONES

Fuerza

Equilibrio

2 SESIONES POR SEMANA

Estabilidad Lumbopélvica

Movilidad

RESULTADOS

Al aplicar el programa de prevención se registraron de forma significativa menos lesiones musculares y por no contacto.

Un programa de prevención de lesiones como el definido, aplicado a futbolistas profesionales de élite, puede tener efectos significativos sobre el número de elongaciones y roturas musculares, lesiones que son las más comunes en el futbolista independientemente del nivel de juego y condición.

Diseñado por @YLMSportScience

LESIONES Y TÉCNICAS DE PREVENCIÓN

FACTORES QUE INFLUYEN SOBRE EL RENDIMIENTO Y EL RIESGO DE LESIÓN

Nutrición e Hidratación:

- Consumir carbohidratos tras el ejercicio tiene un efecto demostrado precursor de la síntesis y recuperación del glucógeno muscular y hepático, además de posibilitar el suministro energético para las demandas posteriores del entrenamiento o partido (Jacobs et al., 1982).

- El análisis de las lesiones en competición (Hawkings et al., 2001), mostró un mayor número de lesiones en la segunda parte, con una significativa mayor frecuencia media de lesiones en los últimos 15 min.

- Las grandes pérdidas de sudor junto con la insuficiente ingesta de líquidos, pueden llevar al futbolista a un estado de deshidratación que disminuye el rendimiento e incrementa el riesgo de hipertermia y de lesión relacionada con el incremento de la temperatura corporal (Bergeron et al., 2005), destacando la importancia de la correcta hidratación antes y durante entrenamiento y partido.

- Al finalizar el día deshidratado, los jugadores en ayunas (Ramadán) podrían estar expuestos a una reducción de su rendimiento y un mayor riesgo de lesión.

Alteraciones del Sueño:

- El efecto del sueño en el rendimiento ha comenzado a ser un área de creciente interés para los científicos del deporte. Como consecuencia, se han encontrado relaciones directas entre los factores determinantes del sueño (duración, calidad y fase circadiana del sueño) y el rendimiento (Samuels et al., 2008).

- La literatura científica ha demostrado que durante periodos de tiempo con muchos partidos oficiales disputados (p. ej. domingo-miércoles-domingo), la fatiga relacionada con la incidencia lesional estuvo relacionada a su vez con haber dormido menos de seis horas la noche previa a la lesión (Luke et al., 2011). Confirmando estos datos Milewski et al. (2014), encontraron que los atletas que dormían menos de ocho horas de media por noche tenían 1,7 veces más riesgo de lesionarse.

Fatiga y Efecto del Ramadán:

- Observaciones empíricas han mostrado que los individuos fatigados son más susceptibles de lesionarse muscularmente (Schlabach, 1994).

- En comparación a futbolistas que no hicieron el ayuno durante el Ramadán, los que lo hicieron mostraron tener una elevada percepción de fatiga, junto con una aumentada sensación subjetiva de cansancio y una limitada capacidad de concentración (Leiper et al., 2008; Zurguini et al., 2012).

- La necesidad de realizar entrenamientos intensos con ingesta de carbohidratos e hidratación alterada y alteraciones del sueño, resultará en la aparición de fatiga de forma más rápida en deportistas musulmanes, con un mayor riesgo de lesión (Johnson y Thiese, 1992) y sobreentrenamiento durante el Ramadán (Chaouachi et al., 2009a, 2009b).

- Los ratios de lesión durante el Ramadán en los jugadores que ayunaron, fueron significativamente mayores al compararlos con el periodo inmediatamente anterior y posterior (Chamari et al., 2009).

- Los entrenadores necesitan establecer estrategias de intervención teniendo en cuenta la carga de entrenamiento, la nutrición e hidratación del futbolista, y la gestión que este hace del sueño para intentar disminuir el efecto que tiene el ayuno durante el Ramadán sobre la capacidad condicional del jugador. Como consecuencia, podría esperarse una reducción en el número de lesiones relacionadas con la fatiga.

LESIONES Y TÉCNICAS DE PREVENCIÓN

Probabilidad de Lesión en Función de las Horas de Sueño por Noche

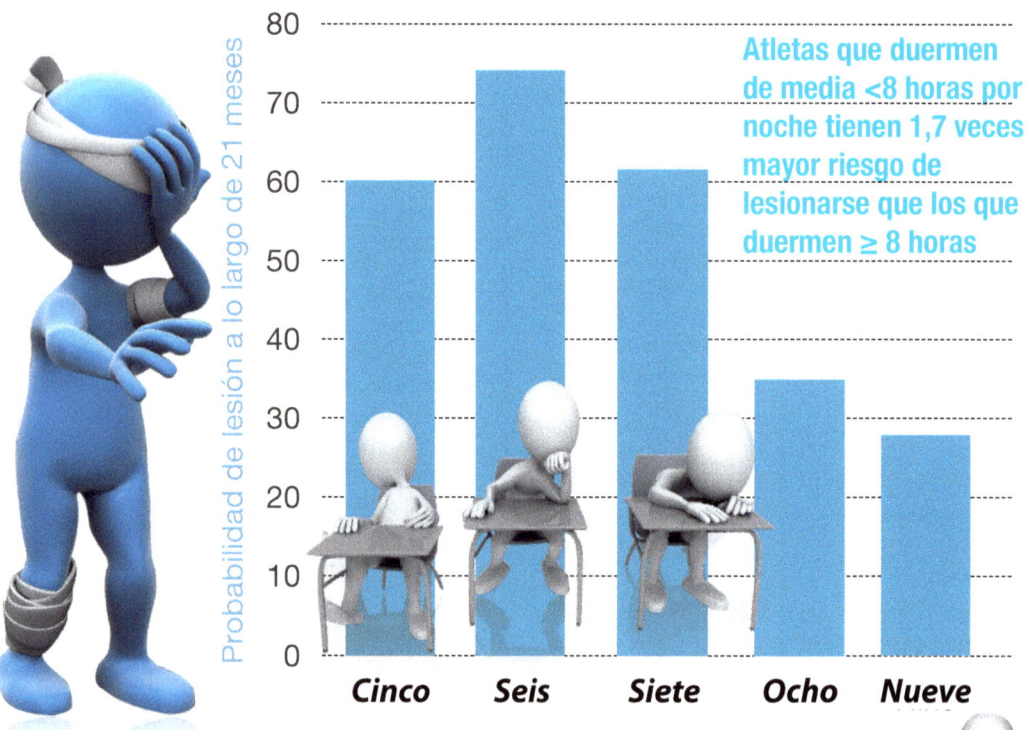

Atletas que duermen de media <8 horas por noche tienen 1,7 veces mayor riesgo de lesionarse que los que duermen ≥ 8 horas

Probabilidad de lesión a lo largo de 21 meses

Media de horas de sueño por noche

Referencia

La falta de sueño crónica es asociada a un incremento en las lesiones deportivas en atletas adolescentes Milewski et al., Int J Paediatricians Orthop 2014.

Diseñado por @YLMSportScience

©SoccerTutor.com   Preparación Física En Fútbol Desde Una Aproximación Científica

LESIONES Y TÉCNICAS DE PREVENCIÓN

EL PROGRAMA DE PREVENCIÓN DE LESIONES DE FIFA "FIFA 11+"

EL "FIFA 11+" es un programa estructurado de prevención de lesiones, compuesto por múltiples ejercicios realizados como calentamiento durante 20-25 min. Fue desarrollado en 2006 por el *Medical and Research Centre* de la FIFA como extensión del programa de prevención de lesiones "The FIFA 11+". El "FIFA 11+'" es un programa fácil y completo, que incluye ejercicios de carrera, ejercicios estáticos y dinámicos de estabilización lumbopélvica, pliometría, fuerza excéntrica, ejercicios de agilidad y propioceptivos. Con su aplicación, diferentes estudios han conseguido reducir las lesiones sufridas por jugadores de ambos sexos.

Estudios Científicos

- Grooms et al. (2013), consiguieron durante dos temporadas reducir el riesgo relativo de lesionarse en los miembros inferiores empleando el programa "FIFA 11+".

- Steffen et al. (2013), redujeron el riesgo de lesión en jugadoras de fútbol.

- Soligard et al. (2008), encontraron un riesgo significativamente menor de lesiones en general, menor riesgo de lesión por sobrecarga y de lesión severa, en comparación con otro grupo que no aplicó el programa "FIFA 11+".

- Bizzini et al. (2013), mostraron que el programa "FIFA 11+" mejoró la fuerza de los miembros inferiores (medida con saltos con contramovimiento y sin contramovimiento). Un déficit de fuerza en los miembros inferiores, así como diferencias en la fuerza bilateral entre la pierna dominante y la no dominante, son factores que predisponen al jugador a lesionarse. Además, incrementar la fuerza de las piernas permitiría reducir el riesgo de lesión por medio de la mejora de la estabilidad de la articulación. El cuádriceps proporciona la estabilidad dinámica de la rodilla y los isquiosurales la protegen de movimientos no deseados. En este sentido, diferentes estudios que han aplicado el programa "FIFA 11+" consiguieron una mejora de la fuerza de los miembros inferiores y una significativa reducción de los déficits encontrados entre piernas.

- Impellizzeri et al. (2013), encontraron en futbolistas varones que el grupo que realizó el "FIFA 11+" consiguió una mejora en la estabilización y en la musculatura lumbopélvica (identificada en numerosas ocasiones como core) al compararlo con el grupo control.

- Daneshjoo et al. (2012), tras la aplicación durante dos meses del programa, encontraron mejoras en la estabilización de la rodilla flexionada a 45º y 65º.

Tras estos hallazgos aportados por la investigación, parece claro que las mejoras en el equilibrio dinámico y en la capacidad propioceptiva, propiciadas por la aplicación del programa de prevención de lesiones "FIFA 11+", contribuyen a la reducción de lesiones del jugador de fútbol.

ASPECTOS CLAVE:

El programa de prevención de lesiones "FIFA 11+" parece propiciar en jugadores de fútbol una mejora significativa en el equilibrio dinámico, la fuerza de los miembros inferiores y la estabilidad lumbopélvica.

Según la literatura científica, estas mejoras podrían contribuir a la reducción del número de lesiones y del tiempo perdido por los jugadores asociado a la lesión. Por lo tanto, sugerimos a los entrenadores incorporar el programa de prevención de lesiones "FIFA 11+" en su rutina de entrenamiento como calentamiento.

LESIONES Y TÉCNICAS DE PREVENCIÓN

¿Cuáles son los Componentes de un Buen Calentamiento para Prevenir Lesiones?

Por Donald T kirkendall Ph.D., Aspetar Journal of Sport Medicine, 2014

- TRABAJO SOBRE ÁREAS PROBLEMÁTICAS
- EQUILIBRIO ESTÁTICO Y DINÁMICO
- EJERCICIOS DE CARRERA SUAVE
- FLEXIBILIDAD DINÁMICA
- PLIOMETRÍA
- ACTIVIDADES DE CONTROL MOTOR
- TRABAJO DE AGILIDAD

Revisa el programa de calentamiento FIFA 11+ para ver un ejemplo práctico de 15-20 min de duración

Diseñado por @YLMSportScience

CARGA DE ENTRENAMIENTO (INTENSIDAD Y VOLUMEN)

Revisión de Estudios Científicos

- Bengtsson et al. (2014), registraron las lesiones de 27 equipos profesionales europeos durante 11 temporadas, agrupando los partidos por los días de recuperación existente antes de cada partido. Los resultados mostraron que la incidencia lesional total y la muscular (cuádriceps e isquiosurales), se incrementó cuando los días de recuperación entre partidos disminuyeron. Un estudio previo también encontró relación entre la elevada carga en partidos y el incremento en el número de lesiones musculares.

- En un estudio realizado con 53 jugadores profesionales jóvenes por Brink et al. (2014), se encontró que el incremento del estrés físico en la semana precedente (duración de la semana de entrenamiento, carga de entrenamiento, monotonía y presión) estuvo relacionada con la incidencia de lesión y la aparición de enfermedades.

Periodización

Periodizar y la capacidad de planificar y diseñar cargas de entrenamiento adecuadas (intensidad, volumen, frecuencia), es clave para evitar lesiones. La literatura reciente ha mostrado en rugby que cambios significativos en las variables determinantes de la carga de entrenamiento, junto con el mantenimiento en el tiempo de cargas de entrenamiento elevadas, conllevan una elevada incidencia lesional (Gabbett et al., 2004). En futbolistas de élite Owen et al. (2015), relacionaron la incidencia lesional en partido con la actividad de alta intensidad acumulada en el mesociclo (mensual) anterior. Según estos hechos, la correcta periodización o planificación del entrenamiento deben considerarse claves en la prevención de lesiones.

Cada miembro del equipo de trabajo (ya sea médico o técnico), relacionado con el desarrollo del futbolista tiene su propia concepción sobre la planificación, diseño y ejecución del programa de entrenamiento, sin embargo e independientemente del método planeado e implementado, el objetivo debe ser el control del nivel de fatiga y maximizar el rendimiento del jugador minimizando el riesgo de lesión. De manera más frecuente de la deseada, el cuerpo técnico pasa más tiempo demandando al jugador su intervención en acciones técnico tácticas, dejando como responsables de la lesión a los preparadores físicos y al cuerpo médico. Esta sección del libro ha sido desarrollada con la idea de destacar el rol que el cuerpo técnico tiene en la estrategia de prevención de lesiones del equipo, a través de una planificación o periodización del entrenamiento adecuada, que limite la acumulación de fatiga que conlleva la elevación del riesgo de lesión muscular del futbolista.

Como se ha indicado, la lesión en los isquiosurales es la más prevalente en el futbolista. Debido a la naturaleza multifactorial, cada vez es más evidente que la interacción entre estos factores juega un papel determinante en la consideración de cómo intervenir para evitar esta lesión. El fútbol ha evolucionado de forma significativa durante los últimos 20 años, hacia un deporte más rápido e intenso, mostrando los datos recogidos cada año un incremento en los marcadores relacionados con las demandas condicionales por posición específica (Di Salvo et al., 2007; Barnes et al., 2014).

Se considera que los entrenadores tienen una gran influencia en el jugador, por lo que la próxima generación de entrenadores debe ser capaz de realizar sesiones de calidad que consigan influir en múltiples aspectos del rendimiento, para conseguir además una tasa de lesiones aceptable y mantenida en el tiempo.

Según la investigación más reciente (Owen et al. 2013a), debido a las diferentes demandas de los distintos formatos de juego reducido en el fútbol profesional (3vs3 hasta 11vs11), realizar el diseño más correcto del mismo en el momento adecuado de la semana puede permitir con la intervención de los distintos miembros del equipo técnico y médico, preparar a los jugadores física, técnica y tácticamente incrementando la eficiencia de las sesiones y mejorando la recuperación entre las mismas.

LESIONES Y TÉCNICAS DE PREVENCIÓN

GESTIÓN DE LA CARGA DE ENTRENAMIENTO PARA REDUCIR EL RIESGO DE LESIÓN

Introducción

Es ampliamente aceptado que un adecuado plan de entrenamiento es fundamental para la optimización del rendimiento y la reducción del riesgo de lesión del futbolista. La importancia de mantener disminuida la incidencia lesional en los equipos ha sido destacada por su relación con la consecución de éxitos durante la temporada (Arnason et al., 2004; Eirale et al., 2013; Hagglund et al., 2013; Stokes et al., 2015). En concreto, la baja incidencia lesional ha mostrado estar relacionada con la mayor consecución de puntos en liga o un mayor coeficiente UEFA, reflejando el éxito en la UEFA Champions League y en la Europa League (Haaglund et al., 2013). Aunque el éxito de los equipos depende de numerosos factores, ha sido argumentado que la "durabilidad" del deportista puede ser un componente infravalorado de ese éxito (Orchard, 2009), entendiéndose este concepto de "durabilidad" como la capacidad del jugador de hacer frente a las demandas de su deporte sin lesionarse, estando disponible para su participación en competición. Las lesiones, con la pérdida de entrenamientos y partidos que implican, pueden influir en las oportunidades de éxito del equipo por diferentes mecanismos (Gabbett, 2016). Por ejemplo, las lesiones impiden que el entrenador seleccione a los mejores para competir y las ausencias de los jugadores en los entrenamientos pueden perjudicar la preparación táctica del partido. Por tanto, parece claro que la lesión disminuye el rendimiento del equipo, pero hay que tener en cuenta que algunas lesiones están directamente relacionadas con las características del entrenamiento, siendo un entrenamiento diferente la razón de las mismas.

Actualmente los entrenadores se enfrentan al reto de desarrollar el rendimiento condicional del futbolista junto con el tiempo de preparación técnico o táctico (Iaia et al., 2015). La capacidad aeróbica del futbolista es una importante capacidad relacionada con el rendimiento condicional en partido, mejorando la recuperación entre esfuerzos de alta intensidad, y ofreciendo un efecto protector ante el riesgo de lesión (Gabbett, 2016). De hecho, la mejor manera de prevenir la lesión en un deporte de equipo es conseguir que los jugadores desarrollen las necesidades específicas que requieren para participar en los entrenamientos y partidos (Gabbett, 2016). *El objetivo fundamental en la preparación física del atleta de élite es prescribir la correcta carga de entrenamiento (training load, TL) que maximice el resultado. Una carga inferior a la adecuada no llevará al nivel de desarrollo fisiológico requerido, mientras que una excesiva TL incrementará el riesgo de lesión y enfermedad en el atleta* (Gabbett, 2007). Por tanto, el objetivo de esta sección será proporcionar a los entrenadores métodos que han mostrado reducir la incidencia lesional del jugador, para aplicar en sus propias sesiones de entrenamiento, centrándonos en la monitorización de la carga de entrenamiento y su relación con el riesgo de lesión en deportistas de equipo.

Uso del Ratio Carga Aguda:Crónica para Monitorizar la Gestión de la Carga

Recientemente ha existido un elevado interés en la medida de la carga aguda (afrontada a corto tiempo) y crónica (acumulada durante un mayor tiempo), a la que se enfrenta el deportista como medio para mantener un entrenamiento equilibrado y saludable (Gabbett, 2016). Una carga aguda puede ser representada por una sola sesión, pero en deportes como el fútbol, la carga acumulada durante una semana de entrenamiento representa mejor esta fase aguda de trabajo. Incluso parece que en futbolistas de élite, se ha sugerido como más idónea la carga acumulada de tres días, debido a las características de su congestionado calendario competitivo. La carga crónica representa el valor medio de carga afrontado durante las últimas 3-4 semanas de entrenamiento, ajustándose a partir de la experiencia en equipos de fútbol a un periodo de 21 días como mejor medida para monitorizar esa fase de carga crónica. La comparación entre ambas cargas, ofrece una representación dinámica de la disposición del jugador para competir.

LESIONES Y TÉCNICAS DE PREVENCIÓN

El ratio de carga aguda:crónica debe ser empleado con prudencia durante la pretemporada, debido a la necesidad de someter al jugador a un elevado estrés fisiológico para incrementar su rendimiento condicional. Además, esta mejora condicional resultará en un aspecto clave en la prevención de lesiones, al proteger al futbolista ante la fatiga. Por lo tanto, es durante el periodo competitivo cuando este ratio debe ser más tenido en cuenta como marcador dinámico de la fatiga, permitiendo a los entrenadores incrementar o reducir la carga de trabajo.

Los Entrenadores Deben Considerar el Entrenamiento como una Vacuna para Contrarrestar las Lesiones

Gabbett (2016), ha sugerido que el entrenamiento debe ser entendido como una "vacuna" para proteger al jugador de la lesión. Aunque se ha observado una relación existente entre mantener elevadas cargas de trabajo con una alta incidencia lesional (Piggott et al., 2009; Rogalski et al., 2013), centrarse en estos aspectos negativos restaría valor a las muchas adaptaciones que el proceso de entrenamiento puede conllevar. Hay diferentes razones que explicarían por qué la relación entre la elevada carga de entrenamiento y la lesión debe ser tenida en cuenta, dentro de un amplio rango de problemas relevantes para el rendimiento deportivo. Envolver a los jugadores entre algodones no es una decisión acertada, ya que los jugadores perderán parte de su nivel técnico, táctico y condicional, disponiéndoles en peor medida para la consecución de buenos resultados. Los técnicos que ayudan al entrenador deben preguntarse: *¿cómo podemos planificar la siguiente fase para ayudar de la mejor manera al entrenador a entrenar a sus jugadores, hasta un nivel ideal de rendimiento (maximizándolo mientras mantenemos un bajo riesgo de lesiones por no contacto)?*

Cuando el entrenamiento reúne las condiciones idóneas en volumen e intensidad, produce una mejora del rendimiento condicional. Pues bien, la investigación ha mostrado que los jugadores con un nivel condicional apropiado, poseen una mejor capacidad de recuperación entre esfuerzos en entrenamiento y competición, teniendo un riesgo de lesión reducido (Malone et al., 2016; en revisión). Datos no publicados de nuestro laboratorio sugieren que los jugadores que pasan más tiempo por encima del 85% de su *FCmax* tienen menos riesgo de lesionarse *(Tabla 17)*.

Tabla 17. Intensidad de la Frecuencia Cardiaca de Entrenamiento y Riesgo de Lesión del Jugador: Cálculo de la Carga Interna

	Periodo de Temporada: Competitivo			
	Riesgo de Lesión Probabilidad	Intervalo de Confianza 95%		Valor-p
		Inferior	Superior	
Tiempo semanal > 85% FCmax (min)				
< 16 min (Referencia)	1.00			
Entre 16-18 min	0.92	0.72	2.93	0.235
Entre 18-20 min	0.75	0.45	1.21	0.036
>20 min	0.64			

LESIONES Y TÉCNICAS DE PREVENCIÓN

Hay que alertar tras este dato, que esta intensidad no implica mayores volúmenes de entrenamiento, sino periodos de tiempo de trabajo intenso que conlleva ciertos beneficios como el observado. La preparación para estos periodos es fundamental. Ha sido recientemente destacado que los jugadores con elevada carga crónica de entrenamiento, son capaces de incrementar su exposición a la velocidad máxima durante los mismos. Este aspecto fue valorado tomando un esprint de 40 m como máxima velocidad del jugador y registrando cada vez que el jugador recorrió 10 m a esa velocidad. Los jugadores con valores de carga crónica inferiores consiguieron menores valores de exposición y tuvieron un riesgo de lesión incrementado, al completar niveles similares de exposición a la máxima velocidad *(Figura 12)*. Por tanto, los entrenadores deben ser conscientes de que las cargas altas de entrenamiento no son de por sí negativas. Dado que ese nivel de carga puede conseguirse de diferentes maneras (alterando el volumen, la intensidad o la dirección fisiológica del tipo de entrenamiento realizado), no es apropiado considerar que las elevadas cargas de entrenamiento conllevan elevado riesgo de lesión. Estas cargas altas de entrenamiento no tienen por qué ser el principal factor relacionado con el incremento del riesgo de lesión, sino más bien las características de esa carga de entrenamiento. Grandes cantidades de aceleraciones máximas y acciones aeróbicas específicas del juego, pueden proporcionar al jugador no solo un óptimo nivel condicional para rendir al máximo nivel, sino también cierto nivel protector frente a la lesión. Los deportistas de equipo que sufrieron su primera lesión 18 semanas después de iniciar los entrenamientos, vieron reducida su probabilidad de recaída (Gabbett, 2005). Estos datos coinciden con investigaciones previas (Hulin et al., 2014; Hulin et al., 2015) en las que una elevada carga crónica, podría ser responsable del descenso del riesgo de lesión.

Además, una mayor carga de entrenamiento previa a afrontar un programa de élite de fútbol juvenil se asoció a un menor riesgo de sufrir pubalgias (Lovell et al., 2006). Y por otro lado, en una amplia gama de deportes, un buen desarrollo de las capacidades físicas está asociado a un reducido riesgo de lesión (Gabbett,

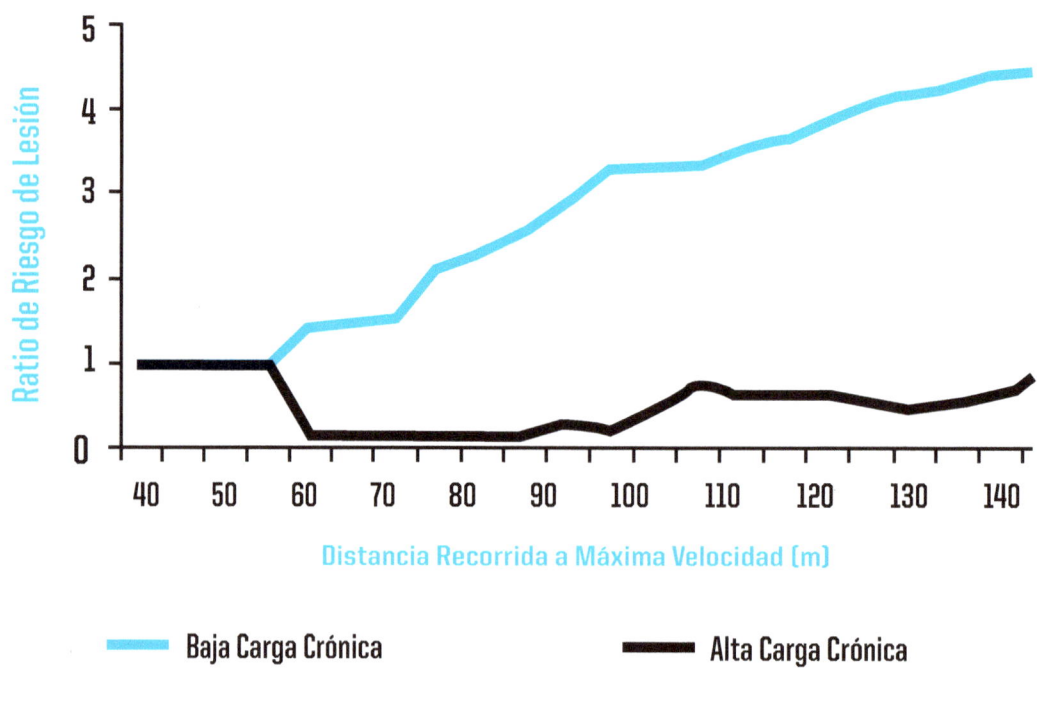

Figura 12. Carga de Entrenamiento Crónica Baja vs Alta y Riesgo de Lesión

LESIONES Y TÉCNICAS DE PREVENCIÓN

2005; Gastin et al., 2013). De forma evidente, para que los deportistas desarrollen un nivel de condición física que les proteja de la lesión, deben entrenar fuerte.

En última instancia, la investigación proporciona una foto fija sobre la carga de entrenamiento, siendo además necesario saber la respuesta individual del jugador a la carga de entrenamiento. En efecto, los datos de nuestro laboratorio **(Figura 13)** muestran que dos jugadores de similar posición asumen la carga de diferente manera, si atendemos a los datos de percepción subjetiva del esfuerzo **(RPE)**. El Jugador 1 (línea negra), es un jugador que solo tolera una carga mínima antes de lesionarse, mientras que para el Jugador 2 (línea azul) las cargas más bajas de entrenamiento en realidad incrementan el posterior riesgo de lesión, con cargas de entrenamiento moderadas que le ofrecen efectos de protección. Aunque la investigación nos ofrece valores promedio, es fundamental conocer las diferencias individuales propias de cada jugador. Cada jugador tiene su propia relación con los valores de carga descritos, por lo que los entrenadores necesitan obtener datos fiables y válidos de las repuestas del jugador a cada sesión, por medio de la monitorización **(RPE, FC o GPS)** para un conocimiento adecuado del riesgo individual de lesión.

Figura 13 Riesgo de Lesión del Jugador y Respuesta a la Carga de Entrenamiento por Sesión (RPE)

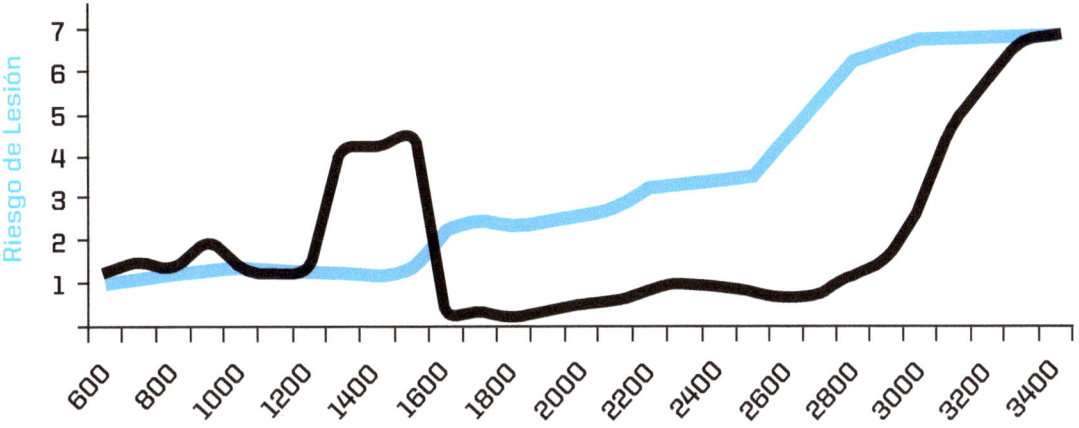

Referencias

- Arnason A, Sigurdsson SB, Gudmundsson A, et al. Physical fitness, injuries, and team performance in soccer. Med Sci Sports Exerc 2004; 36:278–85.
- Eirale C, Tol JL, Farooq A, et al. Low injury rate strongly correlates with team success in Qatari professional football. Br J Sports Med 2013; 47:807–8.
- Ehrmann FE, Duncan CS, Sindhusake D, et al. GPS and injury prevention in professional soccer. J Strength Cond Res 2016; 30(2): 360-367.
- Gastin PB, Meyer D, Robinson D. Perceptions of wellness to monitor adaptive responses to training and competition in elite Australian football. J Strength Cond Res 2013;27:2518–26.
- Gabbett TJ. The training-Injury paradox: should athletes be training smarter and harder? Br J Sports Med. Published Online First: 20 Jan 2016. doi: 10.1136/bjsports-2015-095788
- Gabbett TJ, Domrow N. Risk factors for injury in sub-elite rugby league players. Am J Sports Med 2005; 33:428–34.
- Gabbett TJ, Domrow N. Relationships between training load, injury, and fitness in sub-elite collision sport athletes. J Sports Sci 2007; 25:1507–19.
- Hagglund M, Walden M, Magnusson H, et al. Injuries affect team performance negatively in professional football: an 11-year follow-up of the UEFA Champions League injury study. Br J Sports Med 2013; 47:738–42.
- Hulin BT, Gabbett TJ, Blanch P, et al. Spikes in acute workload are associated with increased injury risk in elite cricket fast bowlers. Br J Sports Med 2014; 48:708–12.
- Hulin BT, Gabbett TJ, Lawson DW, et al. The acute:chronic workload ratio predicts injury: high chronic workload may decrease injury risk in elite rugby league players. Br J Sports Med Published Online First: 28 Oct 2015. doi:10.1136/bjsports-2015- 094817.
- Iaia FM, Fiorenza M, Perri E, et al. The effect of two speed endurance training regimes on performance of soccer players. PLoS One 2016; 10(9):e0138096. Doi: 10.1371/journal.pone0138096
- Lovell G, Galloway H, Hopkins W, et al. Osteitis pubis and assessment of bone marrow edema at the pubic symphysis with MRI in an elite junior male soccer squad. Clin J Sports Med 2006;16:117–22.
- Orchard JW, James T, Portus M, et al. Fast bowlers in cricket demonstrate up to 3- to 4-week delay between high workloads and increased risk of injury. Am J Sports Med 2009;37:1186–92.
- Rogalski B, Dawson B, Heasman J, et al. Training and game loads and injury risk in elite Australian footballers. J Sci Med Sport 2013;16:499–503.
- Piggott B, Newton MJ, McGuigan MR. The relationship between training load and incidence of injury and illness over a pre-season at an Australian Football League club. J Aust Strength Cond 2009;17:4–17.

LESIONES Y TÉCNICAS DE PREVENCIÓN

CÓMO LIMITAR LA INCIDENCIA LESIONAL MEDIANTE LA GESTIÓN DE LA CARGA

Con el fin de educar a los entrenadores y al resto de miembros encargados del desarrollo físico del jugador, puede ser importante considerar si la intensidad del entrenamiento está relacionada con el número de lesiones. El diseño del programa o de la sesión, debe asegurar que las cargas de entrenamiento no son significativamente excesivas, para evitar la fatiga acumulada y el consiguiente riesgo de lesión.

ASPECTOS CLAVE:

Reducir el número de lesiones en competición en jugadores de fútbol de élite puede ser posible si se centra la atención en la intensidad y el volumen de entrenamiento sobre periodos de tiempo determinados, para asegurar la reducción de fatiga acumulada y la disminución de la lesión asociada a la misma. Además, es importante conocer la carga óptima de entrenamiento a partir de la cual la adaptación se produce sin la elevación del riesgo de lesión. Por tanto, monitorizar la carga de entrenamiento, para asegurar un nivel óptimo sin ser significativamente excesiva, debe ser considerado de vital importancia para reducir la incidencia lesional.

Además es fundamental, dentro del programa global desarrollado por los miembros del organigrama técnico y médico del equipo, implementar un programa específico de prevención de lesiones. En función de la investigación previa, la variable predictora de lesión más importante en el jugador es la lesión previa (Olsen et al., 2004). El hecho de que haya jugadores con algún tipo de problema crónico, con baja disponibilidad en entrenamiento o partido durante varias temporadas, se seguirá manifestando a menos que se desarrolle con ellos un programa apropiado de prevención de lesiones.

LESIONES Y TÉCNICAS DE PREVENCIÓN

Impacto de la Intensidad de la Frecuencia Cardiaca de Entrenamiento en la Cantidad de Lesiones del Futbolista de Élite

Por Adam L. Owen et al. JSCR, Enero 2015

23 FUTBOLISTAS PROFESIONALES FUERON ESTUDIADOS DURANTE 2 AÑOS

CONTROL

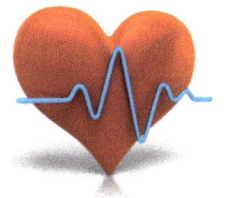

Intensidad Entrenamiento (FC)   **Lesiones**

Registraron 18,8 lesiones por 1000 horas de exposición

ENCONTRARON UNA CORRELACIÓN SIGNIFICATIVA ENTRE EL VOLUMEN DE ENTRENAMIENTO >85% FCMAX Y LA LESIÓN (R = 0.57)

Reducir el número de lesiones en competición en el futbolista de élite es posible, si se amplía la atención sobre la intensidad y el volumen de entrenamiento, posibilitando la reducción de las lesiones por fatiga o sobrecarga

Diseñado por @YLMSportScience

RESUMEN DEL CAPÍTULO

RESUMEN DEL CAPÍTULO

ESTRATEGIAS DE PREVENCIÓN DE LESIONES

- Este capítulo ha intentado proporcionar un análisis de las principales estrategias de prevención comúnmente empleadas en fútbol, con el objetivo prioritario de disminuir la incidencia lesional en entrenamientos y partidos.

- Uno de los aspectos clave desarrollado a lo largo del capítulo, es la necesidad de individualizar los programas de prevención, en función de aspectos como el historial lesivo, género, edad, datos extraídos de evaluaciones médicas y físicas y la posición específica. Como se ha sugerido, el entrenamiento en pretemporada permite conseguir una base a través del entrenamiento genérico y específico (p. ej. articulaciones concretas), mientras que el periodo competitivo requiere de ejercicios preventivos más individualizados (centrados por ejemplo en los isquiosurales o cuádriceps). Además, los ejercicios preventivos necesitan ajustarse en función del entrenamiento colectivo, antes, durante y después del mismo, o antes y después del partido.

- Las estrategias de recuperación constituyen un medio de prevención por su capacidad para reducir las molestias de los jugadores. Estos medios incluirían la hidroterapia (ejercicios en agua) tras entrenamiento y partido, junto con una adecuada nutrición e hidratación con suplementación para algunos jugadores (antes, durante y después de entrenamientos y partidos).

- Los jugadores deben tener una sólida y estable capacidad lumbopélvica (core), con la finalidad de reducir la probabilidad de lesión.

- El programa de prevención de lesiones *"FIFA 11+"* aplicado en futbolistas, parece conseguir una mejora significativa en la fuerza de los miembros inferiores y en la estabilidad y el equilibrio dinámico de la musculatura lumbopélvica.

- Por tanto, sugerimos a los preparadores físicos incorporar el programa de prevención *"FIFA 11+"* como rutina de calentamiento. Según la literatura reciente, este programa contribuiría a la reducción del número de lesiones y la pérdida de tiempo de entrenamiento y competición del jugador asociada a la lesión.

- Las estrategias de prevención serán eficientes si son incorporadas en las sesiones de entrenamiento, considerando las características individuales de los futbolistas.

LESIONES Y TÉCNICAS DE PREVENCIÓN

CAUSAS DE LA LESIÓN

- El fútbol es un deporte intermitente de contacto y alta intensidad, que expone al jugador a constantes demandas físicas, técnicas, tácticas, psicológicas y fisiológicas, que conllevan un determinado riesgo de lesión.

- Los responsables involucrados directamente en los entrenamientos, continúan infravalorando los efectos sobre la incidencia lesional del jugador de lo que se realiza en el campo.

- La fatiga acumulada, derivada del entrenamiento a elevada intensidad continuado en el tiempo junto con la propia competición, desempeña un papel fundamental en el incremento de la probabilidad de lesión en competición.

- Durante periodos con alto número de partidos disputados y menor tiempo de recuperación entre ellos, se ha demostrado que la incidencia lesional atribuida a la fatiga estuvo relacionada con dormir menos de 6 horas la noche anterior a la lesión (Luke et al., 2011). Estos resultados coinciden con los encontrados por Milewski et al. (2014), quienes encontraron que los atletas que durmieron menos de 8 horas de media por noche tuvieron 1,7 veces mayor riesgo de lesión.

LESIONES ISQUIOSURALES

- La musculatura isquiosural tiene un rol determinante en la carrera y en los movimientos de estabilización, siendo requerida de manera constante en los movimientos propios del fútbol como las aceleraciones, deceleraciones y cambios de dirección a diferentes intensidades.

- Los científicos del deporte han identificado que los isquiosurales son los músculos más vulnerables del deportista. Los jugadores durante un partido tienen una probabilidad 2,5 veces mayor de tener una lesión en estos músculos en comparación con los cuádriceps.

- El 12-16% de todas las lesiones son localizadas en los isquiosurales, con una probabilidad de recaída que puede llegar hasta el 48%, destacando la importancia de implementar correctamente en todos los niveles los programas preventivos y rehabilitadores.

¿CÓMO PUEDO UTILIZAR ESTA INFORMACIÓN PARA IMPLEMENTAR MIS ENTRENAMIENTOS?

- Para la consecución de un rendimiento del equipo exitoso, es fundamental maximizar la preparación junto con la reducción del riesgo de lesión.

- La lesión más típica en el futbolista es la rotura isquiosural, por lo que incrementar la fuerza y la capacidad de elongarse de esta musculatura es clave en un programa de prevención de lesiones efectivo.

- Toda la información en este capítulo muestra la importancia para el futbolista de tener una musculatura lumbopélvica (core) fuerte y estable, debido a su importancia en los movimientos específicos del fútbol.

- Existe la necesidad de individualizar los programas preventivos en función del historial de lesiones del jugador, su tolerancia a la carga de entrenamiento, género, edad, datos médicos y físicos, y su posición específica.

- La capacidad para planificar y diseñar tanto un programa de entrenamiento, como un calendario de partidos con la magnitud de carga apropiada (atendiendo a aspectos como el volumen, la intensidad y la frecuencia), es determinante para evitar la lesión.

- Si se centra la atención en la intensidad y el volumen de entrenamiento durante un periodo de tiempo, asegurando la reducción de fatiga acumulada, sería posible reducir el número de lesiones en partido del futbolista de élite.

- Es muy importante conocer la carga óptima con la que se produce la adaptación sin incrementar el riesgo de lesión. Por lo tanto, monitorizar el entrenamiento para asegurar que la carga óptima no es sobrepasada debe ser considerado fundamental, especialmente en el fútbol profesional.

- Los miembros del cuerpo técnico deben considerar el calentamiento, el número de partidos recientemente jugados, la temperatura y el tipo de superficie al planificar las estrategias preventivas.

- Es de vital importancia implementar una estructura de prevención de lesiones específica del deporte, que implique a todos los profesionales involucrados en el trabajo diario con el futbolista.

- Según la investigación científica, la variable predictiva de lesión más importante es la lesión previa (Olsen et al., 2004). Un problema crónico en un futbolista, relacionado con su baja disponibilidad para entrenar o competir, se manifestará por sí solo salvo que se establezcan las medidas y estrategias de prevención apropiadas.

CAPÍTULO 5

EJERCICIOS DE CALENTAMIENTO

El calentamiento realizado previo al ejercicio es de vital importancia para la preparación de la sesión. Es un componente esencial para preparar al jugador física y mentalmente con el objetivo de competir o entrenar al máximo.

EJERCICIOS DE CALENTAMIENTO

FORMATO EMPLEADO

Cada ejercicio incluye diagramas claros con notas sobre:

- Nombre del Ejercicio
- Objetivo del Ejercicio
- Descripción del Ejercicio
- Variación y Progresión (si es posible)
- Puntos a Destacar por el Entrenador

LEYENDA

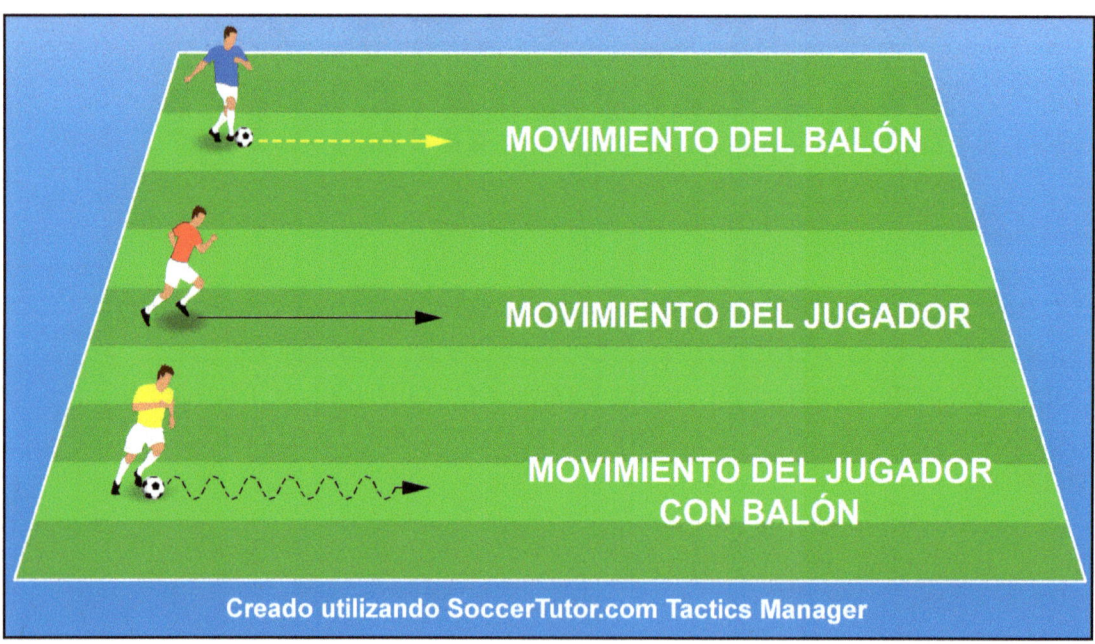

EJERCICIOS DE CALENTAMIENTO

Calentamiento con Presión Colectiva desde Sistema

Objetivo
Incrementar progresivamente la temperatura muscular de los jugadores para prepararlos física y mentalmente para entrenar.

Descripción
En campo completo, los jugadores se organizan según el sistema empleado por el equipo (en la imagen 1-4-4-2 sin portero), con seis muñecos (o conos) de color diferente en las posiciones mostradas. Cuando el entrenador grita un color los jugadores se mueven en conjunto para presionar el muñeco de color nombrado como si tuviese la posesión del balón. Cuando el entrenador usa el silbato los jugadores vuelven a su posición inicial para esperar la siguiente acción. Los jugadores realizan tres series de tres minutos, con tres minutos de recuperación entre series, trabajando al 70-80% de la *FCmax*.

Puntos a Destacar por el Entrenador

1. Los jugadores deben comunicarse y moverse juntos (compactos, poca distancia entre ellos).
2. Descendiendo el tiempo de recuperación e incrementando la duración de las series, se incrementa gradualmente el esfuerzo.

EJERCICIOS DE CALENTAMIENTO

Calentamiento Mediante Circuito de Agilidad, Coordinación y Velocidad

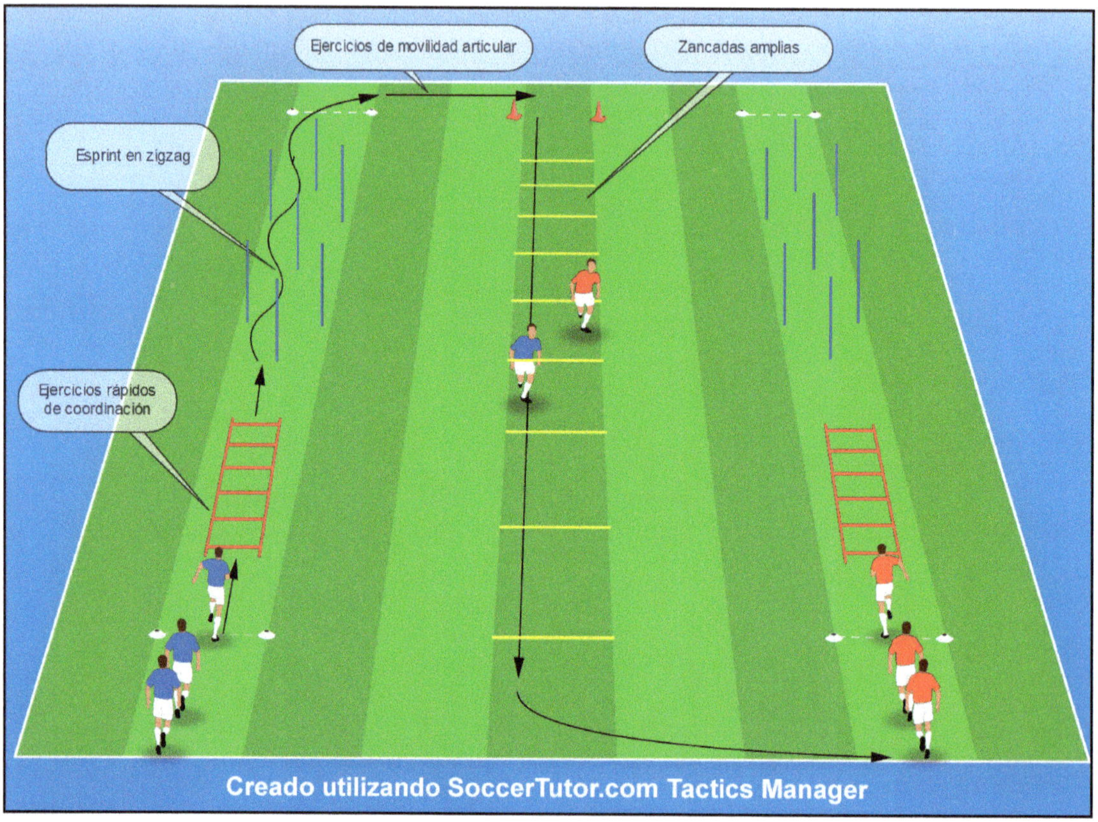

Objetivo
En este calentamiento trabajamos la coordinación, agilidad, velocidad y flexibilidad dinámica.

Descripción
Colocamos picas y escaleras como aparecen en la imagen.

Los jugadores se mueven rápidamente atravesando las escaleras y realizando varios ejercicios de coordinación marcados por el entrenador. Después atraviesan la zona de picas en zigzag, para terminar realizando ejercicios de movilidad articular mientras caminan.

Los jugadores caminan atravesando la puerta de conos y esprintan, cambiando la longitud de sus zancadas en función de la separación de las picas colocadas horizontalmente en el suelo. Finalizan volviendo andando a la fila para repetir la secuencia.

EJERCICIOS DE CALENTAMIENTO

Calentamiento Mediante Acciones Técnicas

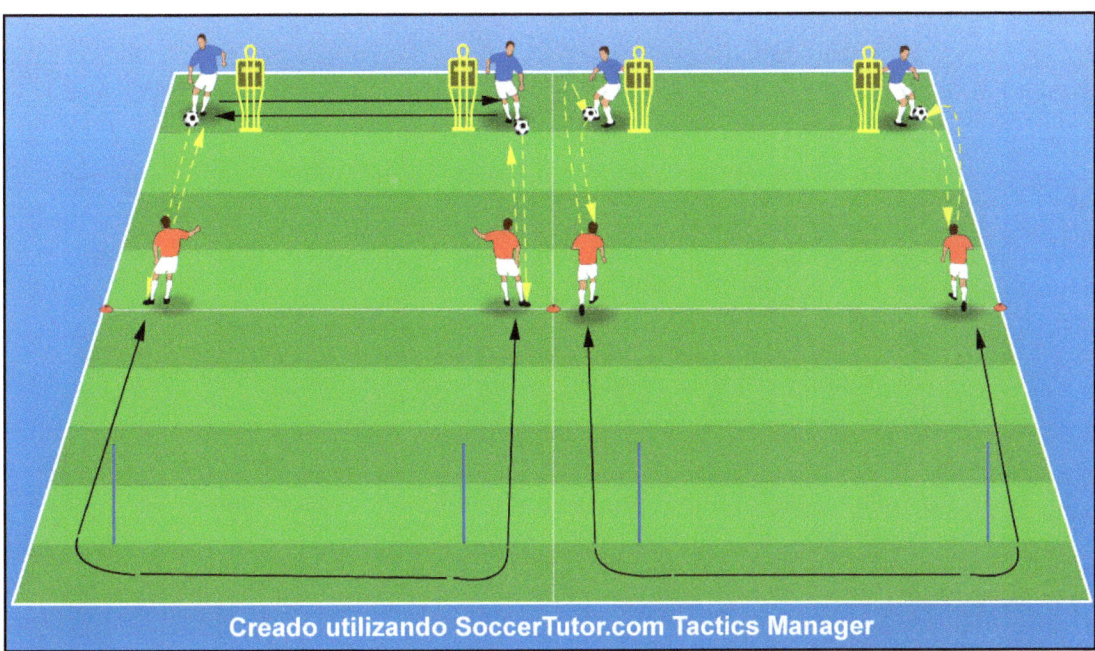

Objetivo

Incrementar progresivamente la temperatura muscular de los jugadores para prepararlos física y mentalmente para entrenar.

Según Martens (1997), el calentamiento debe contar con ejercicios propios del deporte, junto con ejercicios de estiramientos dinámicos o estáticos. Los ejercicios de flexibilidad deben centrarse en la musculatura de los miembros inferiores y el tronco.

Descripción

Los jugadores rojos se mueven alrededor de las picas yendo hacia delante para jugar una pared (a ras de suelo, media altura o de cabeza) con el jugador azul, volviendo de nuevo entre las picas para repetir la acción en el lado contrario.

El movimiento entre las picas debe variarse (p. ej. de espaldas, lateral…), incrementándose gradualmente la velocidad de estos movimientos. Los dos jugadores azules cambian la posición tras realizar la pared.

Variaciones

1. Varía el movimiento de ida y vuelta para realizar la pared.
2. Los pases también puede variarse introduciendo pase diagonal.

EJERCICIOS DE CALENTAMIENTO

Calentamiento con Agilidad y Juego de Persecución

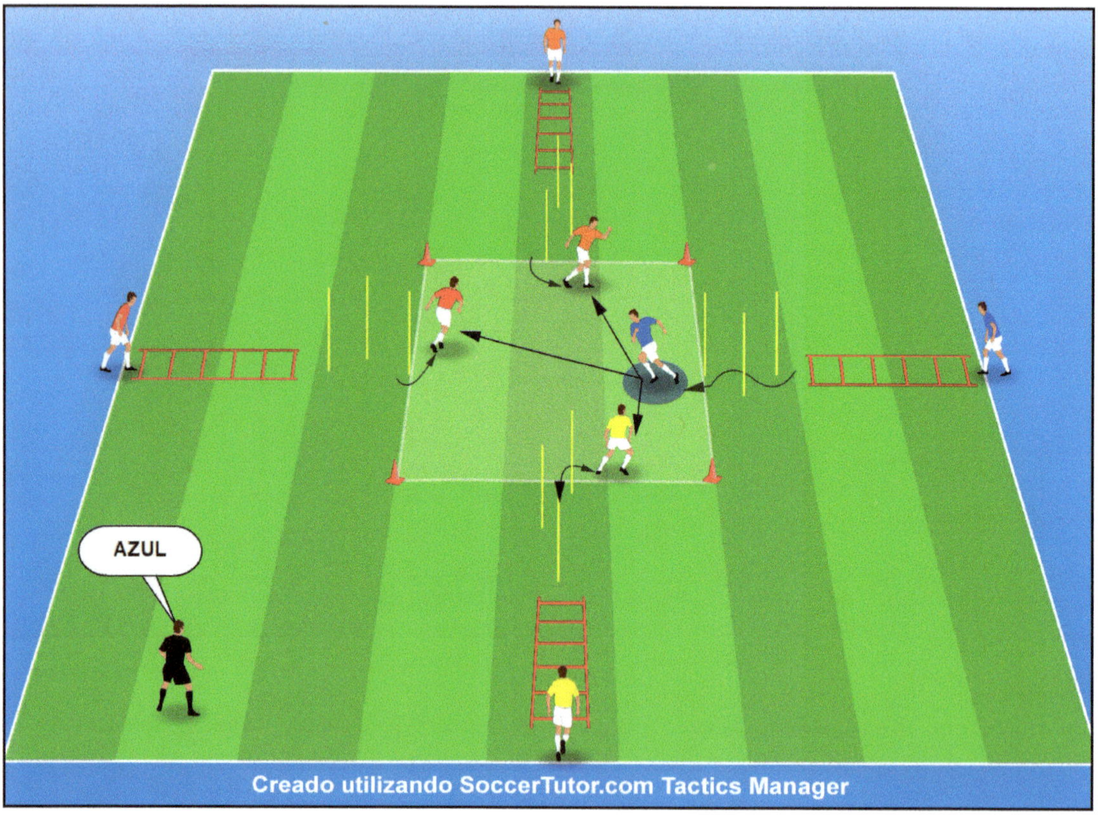

Descripción
Los jugadores atraviesan la escalera realizando los movimientos de coordinación determinados por el entrenador, atraviesan las picas en zigzag y entran en el cuadrado central delimitado por conos. Una vez dentro, el jugador nombrado por el entrenador (azul en la imagen) debe tocar al resto para poder iniciarse otra acción por parte de otros compañeros.

La duración de este ejercicio debe situarse en torno a 15 min. Paulatinamente debe incrementarse la intensidad de las acciones. Incluye estiramientos estáticos y dinámicos entre repeticiones. Los jugadores trabajan al 85-95% de su *FCmax*.

Progresiones
1. Los jugadores atraviesan la escalera realizando varios movimientos antes de coger un balón y conducirlo para girar sobre el cono de la izquierda. Luego dejan el balón y se introducen en el cuadrado.

2. El entrenador nombra a un jugador que participa como defensa para jugar en la zona cuadrada una posesión 3vs1. Los jugadores deben completar 7 pases para dar por finalizada la acción.

EJERCICIOS DE CALENTAMIENTO

Calentamiento con Coordinación y Agilidad con Pared

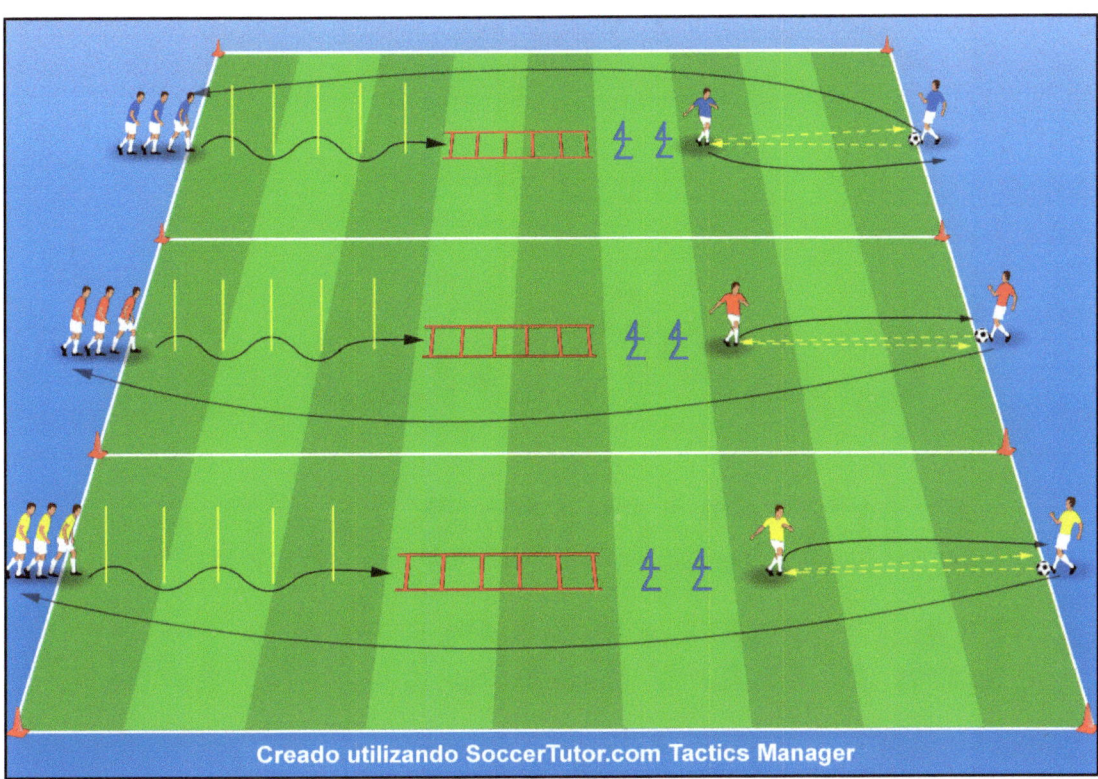

Objetivo
Incrementar progresivamente la temperatura muscular de los jugadores para prepararlos física y mentalmente para entrenar.

Descripción
Los jugadores se dividen en grupos de 5. El primer jugador atraviesa las picas en zigzag para después correr sobre la escalera realizando los ejercicios de agilidad marcados por el entrenador.

Tras estas acciones el jugador salta dos vallas y juega una pared con el jugador que estaba esperando en el lado contrario del inicio de la acción. El jugador que ha iniciado la acción intercambia su posición con el que le devuelve la pared y va trotando con el balón hacia el grupo de salida.

Incrementa progresivamente la intensidad de las acciones. Incluye estiramientos estáticos y dinámicos entre las repeticiones.

Los jugadores trabajan al 85-95% de su *FCmax*.

CAPÍTULO 6

EJERCICIOS PARA LA PREVENCIÓN DE LESIONES

FASE 1: TRABAJO CON RODILLOS (FOAM ROLLS)

Los jugadores jóvenes deben siempre ser supervisados por un profesional competente. Consulta a un profesional especializado en este tipo de trabajo antes de realizar los ejercicios de esta sección.

EJERCICIOS PARA LA PREVENCIÓN DE LESIONES

LIBERACIÓN DE TENSIÓN MIOFASCIAL CON FOAM ROLL

Mejorar la preparación de los jugadores de élite, al mismo tiempo que se reduce el riesgo de lesión, es determinante para el éxito en el fútbol de alto nivel (Owen et al., 2013). En los equipos de élite, los periodos con elevada concentración de partidos exponen a los jugadores a una acumulación de fatiga y a un descenso potencial del rendimiento. Como resultado del tiempo de recuperación insuficiente entre partidos, y de someter al jugador constantemente a esfuerzos de alta intensidad, en numerosas ocasiones el jugador entrena a pesar de sentir molestias y ligeros dolores musculares. Estas sensaciones están relacionadas con alteraciones de la estructura muscular, que implican un descenso prolongado de la función muscular y la aparición de un dolor muscular de aparición tardía (**delayed onset muscle soreness, DOMS**) (Bryne et al., 2004). Caracterizado por una sensación variable de rigidez y dolor muscular, puede llegar a producir una aguda rigidez muscular y el descenso del rendimiento hasta 72 horas después del ejercicio (Rowlands et al., 2001).

Para combatir los efectos negativos relacionados con el **DOMS**, se ha adoptado el masaje como técnica de intervención que reduce sus efectos adversos, viéndose reforzado su empleo por las conclusiones que la investigación ha obtenido al analizarlo como herramienta para la recuperación tras el ejercicio (Hibert et al., 2003; Zainuddin et al., 2005; McDonald et al., 2014). Como una forma de autoliberación miofascial, los deportistas utilizan su propia masa muscular sobre el *foam roll* para ejercer presión sobre los puntos gatillo de los tejidos blandos, siendo una alternativa asequible y eficiente al masaje para implementar como método de recuperación.

Recientemente, el foam roller ha sido utilizado como herramienta para corregir disbalances musculares, liberar de tensión la musculatura reduciendo el **DOMS**, promover la extensibilidad de los tejidos blandos, aliviar el estrés articular, mejorar la eficiencia neuromuscular y mejorar el rango de movimiento articular, con la finalidad de conseguir un estado óptimo del músculo esquelético.

ASPECTOS CLAVE:

Es determinante para el éxito en el fútbol de alto nivel mejorar la preparación del futbolista de élite, al mismo tiempo que se reduce el riesgo de lesión.

EJERCICIOS PARA LA PREVENCIÓN DE LESIONES

Foam Roller: Parte Inferior de la Pierna

Objetivos

- Liberar la tensión de la musculatura.
- Elongar los tejidos sobre los que se trabaja.
- Puede ser empleado antes del calentamiento como parte del programa de prevención de lesiones.
- Puede ser también usado como una estrategia de recuperación tras el ejercicio.

Series y Repeticiones

2 x 15 movimientos por pierna o hasta que desaparezca la tensión de la zona.

Instrucciones

- Coloca las manos a los lados o justo detrás haciendo fuerza hacia arriba para levantar las caderas del suelo, dejando gran parte de tu peso sobre los músculos posteriores de la pantorrilla.
- Efectúa un movimiento suave hacia delante y hacia atrás ejerciendo presión sobre la musculatura.

Progresión

Cruza las piernas para aplicar más peso sobre la pantorrilla y poder reducir la tensión de la zona

EJERCICIOS PARA LA PREVENCIÓN DE LESIONES

Foam Roller: Zona Lumbar

Objetivos

- Liberar la tensión de la musculatura.
- Elongar los tejidos sobre los que se trabaja.
- Puede ser empleado antes del calentamiento como parte del programa de prevención de lesiones.
- Puede ser también usado como una estrategia de recuperación tras el ejercicio.

Series y Repeticiones

2 x 15 movimientos o hasta que desaparezca la tensión de la zona.

Instrucciones

- En posición de sentado, coloca el *foam roll* bajo tu zona lumbar y cruza los brazos sobre el pecho. Esta debe ser tu posición inicial.
- Efectúa movimientos suaves hacia delante y hacia atrás ejerciendo presión sobre la musculatura como muestra la imagen.

EJERCICIOS PARA LA PREVENCIÓN DE LESIONES

Foam Roller: Glúteos

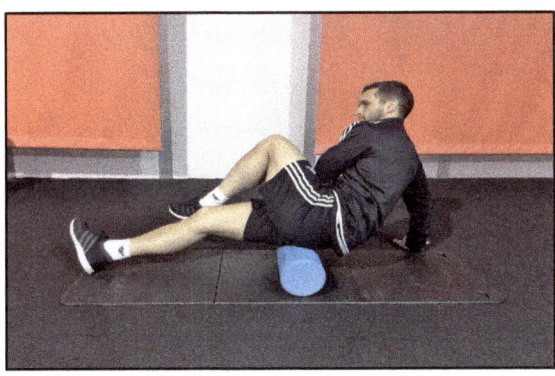

Objetivos

- Liberar la tensión de la musculatura.
- Elongar los tejidos sobre los que se trabaja.
- Puede ser empleado antes del calentamiento como parte del programa de prevención de lesiones.
- Puede ser también usado como una estrategia de recuperación tras el ejercicio.

Series y Repeticiones
2 x 15 movimientos con ambas caderas o hasta que la tensión de la zona desaparezca

Instrucciones

- Siéntate sobre el *foam* ligeramente inclinado y con las piernas cruzadas para ejercer más presión sobre la musculatura de la cadera.
- Realiza movimientos suaves desde la zona glútea y lumbar, hasta la zona distal de los isquiosurales.

Progresión
Para trabajar sobre los rotadores de cadera, cruza una pierna sobre la otra para alinear tobillos y rodillas.

EJERCICIOS PARA LA PREVENCIÓN DE LESIONES

Foam Roller: Cintilla Iliotibial *(CIT)*

Objetivos

- Liberar tensión en la *CIT*, que es la zona de tejido más fuerte que recorre la parte exterior del muslo.
- Elongar los tejidos sobre los que se trabaja.
- Puede ser empleado antes del calentamiento como parte del programa de prevención de lesiones.
- Puede ser también usado como una estrategia de recuperación tras el ejercicio.

Series y Repeticiones

2 x 15 movimientos con ambas piernas o hasta que la tensión de la zona desaparezca.

Instrucciones

- Túmbate de costado, con la pierna inferior colocada sobre el rodillo a la altura de la cadera. La otra pierna puede estar cruzada ayudando a estabilizar el movimiento.
- Utilizando la ayuda de los brazos, rueda ejerciendo presión sobre toda la zona exterior del muslo para trabajar sobre la *CIT*.

Progresión

Modificando tu posición deja caer todo el peso que puedas sobre la zona de contacto del rodillo para ejercer más presión sobre los tejidos.

EJERCICIOS PARA LA PREVENCIÓN DE LESIONES

Foam Roller: Isquiosurales

Objetivos

- Liberar la tensión de la musculatura.
- Elongar los tejidos sobre los que se trabaja.
- Puede ser empleado antes del calentamiento como parte del programa de prevención de lesiones.
- Puede ser también usado como una estrategia de recuperación tras el ejercicio.

Series y Repeticiones

2 x 15 movimientos con cada pierna o hasta que la tensión de la zona desaparezca.

Instrucciones

- Siéntate sobre el rodillo colocado bajo tus piernas, con las manos a los lados para ayudar a sostener tu peso.
- Cruza las piernas para dejar más peso y por tanto ejercer más presión sobre la musculatura.
- Orienta el rodillo para trabajar sobre la zona poplítea y tanto la cara interna como externa del muslo.

EJERCICIOS PARA LA PREVENCIÓN DE LESIONES

Foam Roller: Cuádriceps

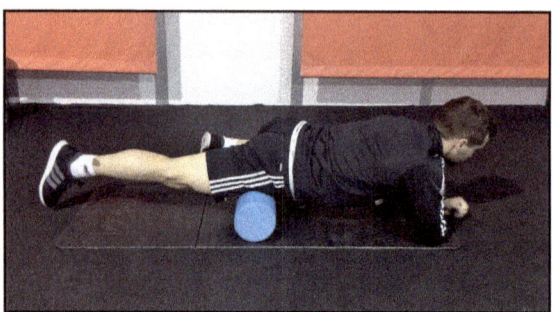

Objetivos

- Liberar la tensión de la musculatura.
- Elongar los tejidos sobre los que se trabaja.
- Puede ser empleado antes del calentamiento como parte del programa de prevención de lesiones.
- Puede ser también usado como una estrategia de recuperación tras el ejercicio.

Series y Repeticiones

2 x 15 movimientos con cada pierna o hasta que la tensión de la zona desaparezca.

Instrucciones

- Coloca el rodillo bajo la zona del cuádriceps y utiliza las manos para soportar tu peso. Realiza movimientos hacia delante y atrás, desde la cadera hasta la parte superior de la rótula, asegurando una buena postura durante el recorrido.
- Cruza las piernas para ejercer más presión.
- Orienta bien el rodillo para trabajar sobre la parte interna y externa del cuádriceps.

EJERCICIOS PARA LA PREVENCIÓN DE LESIONES

Foam Roller: Aductores

Objetivos

- Liberar la tensión de la musculatura.
- Elongar los tejidos sobre los que se trabaja.
- Puede ser empleado antes del calentamiento como parte del programa de prevención de lesiones.
- Puede ser también usado como una estrategia de recuperación tras el ejercicio.

Series y Repeticiones

2 x 15 movimientos con ambas piernas o hasta que la tensión de la zona desaparezca.

Aspectos Clave

- Coloca el rodillo entre el suelo y la zona del aductor, con la cadera rotada ligeramente hacia afuera.
- Inicia el movimiento sobre la rodilla para desde ahí subir por toda la zona del grupo aductor.
- Centra el trabajo sobre la zona media del grupo aductor, rodando por el tercio medio del fémur.
- Llega hasta la zona superior, para trabajar la inserción sobre la sínfisis del pubis.

FASE 2: ACTIVACIÓN DE LOS GLÚTEOS

ESTOS EJERCICIOS NO DEBEN SER REALIZADOS SIN LA SUPERVISACIÓN DE UN PROFESIONAL DEL ÁREA, FORMADO EN CIENCIAS DE LA ACTIVIDAD FÍSICA Y EL DEPORTE.

EJERCICIOS PARA LA PREVENCIÓN DE LESIONES

Activación de los Glúteos: Ejercicio de Abducción y Rotación Externa de Cadera

Objetivo

Con el objetivo de trabajar el glúteo medio, este ejercicio también ayudará a fortalecer el resto de músculos abductores y rotadores externos de cadera.

Series y Repeticiones

2 x 10 repeticiones con ambas piernas.

Instrucciones

- Desde una posición lateral flexiona rodillas y cadera como muestra la imagen.

- Durante el ejercicio mantén en contacto los pies y la columna vertebral alineada.

- Al realizar el movimiento, asegúrate de efectuarlo generando la fuerza desde la cadera, sin rotación del tronco.

- Hombros y caderas deben permanecer alineados.

EJERCICIOS PARA LA PREVENCIÓN DE LESIONES

Activación de los Glúteos: Ejercicio con Goma en Pie

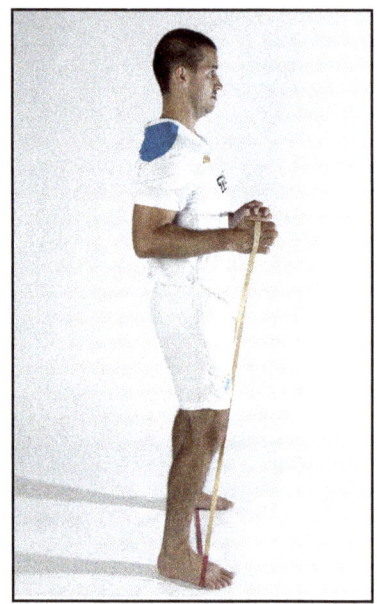

Objetivo
Trabajar el glúteo medio y desarrollar la fuerza de los abductores de cadera.

Series y Repeticiones
2 x 10 repeticiones con ambas piernas.

Instrucciones
- Mantén una postura erguida con una ligera flexión de cadera y rodillas.
- Manteniendo siempre la verticalidad, efectúa pequeños pasos laterales, asegurando que en cada paso se realiza tensión sobre la goma elástica.

Progresión
A medida que se incrementa la fuerza, coloca la goma sobre los tobillos.

EJERCICIOS PARA LA PREVENCIÓN DE LESIONES

Activación de los Glúteos: Ejercicio de Rotación Externa con Goma

Objetivo

- Fortalecer el glúteo medio mediante un ejercicio de estabilización, ayudando en el desarrollo de la fuerza del grupo abductor.

Series y Repeticiones

2 x 10 repeticiones con ambas piernas.

Instrucciones

- Coloca la cinta elástica ligeramente sobre la rodilla con las caderas un poco separadas. Mantén la posición erguida con una ligera flexión de rodillas y caderas.

- Estando sobre una pierna, realiza pequeños movimientos controlados de abducción y rotación externa como se muestra en la imagen.

- Mantén la tensión de la cinta durante todo el movimiento e intenta mantener la pierna elevada del suelo hasta finalizar la serie de trabajo.

EJERCICIOS PARA LA PREVENCIÓN DE LESIONES

Activación de los Glúteos: Puente (Bridge)

Objetivo

El *bridge* es un movimiento simple que puede ayudar a restablecer la movilidad de la pelvis, desbloqueando los músculos de la espalda y trabajando la relación existente entre la estabilización de la cadera y el glúteo medio.

Series y Repeticiones

3 x 30 segundos o 2 x 10 repeticiones.

Instrucciones

- En la posición inicial, mantén los pies separados a la altura de las caderas con las rodillas flexionadas en torno a 90º. Con un mayor ángulo al separar los pies del cuerpo existiría una mayor participación de la musculatura isquiosural, disminuyendo el efecto sobre los glúteos.

- En un movimiento controlado, eleva la cadera para que queden alineados hombros, caderas y rodillas, estando únicamente los talones y la parte superior de la espalda en contacto con el suelo.

- En esa posición elevada, contrae los glúteos y la musculatura abdominal.

Progresión

Efectúa el mismo movimiento pero en vez de elevar ambas piernas eleva solamente una, como aparece en la imagen.

EJERCICIOS PARA LA PREVENCIÓN DE LESIONES

Activación de los Glúteos: Bridge con Balón de Fitness

Objetivo

Combina la intervención de los glúteos con el trabajo de los músculos extensores de la parte inferior de la espalda, para incrementar la fuerza de la musculatura lumbopélvica y el equilibrio.

Series y Repeticiones

2 x 10 repeticiones.

Instrucciones

- Presiona hacia abajo y hacia delante con las piernas sobre el balón para elevar las caderas del suelo.

- El balón se alejará hasta que las piernas estén completamente extendidas.

- Asegura el completo control sobre el balón contrayendo los glúteos durante todo el movimiento.

- Realiza un movimiento ascendente desde las caderas, para asegurar el control del movimiento y el reclutamiento de los músculos adecuados.

Progresión

Efectúa el mismo movimiento pero empleando una sola pierna.

EJERCICIOS PARA LA PREVENCIÓN DE LESIONES

Activación de los Glúteos: Extensiones

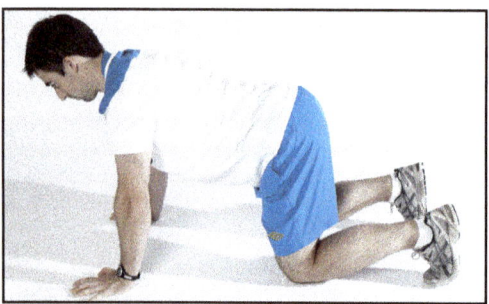

Objetivo

Asegurar que la pelvis, la musculatura lumbopélvica y la parte superior del cuerpo realizan de forma coordinada un movimiento lineal controlado. Este ejercicio incrementa la activación coordinada de músculos muy importantes de la espalda y la cadera.

Series y Repeticiones

2 x 10 repeticiones con ambas piernas.

Instrucciones

- Coloca las manos y las rodillas bajo los hombros y las caderas respectivamente.
- Contrae los abdominales y la musculatura lumbar para asegurar una correcta alineación de la espalda.
- Extiende una pierna y el brazo contrario.
- Efectúa el movimiento sin rotar la cadera y sin alterar la posición alineada de la espalda.

Progresión

Realiza el ejercicio con la resistencia de una banda elástica como muestra la foto.

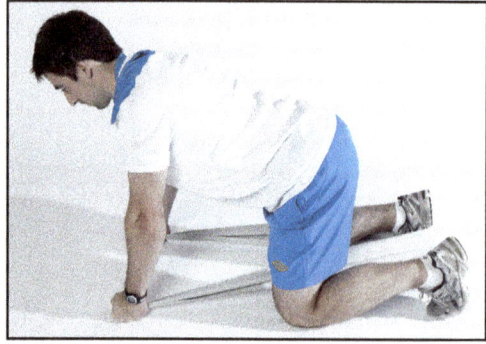

FASE 3: DESARROLLO DE LA MUSCULATURA LUMBOPÉLVICA (CORE)

*ESTOS EJERCICIOS NO DEBEN SER REALIZADOS SIN LA SUPERVISACIÓN DE UN PROFESIONAL DEL ÁREA FORMADO EN CIENCIAS DE LA ACTIVIDAD FÍSICA Y EL DEPORTE.

DESARROLLO DE LA MUSCULATURA LUMBOPÉLVICA (CORE)

Estabilidad Lumbopélvica *(Core Stability)*: Producción, transferencia y control de la fuerza aplicada en actividades atléticas (Borghuis et al., 2011).

La estabilidad lumbopélvica es conseguida por los grupos musculares del tronco, que proporcionan la mayor parte de la restricción dinámica del movimiento, junto con la rigidez pasiva de vértebras, fascias y ligamentos de la columna vertebral. En concreto, los músculos que intervienen en estas acciones son los paravertebrales, el cuadrado lumbar, los abdominales, el diafragma y los músculos de la cadera y el suelo pélvico.

En la mayoría de los deportes de contacto, la necesidad de desarrollar estos músculos para mejorar la estabilidad del deportista, en acciones como la posesión del balón, es determinante para sus posibilidades de éxito. Debido a la naturaleza de estos deportes, se produce constantemente el contacto con el oponente en la disputa por el balón o la posición, justificando la necesidad de que el jugador posea una musculatura lumbopélvica fuerte para intervenir en estas acciones. Además, es determinante a la hora de proporcionar una base sólida para los movimientos de las extremidades, para soportar fuerzas y para proteger la médula espinal y las raíces nerviosas (Willson et al., 2005).

Es cada vez más reconocida la importancia de esta musculatura en la estabilización y producción de la fuerza en las acciones deportivas. Se considera fundamental para una biomecánica eficiente, y necesaria para maximizar la producción de fuerza y minimizar las cargas soportadas por las articulaciones (Hibbs et al., 2008), con incidencia directa en el descenso de la probabilidad de lesión (Willson et al., 2005). La capacidad del jugador de ser fuerte y resistir la acción del oponente, podría también ayudar a la hora de evitar los movimientos indeseados que provocan lesiones articulares. Recientemente Wingfield (2013), encontró que realizar un programa centrado en la mejora de la estabilidad de la rodilla y en el desarrollo de la musculatura lumbopélvica en jugadoras de fútbol, redujo significativamente el ratio de lesiones de ligamento cruzado anterior.

Según Goodstein (2011), es importante tener una musculatura lumbopélvica fuerte y sólida, ya que redunda en todas las acciones propias del fútbol. La primera función de esta musculatura es mantener la estabilidad dinámica como se ha indicado con anterioridad. Debido a las repetidas flexiones hacia delante de la región del *core*, es muy importante fortalecer la parte inferior de la cadera y los extensores superiores. Es también fundamental incrementar los niveles de fuerza en ejercicios de rotación y realizados en múltiples planos.

ASPECTOS CLAVE:

Es importante tener una musculatura lumbopélvica fuerte y sólida, ya que intervendrá en todos los movimientos propios del fútbol.

Los jugadores deben tener una fuerte, sólida y equilibrada musculatura lumbopélvica para producir y soportar cargas y reducir la probabilidad de lesión.

EJERCICIOS PARA LA PREVENCIÓN DE LESIONES

Rendimiento Neuromuscular y Atlético tras el Entrenamiento de Fuerza Lumbopélvica en Futbolistas Jóvenes: Papel de la Inestabilidad

Prieske, T. et al., Scand J Med Sci Sports, Enero 2015

El objetivo del estudio fue investigar los cambios neuromusculares y de rendimiento atlético tras efectuar un entrenamiento de fuerza lumbopélvica en superficie estable o inestable en futbolistas jóvenes

39 jugadores de élite (17 años) repartidos en 2 grupos para realizar 9 semanas de entrenamiento de fuerza lumbopélvica (2-3 sesiones por semana), más su entrenamiento normal de fútbol

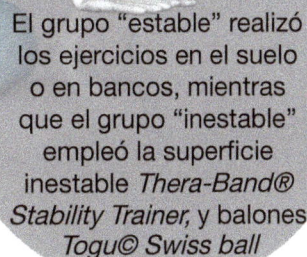

El grupo "estable" realizó los ejercicios en el suelo o en bancos, mientras que el grupo "inestable" empleó la superficie inestable *Thera-Band® Stability Trainer*, y balones *Togu© Swiss ball*

El análisis estadístico reveló un efecto significativo pre post intervención sobre la fuerza extensora del tronco (+5%), el tiempo en 10-20 m (+3%) y la velocidad de disparo a portería (+1%)

La fuerza del tronco, el esprint y la velocidad de disparo a portería mejoraron tras el entrenamiento de la musculatura lumbopélvica en ambos grupos, al añadir a su entrenamiento de fútbol este programa de fuerza. El empleo de una superficie estable o inestable no mostró beneficio alguno.

Diseñado por @YLMSportScience

EJERCICIOS PARA LA PREVENCIÓN DE LESIONES

Desarrollo de la Musculatura Lumbopélvica:
Plancha Frontal y Lateral

Objetivo
Fortalecer la musculatura lumbopélvica.

Series y Repeticiones

- 3 x 30 s para la plancha frontal.
- 3 x 30 s para la plancha sobre cada lado.

Instrucciones

- Asegura en la posición inicial que los codos están directamente bajo los hombros evitando la retroversión de los hombros.
- Involucra los glúteos en el trabajo junto con la musculatura lumbopélvica para asegurar la correcta alineación de hombros, caderas, rodillas y tobillos.

Progresiones

1. Modifica el apoyo para dificultar la estabilidad del ejercicio, por ejemplo estirando un brazo hacia delante en la plancha frontal.
2. En la plancha lateral eleva la pierna superior, propiciando también el trabajo de los abductores de esa cadera.
3. También se puede incrementar el esfuerzo en la plancha lateral elevando el brazo contrario como aparece en la imagen.

Desarrollo de la Musculatura Lumbopélvica:
Ejercicio de Rueda sobre Balón

Objetivo
Desarrollo de la musculatura lumbopélvica anterior.

Series y Repeticiones
2 x 8 repeticiones.

Instrucciones
- Realiza todo el movimiento activando la musculatura para no generar extensión en la zona lumbar.

- Ten las rodillas apoyadas antes de iniciar el ejercicio, con brazos extendidos, para contactar con las manos sobre el balón.

- Rueda sobre el balón hacia delante y regresa rodando a la posición inicial, mientras la acción de la musculatura lumbopélvica asegura la alineación de la columna y cadera durante todo el recorrido.

EJERCICIOS PARA LA PREVENCIÓN DE LESIONES

Desarrollo de la Musculatura Lumbopélvica:
Ejercicio de Flexión Alternativa de Caderas

Objetivo

Desarrollo de la musculatura lumbopélvica anterior.

Series y Repeticiones

2 x 8 repeticiones con ambas piernas.

Instrucciones

- Coloca los brazos bajo los hombros.
- Mantén la espalda completamente plana, activando la musculatura lumbopélvica y manteniendo los pies en línea con la cadera.
- Activa pectorales, deltoides y trapecios para mantener una posición estable.
- Manteniendo la posición de los hombros, flexiona la cadera adelantando una rodilla, manteniendo también la línea recta de la espalda.
- No debes levantar la cadera al flexionar hacia delante la rodilla.

EJERCICIOS PARA LA PREVENCIÓN DE LESIONES

Desarrollo de la Musculatura Lumbopélvica:
Ejercicio con Cruce Alternativo de Piernas

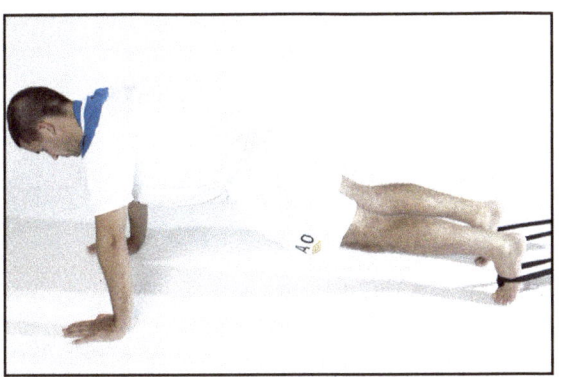

Objetivo

Asegurar la activación de la musculatura lumbopélvica y de las extremidades superiores.

Este ejercicio pretende mejorar la fuerza y estabilidad de la musculatura lumbopélvica sin emplear una carga adicional externa. También es un buen ejercicio para trabajar los hombros, pues son parte fundamental en la estabilidad necesaria para realizar el ejercicio.

Series y Repeticiones

2 x 20 repeticiones (10 con cada pierna por serie).

Instrucciones

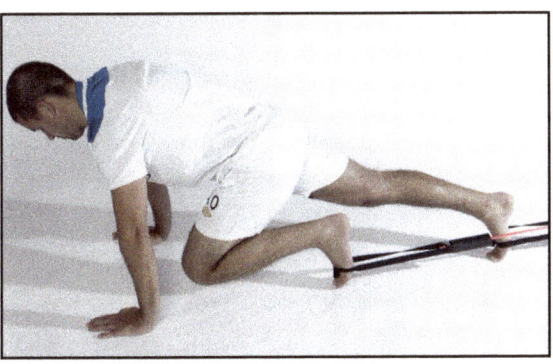

- Comienza el ejercicio completamente estirado y con la musculatura lumbopélvica activada.

- Lleva una rodilla hacia el hombro contrario, manteniendo una fuerte activación de la musculatura lumbopélvica y limitando la rotación de cadera durante el movimiento.

- Intenta efectuar un movimiento suave y que la espalda esté en todo momento alineada durante el ejercicio.

- Vuelve a la posición inicial antes de que intervenga la otra pierna.

FASE 4: FUERZA FUNCIONAL

* ESTOS EJERCICIOS NO DEBEN SER REALIZADOS SIN LA SUPERVISACIÓN DE UN PROFESIONAL DEL ÁREA FORMADO EN CIENCIAS DE LA ACTIVIDAD FÍSICA Y EL DEPORTE.

EJERCICIOS PARA LA PREVENCIÓN DE LESIONES

FUERZA FUNCIONAL

La fuerza es un componente importante del rendimiento físico en el deporte, tanto en el aspecto meramente condicional como en la prevención de lesiones (Fousekis et al., 2010). Como variable determinante del éxito en fútbol, la musculatura del cuádriceps desempeña una labor clave en saltos y golpeos a portería, mientras que la musculatura isquiosural actúa sobre la flexión de la rodilla siendo determinante en esprintar, acelerar o decelerar. Además de esta directa contribución al rendimiento, los isquiosurales son de vital importancia durante la carrera y en la constantemente requerida estabilización del movimiento (Zakas et al., 1995), en deportes intermitentes como el fútbol determinados por constantes acciones cortas y explosivas. Las acciones musculares que implican las aceleraciones y deceleraciones del futbolista podrían estar relacionadas con el elevado riesgo de lesión en articulaciones y músculos (Greig y Siegler, 2009). Como resultado, las intervenciones efectuadas están continuamente intentando valorar e incidir sobre esta problemática. Askling et al. (2002), sugirieron que efectuar un entrenamiento de fuerza excéntrico centrado en la musculatura isquiosural en la pretemporada, podría aportar beneficios para el futbolista de élite en la prevención de la lesión y en la mejora del rendimiento.

Un estudio reciente a gran escala de Petersen et al. (2011), midió la efectividad de un programa con el *Nordic* como ejercicio central (ejercicio de fuerza excéntrico isquiosural), en la prevención de lesiones isquiosurales en futbolistas. Encontraron que con un programa de 10 semanas de entrenamiento para reducir la falta de fuerza excéntrica del futbolista, un factor asociado a la lesión de esa musculatura, la incidencia de ese tipo de lesiones descendió un 70%. Estos resultados coinciden con los obtenidos por Arnason et al. (2008), quienes sugirieron que los equipos que combinaron el *Nordic* junto con un programa de estiramientos sufrieron de media un 65% menos de lesiones en los isquiosurales, que los equipos que no realizaron ninguno de los dos.

Cuando discutimos sobre la fuerza funcional para prevenir lesiones, es importante generar una gradual sobrecarga con el objetivo principal de aumentar la fuerza muscular a través de movimientos específicos del fútbol. Es importante emplear diferentes componentes en el trabajo de fuerza funcional. El hecho de que los isquiosurales actúen sobre dos articulaciones al mismo tiempo (cadera y rodilla), implica que el *Nordic* no replique claramente esta intervención al actuar únicamente sobre la rodilla necesitando un enfoque más completo, empleándose como parte de un programa de fuerza preventivo. En este contexto Owen et al. (2013), sugirieron que implementar un programa de fuerza funcional como parte de una programa de prevención más amplio, puede reducir significativamente las roturas y distensiones musculares.

Ya que las demandas fisiológicas del fútbol combinan la repetición de esfuerzos de alta intensidad con constantes cambios de dirección, junto con el contacto directo con los oponentes, no es del todo inesperado que las lesiones musculares sean un porcentaje significativamente alto de todas las lesiones. Además, los isquiosurales son responsables de acelerar y decelerar durante las carreras de alta intensidad y los esprints, por lo que no es de extrañar que la investigación realizada al respecto con los jugadores de élite de las principales ligas europeas, haya mostrado que el tipo de lesión más común es la localizada en la musculatura isquiosural (Junge y Dvorak, 2004). Esta es la razón por la que la fuerza funcional, dentro del programa general preventivo, debe incluir ejercicios unilaterales que soliciten los músculos glúteos e isquiosurales en varios rangos de movimiento.

ASPECTOS CLAVE:

La distensión muscular en los isquiosurales es la lesión más típica del futbolista, por lo que incrementar su fuerza funcional y su capacidad de elongarse aplicando fuerza, es un aspecto clave para tener un programa efectivo de prevención de lesiones.

EJERCICIOS PARA LA PREVENCIÓN DE LESIONES

EJERCICIOS PARA LA PREVENCIÓN DE LESIONES

PREVENCIÓN DE LA LESIÓN MUSCULAR ISQUIOSURAL

CONTEXTO

1/3 de todas las lesiones agudas

Esprint

1ª o 2ª lesión más común

Fútbol, Rugby y Fútbol Australiano

Incremento gradual en la última década

MECANISMO DE LESIÓN

La Mayoría Ocurren al Esprintar al Máximo

La mayoría ocurren en la última fase, justo antes del golpe de talón
¿En el empuje?

FACTORES DE RIESGO

Inadecuada Técnica de Carrera

EDAD
Dolor lumbar

LESIÓN PREVIA
Periodos intensos de entrenamiento

POCO RANGO DE MOVIMIENTO EN CADERA
Calentamiento insuficiente

DEBILIDAD FUERZA ISQUIOSURAL
Fatiga muscular

ESTRATEGIAS DE PREVENCIÓN

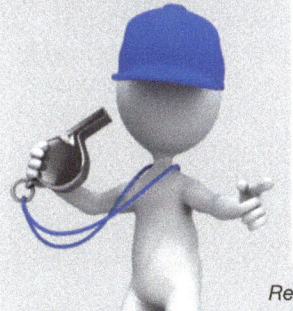

1 FUERZA ISQUIOSURAL
Los programas diseñados para mejorar la fuerza de los isquiosurales, particularmente la excéntrica, son los que han mostrado mayor efecto sobre la prevención de lesiones.

2 ESTIRAMIENTOS
Los programas de flexibilidad a largo plazo han mostrado descender el número de distensiones isquiosurales.

3 REHABILITACIÓN
Un programa de rehabilitación progresivo, incluyendo criterios para la vuelta a la competición, redujo el riesgo de recaída un 75% para todas las lesiones de los miembros inferiores, incluyendo las distensiones isquiosurales.

Referencia: Roald Bahr en Aspetar Journal of Sport Medicine, 2013

Diseñado por @YLMSportScience

EJERCICIOS PARA LA PREVENCIÓN DE LESIONES

ENTRENAMIENTO PROPIOCEPTIVO Y EQUILIBRIO

Propiocepción

La propiocepción es la percepción del movimiento y la consciencia del cuerpo en el espacio, creada por los estímulos recibidos de los receptores sensoriales del cuerpo humano, incluyendo los recibidos sobre la posición y el movimiento de las articulaciones (Lephart et al., 1997).

La propiocepción es un aspecto clave en la fisiología del cuerpo humano y permite al sistema neuromuscular mantener el equilibrio, la estabilidad y la movilidad, mientras el músculo activado estabiliza la articulación (Laskowski et al., 1997). Los propioceptores se encuentran en las cápsulas, ligamentos, tendones y tejido de las articulaciones, y tienen como principal función asegurar su estabilidad, para evitar excesivos movimientos no controlados que llevan a esa parte del organismo a una posición inestable, incrementando el riesgo de lesión (Reimann y Lephart, 2002).

El entrenamiento del equilibrio y la coordinación está siendo cada vez más importante en muchas disciplinas (DiStefano et al., 2010; Hrysomallis., 2011). Este tipo de entrenamiento es considerado una estrategia eficiente para la prevención de lesiones, mejorando la activación ante los cambios en la postura provocados por el movimiento. Su fácil implementación y su bajo coste, le hace un entrenamiento accesible a clubes de todos los niveles.

Equilibrio

La investigación ha mostrado el efecto positivo para reducir el riesgo de recaída tras un esguince de tobillo en deportes de equipo (Verhagen et al., 2004). Stasinopoulos (2004), realizó un estudio investigando los efectos de un programa preventivo para evitar los esguinces de tobillo por inversión, encontrando que el entrenamiento propioceptivo es un método efectivo para reducir el ratio de esguinces de tobillo. Más concretamente, los ejercicios de fortalecimiento del tobillo han mostrado mejorar la fuerza y estabilidad de la articulación en jugadores con un esguince previo (ver el ejercicio de la página 172). En este contexto, la implementación del entrenamiento de equilibrio en jugadores de élite ha sido también sugerido como eficaz en el descenso de un amplio tipo de lesiones, incluyendo las lesiones de los isquiosurales (Willardson, 2007; Kraemer y Knobloch, 2009).

El futbolista puede estar predispuesto a lesionarse por la propia dinámica del juego. La dominancia unilateral es fundamental en el fútbol, conllevando ciertos desequilibrios en el jugador que pueden favorecer un riesgo elevado de lesión (Hawkins et al., 1999). Según Goodstein (2011), es muy importante que en el fútbol los programas de prevención se centren en la cadena muscular posterior del lado dominante incluyendo la musculatura extensora, aductora y rotadora externa de cadera, fortaleciendo los aductores y flexores de la cadera no dominante. Estos músculos con frecuencia se vuelven rígidos y débiles, debido a la continua acción de golpeo de balón realizada por el jugador.

Equilibrio y coordinación son destrezas básicas para el movimiento en el deporte, pero de vital importancia en el fútbol, ya que numerosos gestos específicos se efectúan partiendo de un apoyo unipodal. El equilibrio en el jugador de fútbol implica toda la cadena cinética (rodilla, pelvis, tronco y cabeza). Una de las primeras investigaciones con 600 jugadores durante 3 temporadas (Cerilli et al., 2001), encontró que el grupo que efectuó entrenamiento propioceptivo y de equilibrio 20 min por día durante 6 semanas, tuvo significativamente menos lesiones de ligamento cruzado anterior. Caraffa et al. (1996), en esta misma línea reveló que este tipo de programas descendía hasta en 7 veces la incidencia de lesión del ligamento cruzado anterior en jugadores amateurs y semi profesionales (Vescovi y Van Heest, 2010; Walden et al., 2011).

EJERCICIOS PARA LA PREVENCIÓN DE LESIONES

ENTRENAMIENTO PROPIOCEPTIVO

Estudios Científicos sobre Prevenir Esguinces de Tobillo en Deportistas

Por Schiftan, Ross y Hahne, J Sport Ned Sport, Marzo 2015

¿FUNCIONA?

EL ANÁLISIS INCLUYÓ

7 ESTUDIOS

3726 PARTICIPANTES

RESULTADOS

Los programas de entrenamiento propioceptivo son efectivos para reducir el ratio de esguinces de tobillo en deportistas, particularmente en los que previamente tuvieron esa lesión

Diseñado por @YLMSportScience

EJERCICIOS PARA LA PREVENCIÓN DE LESIONES

Peso Muerto a una Pierna: Fuerza, Equilibrio y Estabilidad Unilateral de la Pierna

Objetivo

Desarrollar la fuerza unilateral de la pierna mediante un movimiento controlado que integra la mejora del equilibrio y la estabilidad. Este ejercicio puede ser empleado para prevenir esguinces de tobillo como se ha descrito en las páginas 170 y 171.

Series y Repeticiones

3 x 8 repeticiones.

Instrucciones

- Inicia el movimiento con un desplazamiento hacia delante, asegurando que la cintura escapular fija los hombros manteniendo la espalda alineada.
- Mantén el pie apoyado mirando hacia delante, asegurando que esa cadera no rota.
- Mantén la posición de la espalda y extiende la pierna hacia atrás.
- Asegura una ligera flexión de la rodilla apoyada y el reclutamiento de la musculatura glútea.

EJERCICIOS PARA LA PREVENCIÓN DE LESIONES

Kettle Bell Split Squats: Fuerza y Estabilidad, Flexibilidad de la Cadera y Desarrollo de la Musculatura Lumbopélvica

Objetivos

- Ejercicio de progresión dinámica y estática.
- Desarrollo de la fuerza unilateral de la pierna.
- Fortalecimiento de la musculatura lumbopélvica.
- Estabilidad unipodal.
- Flexibilidad de cadera.

Series y Repeticiones

2 x 10 repeticiones con ambas piernas.

Instrucciones

- Mantén la espalda erguida y una posición neutral de la pelvis, resistiendo el peso de la *kettle bell*.
- Asegura que en el movimiento de flexión de la pierna delantera, rodilla, tobillo y cadera están alineadas. La dirección del movimiento es hacia abajo, no hacia delante.
- La rodilla de la pierna delantera no debe avanzar más allá del tobillo. Si ocurre modifica la posición inicial.

Progresión

- Estático/Dinámico con una superficie inestable.
- Progresión estática: realizarlo con el pie trasero elevado sobre un banco o similar.
- Realizar zancadas consecutivas hacia delante.

EJERCICIOS PARA LA PREVENCIÓN DE LESIONES

Sentadilla Sumo con Kettle Bell:
Glúteos, Isquiosurales y Cuádriceps

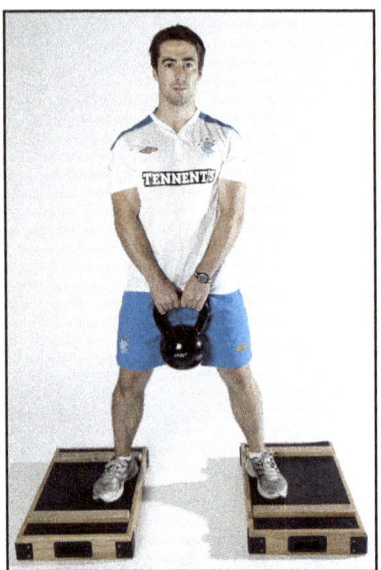
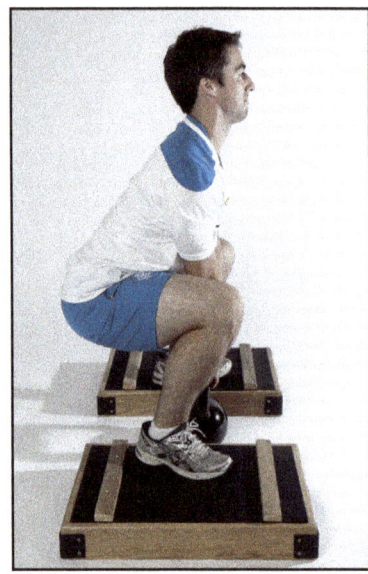
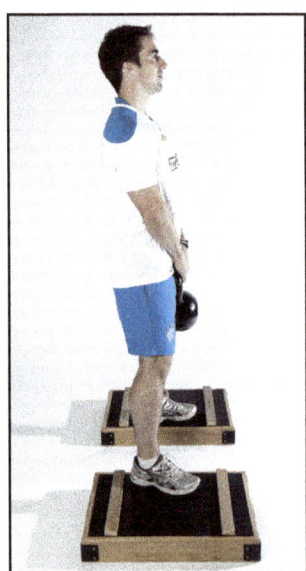

Objetivo
El objetivo de este ejercicio es asegurar la activación y el fortalecimiento de los glúteos, cuádriceps e isquiosurales con un ejercicio de amplio rango de movimiento. Los sujetos deben descender lentamente para subir a elevada velocidad.

Series y Repeticiones
3 x 10 repeticiones.

Instrucciones
- Como una variación del peso muerto, ejecuta el ejercicio con más énfasis en las piernas que en la espalda.
- Parte con los pies un poco más abiertos que la anchura de tus hombros y ligeramente girados hacia fuera.
- En el movimiento mantén siempre la espalda erguida.
- Asegúrate de que el peso pasa entre los talones, manteniendo la mirada hacia delante para asegurar la correcta alineación de la espalda.

Progresión
Coloca cada pie en un banco como aparece en la imagen, para permitir un movimiento más profundo con mayor rango de movimiento.

EJERCICIOS PARA LA PREVENCIÓN DE LESIONES

Balanceos con Kettle Bell:
Ejercicio de Fortalecimiento General

Objetivo

Es un ejercicio balístico y explosivo para el fortalecimiento general del cuerpo.

Series y Repeticiones

3 x 8 repeticiones.

Instrucciones

- Es un movimiento pendular, no una sentadilla. La cadena posterior debe ser reclutada.

- Si no se siente el estiramiento de los isquiosurales, posiblemente se esté flexionando demasiado la rodilla sin estar el ejercicio correctamente ejecutado.

- Asegura en la parte más flexionada del movimiento, que las caderas se desplazan por detrás de la línea media del cuerpo, manteniendo alineada la espalda.

- En ese punto de máxima flexión, es necesario activar la musculatura lumbopélvica, para asegura la correcta alineación del trono y el fortalecimiento de esta musculatura.

EJERCICIOS PARA LA PREVENCIÓN DE LESIONES

Flexiones en Bosu: Ejercicio de Estabilización Lumbopélvica Anti-Rotación

Objetivo

Ejercicio para asegurar el trabajo de estabilización lumbopélvica y anti-rotación.

Series y Repeticiones

3 x 15 repeticiones.

Progresión

- Añade carga externa con un chaleco lastrado.
- Eleva los pies con un Bosu.
- Combina los dos anteriores.

EJERCICIOS PARA LA PREVENCIÓN DE LESIONES

Peso Muerto: Ejercicio para Glúteos, Isquiosurales, Cuádriceps y el Resto del Cuerpo

Objetivo

Fortalecer glúteos, isquiosurales y cuádriceps mediante un ejercicio específico. Los deportistas deben descender lentamente para subir a elevada velocidad. Este ejercicio activa la musculatura lumbopélvica y puede considerarse un ejercicio de fortalecimiento general.

Sets and Repetitions

3 x 8 repeticiones.

Instrucciones

- Coloca los pies separados a la altura de los hombros.
- La barra debe estar colocada sobre los pies.
- Desciende flexionando las caderas con la espalda totalmente alineada. Tus muslos deben acercarse a la paralela con la horizontal y las caderas estar ligeramente por encima de las rodillas.
- Los hombros deber situarse encima de la barra y los brazos extendidos. En el levantamiento los hombros y las escápulas deben mantener la alineación de la espalda.
- El movimiento se inicia con la extensión de caderas y rodillas en un movimiento enérgico, mientras los músculos del pecho y espalda se aseguran de mantener la posición firme.

EJERCICIOS PARA LA PREVENCIÓN DE LESIONES

Remo Invertido: Fortalecimiento de la Espalda y la Región Lumbopélvica

Objetivo

Este ejercicio se centra en el fortalecimiento de la espalda, mientras también ejercita la musculatura lumbopélvica.

Es necesario asegurar que la espalda y cadera no se hunden durante el ejercicio, manteniendo la alineación de tobillos, rodillas, caderas y hombros durante el mismo.

Series y Repeticiones

3 x 10-12 repeticiones.

Aspectos Clave

- Inicia el ejercicio con los brazos totalmente extendidos, manteniendo la espalda alineada mediante la activación de la musculatura que fija la posición de las escápulas. Los hombros deben mantenerse en posición neutra, evitando la anteversión que facilita la posición adoptada.

- Para evitar la caída de la zona lumbar, activa los glúteos y la musculatura lumbopélvica, asegurando la alineación de hombros, cadera y tobillos.

- Ejecuta con un movimiento de tracción para elevar el cuerpo y llevar la barbilla sobre la barra, descendiendo a la posición inicial de forma controlada.

BIBLIOGRAFÍA

Capítulo 1: Distancia e Intensidad de Carrera en Fútbol

- Atkinson G., Reilly T. (1996). Circadian variation in sports performance. Sports Med, 21 (4): 292-312.
- Bangsbo J. (1994). The physiology of football—with special reference to intense intermittent exercise.
- Acta Physiol Scand Suppl, 619: 1–155.
- Bangsbo J., Lindquist F. (1992). Comparison of Various Exercise Tests with Endurance Performance during Football in Professional Players. Int J Sports Med, 1 3(2):125-132.
- Barros RML., Misuta MS., Menezes RP. (2007). Analysis of the distances covered by first division Brazilian football players obtained with an automatic tracking method. J Sports Sci Med, 6 (2) :233-42.
- Bloomfield J, Polman R, Butterly R, O'donoghue P. (2005). Analysis of age, stature, body mass, BMI and quality of elite football players from 4 European Leagues. J Sports Med Phys, 45: 58–67.
- Bloomfield J., Polman RCJ., O'Donoghue PG. (2007). Physical demands of different positions in FA Premier League football.
- J Sports Sci Med, 6 (1): 63-70.
- Bradley PS., Mohr M., Bendiksen M., Randers MB., Flindt M., Barnes C., Hood P., Gomez A., Andersen JL., Di Mascio M., Bangsbo J., Kustrup P. (2011). Sub-maximal and maximal Yo–Yo intermittent endurance test level 2: heart rate response, reproducibility and application to elite football. Eur J Appl Physiol, 111 (6): 969-978.
- Carling C., Bloomfield J., Nelsen L., Reilly T. (2008). The role of motion analysis in elite football.
- Sports Medicine, 38 (10): 839-862.
- Carling C. (2010). Analysis of physical activity profiles when running with the ball in a professional football team.
- J Sports Sci, 28 (3): 319-26.
- Dellal A., Chamari C., Wong DP., Ahmaidi S., Keller D., Barros M., Bisciotti GN., Carling C. (2011). Comparison of physical and technical performance in European professional football matchplay: The FA premier league and La LIGA.
- Eur J Sport Sci, 11: 51–59.
- Dellal A., Wong D., Moalla W., Chamari K. (2010). Physical and technical activity of football players in the French 1st division – with special reference to their positional role. Int J Sport Med, 11 (2) :278-290.
- Di Salvo V., Collins A., McNeill B. (2006). Validation of prozone: a new video-based performance analysis system. Int J Perf Anal Sport, 6 (1): 108-19.
- Di Salvo V., Pigozzi F. (1998). Physical training of football players based on their positional rules in the team: effects on performance-related factors. J Sports Med Phys Fitness, 38 (4): 294-297.
- Di Mascio M., Bradley PS. (2013). Evaluation of the most intense high-intensity running period in English FA premier league football matches. J Strength Cond Res, 27 (4): 909-915.
- Drust B., Waterhouse J., Atkinson G., Edwards B., Reilly T. (2005) Circadian rhythms in sports performance – an update, Chronobiology Inter, 22 (1): 21–44.
- Ekblom B. (1986). Applied physiology of football. Sports Med. 3: 50–60.
- Facer-Childs et al., 2015 – Sleep cycles.
- Helgerud J., Engen LC., Wisloff U., Hoff J. (2001). Aerobic endurance training improves football performance.
- Med Sci Sports Exerc, 33: 1925–1931.
- Hoff J., Helgerud J. (2004). Endurance and strength training for football players. Physiological considerations.
- Sports Med, 34: 165–80.
- Hopkins et al., 1999.
- Knowles and Brookes, 1974.
- Jones P., James N., Nellalieu SD. (2004). Possession as a Performance Indicator in Football. Int J Per Analy Sport, 4: 98-102.
- Lago C. (2009). The influence of match location, quality of opposition, and match status on possession strategies in professional association. J Sports Sci, 27 (13):1463-1469.
- Lago-Peñas C., Dellal A. (2010). Ball possession strategies in elite football according to the evolution of the match-score: the Influence of Situational Variables. J Hum Kinetics, 25: 93-100.
- Lago C., Martin A. (2007). Determinants of possession of the ball in football. J Sports Sci, 25 (9): 969-974.

- Mayhew S., Wenger H. (1985). Time-motion analysis of professional football. J Hum Move Studies, 11: 49-52.
- McMillan K., Helgerud J., Macdonald R., Hoff J. (2005). Physiological adaptations to football specific endurance training in professional youth football players. Br J Sports Med 39 (5): 273-277.
- Mohr M., Krustrup P., Nybo L., Nielsen JJ., Bangsbo J. (2004). Muscle temperature and sprint performance during football matches–beneficial effect of re-warm-up at half-time. Scan J Med Sci Sports, 14 (3): 156-162.
- Nevill AM., Holder RL. (1999). Home advantage in sport. Sports Med, 28(4) :221-236.
- Orendurff MS., Walker JD., Jovanovic ML., Tulchin K., Morris L., Hoffmann DK. (2010). Intensity and Duration of Intermittent Exercise and Recovery During a Football Match. J Strength Cond Res, 24 (10): 2683-2692.
- Owen A., Wong D., Dellal A. (2012). Effects of a periodized small-sided game training intervention on physical performance in elite professional football. J Strength Con Res, 26(10): 2748–2754.
- Rampinini E., Impellizzeri FM., Castanga C., Abt G., Chamari K., Sassi A., Marcora SM. (2007). Factors influencing physiological responses to small-sided football games. J Sports Sci, 25: 659–666.
- Randers MB., Mujika I., Hewitt A., Santisteban J., Bischoff R., Solano R. (2010). Application of four different football match analysis systems: A comparative study. J Sport Sci, 28: 171–182.
- Redwood-Brown A., O'Donoghue P., Robinson G., Neilson P. (2012). The effect of score-line on work-rate in English FA Premier League football. Int J Perf Ana Sport, 12 (2): 258-271.
- Reilly T. (1996). Science and Football. London: E & FN Spon.
- Reilly T. (1993). Science and Football: An Introduction, in Science and Football II, T. Reilly, J. Clarys, and A. Stibbe, Eds. London: E. & F.N. Spon, 3-11.
- Reilly T. (2003) Motion analysis and physiological demands. In: Science and Football. Eds: Williams, A.M. and Reilly, T. 2nd Edition. London, E & FN Spon, 59-72.
- Reilly T., Bowen T. (1984). Exertional costs of unorthodox modes of motion. Perf Motor Skills, 58 :49-50.
- Reilly and Thomas, 1976.
- Rienzi E., Drust B., Reilly T., Carter JE., Martin A. (2000). Investigation of anthropometric and work-rate profiles of elite South American international football players. J Sports Med Phys Fitness, 40 (2): 162-1699.
- Saltin B. (1973). Metabolic fundamentals in exercise. Med Sci Sports, 5: 137-146.
- Staufenbiel et al., 2015 – Home advantage.
- Stolen T., Chamari K., Castagna C., Wisloff U. (2005). Physiology of football: An update. Sports Med, 35:501–536.
- Strudwick A., Reilly T., Doran D. (2002). Anthropometric and fitness profiles of elite players in two football codes. J Sports Med Phys Fitness, 42: 239 - 242.
- Strudwick T., Reilly T. (2001). Work-rate profiles of elite Premier League football players. Insight, 2 (2) :28-29.
- Van Gool D., Van Gerven D., Boutmans J. (1988). The physiological load imposed on football players during real match-play.
- In Science and Football (edited by T. Reilly, A. Lees, K. Davids and W. Murphy), pp. 51-59. London: E & F.N. Spon.
- Vigne G., Dellal A., Gaudino C., Chamari K., Rogowski I., Alloatti G., Wong DP., Owen A., Hautier C. (2012). Physical outcome in a successful Italian Serie A football team over 3 consecutive seasons. Journal of Strength Con Res, 27 (5): 1400-1406.

Capítulo 2: Demandas Fisiológicas del Fútbol

- Apor P. (1988). Successful formulae for fitness training. In T. Reilly, A. Lees, K. Davids, & W. J. Murphy (Eds.), Science and football, 95 – 105. London: E & FN Spon.
- Achten J., Jeukendrup AE. (2003). Heart Rate Monitoring: Applications and Limitations Authors.
- Source: Sports Medicine, 33 (7): 517-538.
- Ahmaidi S., Granier P., Taoutaou Z., Mercier J., Dubouchaud H., Prefaut C. (1996). Effects of active recovery on plasma lactate and anaerobic power following repeated intensive exercise. Med Sci Sports Exercise, 28 (4): 450-456.
- Alcaraz PE., Palao JM., Elvira JL. (2009). Determining the optimal load for resisted sprint training with sled towing. J Strength Con Res, 23 (2): 480-485.
- Alexiou H., Coutts AJ. (2008). A comparison of methods used for quantifying internal training load in women football players. Int J Sports Phys Per, 3: 320-330.
- Allen WK., Seals DR., Hurley BF., Ehsani AA., Hagberg JM. (1985). Lactate threshold and distance-running performance in young and older endurance athletes. J Appl Physiol, 58, 1281–1284.
- Alvarez and Castagna, 2007.
- Astrand PO., Rodahl K. (1986). Evaluation of physical performance on the basis of tests. Textbook of Work Physiology: Physiological Bases of Exercise. 3rd ed. New York, NY: McGraw-Hill, 354-387.
- Aziz AR., Chia M. (2000). The relationship between maximal oxygen uptake and repeated sprint performance indicies in field hockey and football players. J Sports Med Phys Fitness, 40: 195-200.
- Balsom P., Seger J., Sj6din B., Ekblom B. (1992). Physiological responses to maximal.
- intensity intermittent exercise. Eur J App Phys 65: 144-149.
- Balsom PD., Söderlund K., Ekblom B. (1994). Creatine in humans with special reference to creatine supplementation.
- Sports Med, 18 (4): 268-280.
- Balsom PD., Soderlund K., Sjodin B., Jensen J. (1995). Skeletal muscle metabolism during short duration high-intensity exercise: Influence of creatine supplementation. Acta Physiol. Scand, 154: 303–310.
- Bhambhani YN. (2004). Muscle oxygenation trends during dynamic exercise measured by near infrared spectroscopy.
- Can J Apply Physiol, 29 (4): 504-523.
- Bangsbo J. (1994). The physiology of football—with special reference to intense intermittent exercise. Acta Physiol Scand Suppl, 619:1–155.
- Bangsbo J., Lindquist F. (1992). Comparison of Various Exercise Tests with Endurance Performance during Football in Professional Players. Int J Sports Med, 13(2):125-132.
- Bangsbo et al 2003 – Yo Yo test in various levels.
- Bangsbo J., Mizuno M. (1988). Morphological and metabolic alterations in football players with detraining and retraining and their relation to performance, p114.
- Barros RML., Misuta MS., Menezes RP. (2007). Analysis of the distances covered by first division Brazilian football players obtained with an automatic tracking method. J Sports Sci Med, 6 (2): 233-42.
- Barnes and Kilding 2014 – Running economy.
- Bassett DR., Howley ET. (2000). Limiting factors for maximum oxygen uptake and determinants of endurance performance.
- Med Sci sports and exercise, 32 (1): 70-84.
- Baxter-Jones ADG., Maffulli N. (2003). Endurance in young athletes: it can be trained. Br J Sports Med, 37 (2): 96-97.
- Beaver WL., Wasserman K., Whipp BJ. (1986). A new method for detecting the anaerobic threshold by gas exchange.
- J Appl Physiol, 60 :2020-2027.
- Bemben MG., Lamont HS. (2005). Creatine supplementation and exercise performance. Sports Med, 35 (2): 107-125.
- Bishop D., Jenkins DG., Mackinnon LT. (1998). The relationship between plasma lactate parameters, Wpeak and 1-h cycling performance in women. Med Sci Sports and Exercise, 30:1270-1275.
- Bishop D., Edge J., Davis C., Goodman C. (2004). Induced metabolic alkalosis affects muscle metabolism and repeated-sprint ability, Med Sci in sports and exercise, 36 (5): 807-813.
- Bishop D., Girard O., Mendez-Villanueva A. (2011). Repeated-sprint ability - Part II: Recommendations for training.

- Sports Med, 441 (9): 741-756.
- Bogdanis GC., Nevill ME., Lakomy HKA., Boobis LH. (1998). Power output and muscle metabolism during and following recovery from 10 and 20s of maximal sprint exercise in humans. Acta physiologica scandinavica, 163 (3): 261-272.
- Bompa T. (2000). Total training for young champions. Human Kinetics, USA.
- Böning D., Klarholz C., Himmelsbach B., Hütler M., Maassen N. (2007). Extracellular bicarbonate and non-bicarbonate buffering against lactic acid during and after exercise. Eur J Appl Physiol, 100 (4) :457-467.
- Borsheim E., Bahr R. (2003). Effect of exercise intensity, duration and mode on post-exercise oxygen consumption.
- Sports Med, 33: 1037-1060.
- Boobis, 1987 – CP & ATP.
- Bradley et al (2009) sprint, jumps & CMJ.
- Brewer J., Davis J. (1994). The female player. In: Ekblom B, editor. Football (football). London: Blackwell Scientific.
- Brughelli M., Cronin J., Levin G. Chaouachi A. (2008) Understanding change of direction ability in sport: a review of resistance training studies. Sports Med, 38, 1045-1063.
- Buchheit M., Abbiss CR., Peiffer JJ., Laursen PB. (2012). Performance and physiological responses during a sprint interval training session: relationships with muscle oxygenation and pulmonary oxygen uptake kinetics.
- Eur J Appl Physiol, 112 (2): 767-779.
- Buchheit M, and Laursen. (2013). High intensity interval training, Sports Medicine.
- Bullock W., Panchuk D., Broatch J., Christian R., Stepto NK. (2012). An integrative test of agility, speed and skill in football: Effects of exercise. J Sci Med Sport, 15 (5): 431-436.
- Burke L. (1995). Practical issues in nutrition for athletes. J Sport Sci, 13 (1): 83-90.
- Burke & Mujika 2014 - Carbohydrate.
- Burgomaster KA., Hughes SC., Heigenhauser GJ., Bradwell SN., Gibala MJ. (2005). Six sessions of sprint interval training increases muscle oxidative potential and cycle endurance capacity in humans. J Appl Physiol, 98 (6): 1985-1990.
- Castagna C., Abt G., D'Ottavio S. (2005). Competitive-level differences in Yo-Yo intermittent recovery and twelve minute run test performance in football referees. J Strength Cond Res, 19: 805–809.
- Chamari K., Hachana Y., Kaouech F., Jeddi R., Moussa-Chamari I., Wisloff U. (2005). Endurance training and testing with the ball in young elite football players. Br J Sports Med, 39: 24–28.
- Chaouachi et al., JSCR 2014.
- Chelladurai P., Yuhasz MS., Sipura R. (1977). The reactive agility test. Perceptual and Motor Skills, 44 (3): 1319-1324.
- Christmass MA, Dawson B, Passeretto P. (1999). A comparison of skeletal muscle oxygenation and fuel use in sustained continuous and intermittent exercise. Eur J Appl Physiol, 80: 423-35.
- Christensen EH., Hedman R., Saltin B. (1960). Intermittent and Continuous Running. Acta Physiol Scand, 50: 269-286.
- Christensen PM., Nyberg M., Bangsbo, J. (2013). Influence of nitrate supplementation on VO2 kinetics and endurance of elite cyclists. Scan J Med Sci Sports, 23 (1): 21-31.
- Conley DL., Krahenbul GS. (1980). Running economy and distance running performance of highly trained athletes.
- Med Sci in Sports Ex, 12: 357-360.
- Cronin JB., Hansen KT. (2005). Strength and power predictors of sports speed. J Strength Con Res, 19 (2): 349-357.
- y Da Silva JF., Dittrich N., Guglielmo L. (2011). Aerobic evaluation in football.
- Rev Bras Cineantropom Desempenho Hum, 13 (5): 384-391.
- Dawson B. (1996). Periodization of speed and endurance training. In P. R. J. Reaburn & D. G. Jenkins (Eds.), Training for Speed and Endurance (pp. 76-96). Sydney: Allen & Unwin.
- Davis JM., Welsh RS., Elsh KL., Devolve D., Alderson NA. (1999). Effects of branched-chain amino acids and carbohydrate on fatigue during intermittent, high-intensity running. Int J Sports Med, 20:1–6.
- Davis JA., Brewer J. (1993). Applied physiology of female football players. Sports Med, 16 (3): 180-189.
- Dellal A., Chamari K., Owen A., Wong DP., Lago-Penas C., Hill-Haas S. (2011). Influence of the technical instructions on the physiological and physical demands within small-sided football games. Eur J Sport Sci, 11: 341–346.

- De Sousa et al., (2008) – RPE & carbs
- Dellal A., Chamari K., Pintus A., Girard O., Cotte T., Keller D. (2008). Heart rate responses during small-sided games and short intermittent running training in elite football players: A comparative study. J Strength Cond Res, 22(5):1449-1457.
- Dellal A., Wong D., Moalla W., Chamari K. (2010). Physical and technical activity of football players in the French 1st division – with special reference to their positional role. Int J Sport Med, 11 (2): 278-290.
- Dellal A., Diniz da Silva C., Hill-Haas S., Wong DP., Natali AJ., De Lima J., Bara Filho M., Marins J., Garcia ES., Chamari K. (2012). Heart Rate Monitoring in Football: Interest and Limits During Competitive Match Play and Training, Practical Application.
- J Strength Con Res 26 (10): 2890-2906.
- Dellal A., Wong DP. (2013). Repeated sprint and change-of-direction abilities in football players: effects of age group.
- J Strength Cond Res, 27 (9): 2504-2508.
- Derave, W., Özdemir, M. S., Harris, R. C., Pottier, A., Reyngoudt, H., Koppo, K., Achten, E. (2007). β-Alanine supplementation augments muscle carnosine content and attenuates fatigue during repeated isokinetic contraction bouts in trained sprinters. J Appl Physiol, 103(5):1736-1743.
- Deutsch MU., Maw GJ., Jenkins D., Reaburn, P. (1998). Heart rate, blood lactate and kinematic data of elite colts (under-19) rugby union players during competition. J Sports Sci, 16(6):561-570.
- Di Mascio M., Bradley PS. (2013). Evaluation of the most intense high-intensity running period in English FA premier league football matches. J Strength Cond Res, 27(4):909-915.
- Di Prampero PE., Atchou G., Bruckner JC., Moia C. (1986). The energetics of endurance running.
- Eur J Appl Physiol, 55:259-266.
- y Donaldson S., Hermansen L. (1978). Differential, direct effects of H+ on Ca2+- activated force of skinned fibers from soleus, cardiac and adductor magnus muscles of rabbit. Pflilgers Archiv, 376: 55-65.
- Drust B., Reilly T., Rienzi E. (1998). A motion-analysis of work-rate profiles of elite international football players. 2nd Annual Congress of the European College of Sport Science, 20–23 August, Copenhagen, Denmark. In: J Sports Sci 15: 460.
- Drust B., Reilly T., Cable N. (2000). Physiological responses to laboratory-based football specific intermittent and continuous exercise. J Sports Sci, 18: 885–892.
- Dupont G., Blondel N., Berthoin S. (2003). Performance for short intermittent runs: active recovery vs. passive recovery.
- Eur J Appl Physiol, 89 (6): 548-554.
- Dupont G., Akakpo K., Berthoin S. (2004). The effect of in-season, high-intensity interval training in football players. J Strength Cond Res, 18 (3): 584–589.
- Dupont G., Nedelec M., McCall A., McCormack D., Berthoin S., Wisløff U. (2010). Effects of 2 football matches in a week on physical performance and injury rate. Am J Sports Med, 38 (9): 1752-8.
- Edwards RH., Ekelund LG., Harris RC., Hesser CM., Hultman E., Melcher A. (1973). Cardiorespiratory and metabolic costs of continuous and intermittent exercise in man. J Physiol, 234 (2): 481-497.
- Edwards AM., Clark N., Macfadyen AM. (2003). Lactate and ventilatory thresholds reflect the training status of professional football players where maximum aerobic power is unchanged. J Sports Sci Med, 2: 23-29.
- Ekblom B. (1986). Applied physiology of football. Sports Med. 3:50–60.
- Eniseler N. (2005). Heart rate and blood lactate concentrations as predictors of physiological load on elite football players during various football training activities. J Strength Cond Res, 19 (4): 799-804.
- Esposito F., Impellizzeri FM., Margonato V., Vanni R., Pizzini G., Veicsteinas A. (2004). Validity of heart rate as an indicator of aerobic demand during football activities in amateur football players. Eur J Appl Physiol, 93: 1-2.
- Fabiato A., Fabiato F. (1978). Effects of pH on the myofilaments and the sarcoplasmic reticulum of skinned cells from cardiace and skeletal muscles. J Physiol, 276 (1): 233-255.
- Faccioni, A. (1994). Assisted and resisted methods for speed development: Part 2. Modern Athlete and Coach, 32 (2): 3-6.
- Farrow D., Young W., Bruce L. (2005). The development of a test of reactive agility for netball: a new methodology.
- J Sci Med Sport, 8 (1) : 52-60.
- Favano A., Santos-Silva PR., Nakano EY., Pedrinelli A., Hernandez AJ., Greve JMD. (2008). Peptide glutamine supplementation for tolerance of intermittent exercise in football players. Clinics-Universidade de Sao Paulo, 63 (1): 27.
- Faude et al., 2012 – Motion anlaysis.

- Ferrari-Bravo et al., 2008 - RSA.
- Florida-James G., Reilly, T. (1995). The physiological demands of Gaelic football. British J Sports Med, 29 (1): 41-45.
- Fox EL., Mathews DK. (1974). Interval Training: Conditioning for Sports and General Fitness. Philadelphia: W. B. Saunders.
- Gabbett TJ., Mulvey MJ. (2008). Time-motion analysis of small-sided training games and competition in elite women football players. J Strength Con Res, 22: 543-552.
- Gaitanos GC., Williams C., Boobis LH., Brooks S. (1993). Human muscle metabolism during intermittent maximal exercise. J Appl Physiol, 75: 712-719.
- Gerisch G., Ruttmoller E., Webor K. (1988). Sports medical measurements of performance in football. In Science and Football (edited by T. Reilly, A. Lees, K. Davids and W. Murphy), p60-67. London: E. & F.N. Spon.
- Gibala MJ., McGee SL. (2008). Metabolic adaptations to short-term high-intensity interval training: a little pain for a lot of gain? Exercise and sport sciences reviews, 36 (2): 58-63.
- Girard O., Mendez-Villanueva A., Bishop D. (2011). Repeated-Sprint Ability—Part I. Sports Med, 41(8), 673-694.
- Glaister M., Howatson G., Pattison JR., McInnes G. (2008). The reliability and validity of fatigue measures during multiple-sprint work: An issue revisited. J Strength Cond Res, 22: 1597–1601.
- Green H., Grant S., Bombardier E., Ranney D. (1999). Initial aerobic power does not alter muscle metabolic adaptations to short-term training. Am J Physiol Endocrinol Metab, 277: 39-48.
- Green HJ. (2000). Altitude acclimatization, training and performance. J Sci Med Sport, 3 (3): 299-312.
- Gupta S., Goswami A., Sadhukhan AK., Mathur DN. (1996) Comparative study of lactate removal in short term massage of extremities, active recovery and a passive recovery period after supramaximal exercise sessions.
- Int J Sports Med, 17: 106-110.
- Hamaoka T., Katsumura T., Murase N., Sako T., Higuchi H., Murakami T., Esaki K. (2003). Muscle oxygen consumption at onset of exercise by near infrared spectroscopy in humans. In Oxygen Transport to Tissue XXIV, p475-483. Springer US.
- Hamilton AL., Nevill ME., Brooks S., Williams C. (1991). Physiological responses to maximal intermittent exercise: Differences between endurance-trained runners and games players. J Sports Sci, 9 (4): 371-382.
- Harris RC., Hultman E., Nordesjo L. (1975) Glycogen, glycolytic intermediates and high-energy phosphates determined in biopsy samples of musculus quadriceps femoris of man at rest. Methods and variance of values.
- Scand J Clin Lab Invest, 33: 109–120.
- Harris RC., Tallon MJ., Dunnett M., Boobis L., Coakley J., Kim HJ., Wise JA. (2006). The absorption of orally supplied β-alanine and its effect on muscle carnosine synthesis in human vastus lateralis. Amino acids, 30 (3): 279-289.
- Haseler LJ., Hogan MC., Richardson RS. (1999). Skeletal muscle phosphocreatine recovery in exercise-trained humans is dependent on O2 availability. J Appl Physiol 86: 2013–2018.
- Hazell TJ., MacPherson RE., Gravelle BM., Lemon PW. (2010). 10 or 30-s sprint interval training bouts enhance both aerobic and anaerobic performance. Eur J Appl Physiol, 110 (1): 153-160.
- Helgerud J., Engen LC., Wisloff U., Hoff J. (2001). Aerobic endurance training improves football performance.
- Med Sci Sports Exerc, 33: 1925–1931.
- Helgerud J., Ingjer F., Stromme SB. (1990). Sex differences in performance-matched marathon runners.
- Eur J Appl Physiol, 61: 433–9.
- Helgerud et al., (1991) Running economy.
- Hill CA., Harris RC., Kim HJ., Harris BD., Sale C., Boobis LH., Wise JA. (2007). Influence of β-alanine supplementation on skeletal muscle carnosine concentrations and high intensity cycling capacity. Amino acids, 32(2):225-233.
- Hill-Haas SV., Coutts AJ., Rowsell GJ., Dawson BT. (2009). Generic versus small-sided game training in football. Int J Sports Med, 30(9):636-642.
- Hobson RM., Saunders B., Ball G., Harris RC., Sale C. (2012). Effects of β-alanine supplementation on exercise performance: a meta-analysis. Amino Acids, 43(1):25–37.
- Hoff J., Wisløff U., Engen LC., Kemi OJ., Helgerud J. (2002). Football specific aerobic endurance training. British J Sports Med, 36(3):218-221.
- Hoff J., Helgerud J. (2004). Endurance and strength training for football players. Physiological considerations. Sports Med, 34:165–80.

- Hoffman JR., Ratamess NA., Kang J., Mangine G., Faigenbaum AD., Stout JR. (2006). Effect of creatine and ß-alanine supplementation on performance and endocrine responses in strength/power athletes.
- Int. J. Sport Nutr. Exerc. Metab, 16:430-446.
- Iaia and Bangsbo, 2010 – Training intensity.
- Impellizzeri FM., Rampinini E., Coutts AJ., Sassi A., Marcora SM. (2004). Use of RPE-Based Training Load in Football.
- Med Sci Sport, 36 (6): 1042–1047.
- Impellizzeri FM., Marcora SM., Castagna C. (2006). Physiological and performance effects of generic versus specific aerobic training in football players. Int J Sports Med, 27 (6): 483-92.
- Jacobs I., Westlin N., Karlsson J., Rasmusson M., Houghton B. (1982). Muscle glycogen and diet in elite football players. Eur J Appl Physiol Occ Physiol, 48 (3): 297-302.
- Jones AM., Burnley M. (2009). Oxygen uptake kinetics: an underappreciated determinant of exercise performance.
- Int J Sports Physiol Per, 4 (4): 524-532.
- Jordan T., Lukaszuk J., Misic M., Umoren J. (2010). Effect of beta-alanine supplementation on the onset of blood lactate accumulation (OBLA) during treadmill running: Pre/post 2 treatment experimental design. J Int Society Sports Nut, 7 (1): 20.
- Jovanovic M., Sporis G., Omrcen D., Fiorentini F. (2011). Effects of speed, agility, quickness training method on power performance in elite football players. J Strength Cond Res, 25 (5): 1285-1292.
- Jullien H., Bisch C., Largouët N., Manouvrier C., Carling C. J., Amiard V. (2008). Does a short period of lower limb strength training improve performance in field-based tests of running and agility in young professional football players?
- J Strength Cond Res, 22 (2): 404-411.
- Karvonen J., Kertala K., Mustala O. (1957). The effects of training heart rate: a longitudinal study.
- Ann. Med. Exp. Biochem, 35: 307–315.
- Kendrick IP., Harris RC., Kim HJ., Kim CK., Dang VH., Lam TQ., Wise JA. (2008). The effects of 10 weeks of resistance training combined with β-alanine supplementation on whole body strength, force production, muscular endurance and body composition. Amino acids, 34 (4): 547-554.
- Kindermann W., Simon G., Keul J. (1979). The significance of the aerobic-anaerobic transition for the determination of work load intensities during endurance training. Eur J Appl Physiol, 42: 25–34.
- Koppo K., Bouckaert J., Jones AM. (2004). Effects of Training Status and Exercise Intensity on Phase II VO~ 2 Kinetics. Med Sci Sports Exer, 36 (2): 225-232.
- Krustrup, P., Mohr M., Amstrup T. (2003). The Yo-Yo intermittent recovery test: physiological response, reliability and validity.
- Med Sci Sports Exerc, 35: 695–703.
- Kafer R., Adamson G., O'Koner M., Faccioni A. (1993). Methods of maximising speed development.
- Strength and Cond Coach, 1: 9-11.
- Kawakami et al., 1992 – vo2
- Kubukeli ZN., Noakes TD., Dennis SC. (2002). Training techniques to improve endurance exercise performances.
- Sports Med, 32 (8): 489-509.
- Laursen PB., Jenkins DG. (2002). The scientific basis for high-intensity interval training. Sports Med, 32 (1): 53-73.
- Le Meur, Y., Hausswirth C. (2013). Active recovery, Recovery for Performance in Sport, Human Kinetics.
- Little T., Williams AG. (2005). Specificity of acceleration, maximum speed, and agility in professional football players.
- J Strength Cond Res, 19 (1): 76-78.
- Margaria R., Oliva P., DiPrampero D., Cerretelli P. (1969). Energy utilisation in intermittent exercise of supramaximalintensity. J.Appl.Physiol, 26 (6): 752-756.
- MacDougall JD., Hicks AL., MacDonald JR., McKelvie RS., Green HJ., Smith KM. (1998). Muscle performance and enzymatic adaptations to sprint interval training. J Appl Physiol, 84 (6): 2138-2142.
- McMahon S., Wenger HA. (1998). The relationship between aerobic fitness and both power output and subsequent recovery during maximal intermittent exercise. J Sci Med Sport, 1(4): 219-227.
- McMahon S., Jenkins D. (2002). Factors affecting the rate of phosphocreatine resynthesis following intense exercise.

- Sports Med, 32 (12): 761-784.
- McGawley K., Bishop D. (2008). Anaerobic and aerobic contribution to two, 5-6s repeated-sprint bouts [abstract].
- Coach Sport Sci J, 3: 52.
- McKay BR., Paterson DH, Kowalchuk JM. (2009). Effect of short-term high-intensity interval training vs. continuous training on O2 uptake kinetics, muscle deoxygenation, and exercise performance. J Appl Physiol, 107 : 128–138.
- McKenna MJ., Harmer AR., Fraser SF., Li JL. (1996). Effects of training on potassium, calcium and hydrogen ion regulation in skeletal muscle and blood during exercise. Acta physiologica scandinavica, 156 (3): 335-346.
- McMillan K., Helgerud J., Macdonald R., Hoff J. (2005). Physiological adaptations to football specific endurance training in professional youth football players. Br J Sports Med 39 (5): 273-277.
- Messonnier L., Kristensen M., Juel C., Denis C. (2007). Importance of pH regulation and lactate/ H+ transport capacity for work production during supramaximal exercise in humans. J Appl Physiol, 102 (5): 1936-1944.
- Miller M., Herniman J., Ricard M., Cheatham C., Michael T. (2006). The effects of a 6-week plyometric training program on agility. J Sports Sci Med, 5: 459-465.
- Miyagi O., Ohashi J., Kitagawa K. (1999). Motion characteristics of an elite football player during a game.
- J Sports Sci, 17 (10): 816.
- Mohr M., Krustrup P., Bangsbo J. (2005). Fatigue in football: a brief review. J Sports Sci, 23 (6): 593-599.
- Mujika I., Padilla S., Ibanez J., Izquierdo M., Gorostiaga E. (2000). Creatine supplementation and sprint performance in football players. Med Sci Sports Ex, 32 (2): 518-525.
- Murias JM., Kowalchuk JM., Paterson DH. (2010). Speeding of VO2 kinetics with endurance training in old and young men is associated with improved matching of local O2 delivery to muscle O2 utilization. J Appl Physiol, 108 (4): 913-922.
- Neary JP. (2004). Application of near infrared spectroscopy to exercise sports science. Can J Appl Physiol, 29 (4): 488-503.
- Nevill M., Williams C., Roper D., Slater C., Nevill A. (1993). Effect of diet on performance during recovery from intermittent sprint exercise. J Sports Sci, 11: 119-126.
- Nielsen HB., Hein L., Svendsen LB., Secher NH., Quistorff B. (2002). Bicarbonate attenuates intracellular cidosis.
- Acta Anaesthesiol Scand, 46: 579–584.
- Nicholson RM., Sleivert GG. (2001). Indices of lactate threshold and their relationship with 10-km running velocity.
- Med Sci Sports Exerc, 33 (2): 339–342.
- Ogushi T., Ohashi J., Nagahama H., Isokawa M., Suzuki S. (1993). Work intensity during football matchplay (a case study).
- In Science and Football (edited by T. Reilly, J. Clarys and A. Stibbe), pp. 121-123. London: E & F.N. Spon.
- Owen A., Twist C., Ford P. (2004). The physiological and technical effect of altering pitch size and player numbers.
- The F.A. Coaches Association Journal 7(2):50-53.
- Owen A., Wong DP., McKenna M., Dellal A. (2011). Heart rate response and technical comparison between small- vs. large-sided games in elite professional football. J Strength Con Res, 25(8):2104-2110.
- Owen A., Wong D., Dellal A. (2012). Effects of a periodized small-sided game training intervention on physical performance in elite professional football. J Strength Con Res, 26 (10): 2748–2754.
- Owen AL., Wong DP., Paul D., Dellal A. (2013). Physical and technical comparisons between various-sided games within professional football. Int J Sports Med, 34: 1-7.
- Parra J., Cadefau JA., Rodas G., Amigo N., Cusso R. (2000). The distribution of rest periods affects performance and adaptations of energy metabolism induced by high-intensity training in human muscle.
- Acta physiologica scandinavica, 169 (2): 157-166.
- Paton CD., Hopkins WG., Volleregt L. (2001). Little effect of caffeine ingestion on repeated sprints in team-sport athletes.
- Med Sci Sports Exerc, 33: 822–825.
- Patterson SD., Gray SC. (2007). Carbohydrate-gel supplementation and endurance performance during intermittent high-intensity shuttle running. Int J Sport Nut Exer Metab, 17(5):445.
- Pearson, A. (2001) Speed, Agility and Quickness for Football. London: A & C Black.

- Petersen SR., Cooke SR. (1996). Effects of endurance training on recovery from high-intensity exercise In: Bell FI and Van Gyn GH (eds) (1994). Proceedings of the 10th Commonwealth and International Scientific Congress. University of Victoria, Victoria, p227-231.
- Poole DC., Wilkerson DP., Jones AM. (2008). Validity of criteria for establishing maximal O2 uptake during ramp exercise tests.
- Eur J Appl Physiol, 102(4):403-410.
- Preen D., Dawson B., Goodman C., Lawrence S., Beilby J., Ching S. (2002). Pre-exercise oral creatine ingestion does not improve prolonged intermittent sprint exercise in humans. J Sports Med Phys Fitness, 42 (3): 320-329.
- Rampinini E., Impellizzeri FM., Castanga C., Abt G., Chamari K., Sassi A., Marcora SM. (2007). Factors influencing physiological responses to small-sided football games. J Sports Sci, 25: 659–666.
- Rampinini E., Impellizzeri FM., Castagna C., Coutts AJ., Wisloff U. (2009). Technical performance during football matches of the Italian Serie A league: Effect of fatigue and competitive level. J Sci Med Sport, 12 (1): 227–233.
- Reilly T. (1996). Science and Football. London: E & FN Spon.
- Reilly T., Bangsbo J., Franks A. (2000). Anthropometric and physiological predispositions for elite football.
- J Sports Sci, 18 (9): 669-83.
- Roberts AD., Billeter R., Howald H. (1982). Anaerobic muscle enzyme changes after interval training.
- Int J Sports Med, 3:18–21.
- Rohde HD., Espersen T. (1988). Work intensity during football training and match-play. In: Science and Football
- I.   T. Reilly, A. Lees, K. Davids, and W.J. Murphy, eds. London: E & FN Spon. p68–75.
- y   Roberts RA, Ghiasvand F., Parker D. (2004). Biochemistry of exercise-induced metabolic acidosis.
- Am J Physiol Regul Integr Comp Physiol, 287(3):502–516.
- Rodas G., Ventura JL., Cadefau JA., Cusso R., Parra J. (2000). A short training programme for the rapid improvement of both aerobic and anaerobic metabolism. Eur J Appl Physiol, 82(5–6):480–486.
- Royal KA., Farrow D., Mujika I., Halson S.L., Pyne D., Abernethy B. (2006). The effects of fatigue on decision making and shooting skill performance in water polo players. J Sports Sci, 24(8):807–815.
- Rumpf et al (2014) The effect of resisted sprint training
- Sahlin K. (2014). Training and nutrition for explosive sports, Sports Med, October.
- Sahlin K., Harris RC., Hultman E. (1979). Resynthesis of creatine phosphate in human muscle after exercise in relation to intramuscular pH and availability of oxygen. Scan J Clin Lab Inves, 39(6), 551-557.
- Saltin B., Essen B. (1971). Muscle glycogen, lactate, ATP, and CP in intermittent exercise. In Muscle metabolism during exercise, p419-424. Springer US.
- Sassi R., Reilly T., Impellizzeri F. (2005). A comparison of small-sided games and interval training in elite professional football players. In: Reilly T, Cabri J, Araújo D, editors. Science and Football V. London: Routledge. p341–343.
- Schabort EJ., Hawley JA., Hopkins WG., Blum H. (1999). High reliability of performance of well-trained rowers on a rowing ergometer. J Sports Sci, 17(8):627-632.
- Sharp RL., Costil DL., Fink WJ., King DS. (1986). Effects of eight weeks of bicycle ergometer sprint training on human muscle buffer capacity. Int J Sports Med, 7:13-17.
- Shephard RJ. (1984). Tests of maximum oxygen intake, a critical review. Sports Med, 1:99-124.
- Smaros G. (1980). Energy usage during a football match. In: Vecciet L, eds. EQ Proceedings of the 1st International Congress on Sports Medicine Applied to Football. Rome: D Guanillo, 795–801.
- Smith A., Walter A., Graef J., Kendall K., Moon J., Lockwood C., Fukuda D., Beck T., Cramer J., Stout J. (2010). Effects of
- β-Alanine supplementation and high-intensity interval training on endurance performance and body composition in men; a double-blind trial. J Int Soc Sports Nutr, 11:65-68.
- Spinks CD., Murphy AJ., Spinks WL., Lockie RG. (2007). The effects of resisted sprint training on acceleration performance and kinematics in football, rugby union, and Australian football players. J Strength Cond Res, 21(1):77-85.
- Stagno KM., Thatcher R., Van Someren KA. (2007). A modified TRIMP to quantify the in-season training load of team sport players. J Sports Sci, 25(6):629-634.
- Stolen T., Chamari K., Castagna C., Wisloff U. (2005). Physiology of football: An update. Sports Med, 35:501–536.

- Storen O., Helgerud J., Stoa EM., Hoff J. (2008). Maximal strength training improves running economy in distance runners.
- Med Sci Sports Ex, 40(6)1087.
- Tabata I., Irisawa K., Kouzaki M., Nishimura K., Ogita F., Miyachi M. (1997). Metabolic profile of high intensity intermittent exercises. Med Sci Sports Ex, 29 (3): 390-395.
- Taoutaou Z., Granier P., Mercier B., Mercier J., Ahmaidi S., Prefaut C. (1996). Lactate kinetics during passive and partially active recovery in endurance and sprint athletes. Eur J Appl Physiol, 73: 465-470.
- Tessitore A., Meeusen R., Piacentini MF., Demarie S., Capranica L. (2006). Physiological and technical aspects of "6-a-side" football drills. J Sports Med Phys Fitness, 46(1):36-43.
- Thomas K., French D., Hayes PR. (2009). The effect of two plyometric training techniques on muscular power and agility in youth football players. J Strength Con Res, 23(1):332-335.
- Tokmakidis SP., Léger LA., Pilianidis TC. (1998). Failure to obtain a unique threshold on the blood lactate concentration curve during exercise. Eur J Appl Physiol Occ Physiol, 77 (4): 333-342.
- Tomlin DL., Wenger HA. (2002). The relationships between aerobic fitness, power maintenance and oxygen consumption during intense intermittent exercise. J Sci Med Sport, 5 (3): 194-203.
- Trapattoni G. (1999). Coaching high performance football. Reedswain Inc.
- Trivedi B., Daniforth WH. (1966) Effect of pH on the kinetics of frog muscle phosphofructokinase.
- J Biol Chem, 241: 4110–4112.
- Tumilty D. (1993). The relationship between physiological characteristics of junior soc-cer players and performance in game simulation. In: Reilly, T., Clarys, J. & Stibbe A. (ed.) Science and Football II. E. and F.N. Spon, London, 281-286.
- Utter et al., (2007) - carbohydrates
- Welsh RS., Davis JM., Burke JR., Williams HG. (2002). Carbohydrates and physical/mental performance during intermittent exercise to fatigue. Med Sci Sports and Exercise, 34(4):723-731.
- y Weston AR., Myburgh KH., Lindsay FH., Dennis SC., Noakes TD., Hawley JA. (1996). Skeletal muscle buffering capacity and endurance performance after high-intensity interval training by well-trained cyclists. Eur J App Phys and Occ Phys, 75(1):7-13.
- y Whipp BJ., Ward SA., Lamarra N., Davis JA., Wasserman K. (1982). Parameters of ventilatory and gas exchange dynamics during exercise. J App Phys, 52(6):1506-1513.
- Williams C. (1995). Macronutrients and performance. J Sports Sci, 13(1):1-10.
- Williams K, Owen A. (2007). The impact of player numbers on the physiological response to small sided games.
- J Sports Sci Med, 6: 99-102.
- Wisloff U., Helgerud J., Hoff J. (1998). Strength and endurance of elite football players.
- Med Sci Sports and Exercise, 30:462-467.
- Wong et al 2011 – heart rate
- Young WB., Wiley B. (2010). Analysis of a reactive agility field test. J Sci Med Sport, 13:376-378.
- Zafeiridis A., Saraslanidis P., Manou V., Ioakimidis P., Dipla K., Kellis S. (2005). The effects of resisted sledge-pulling sprint training on acceleration and maximum speed performance. J Sports Med Phys Fitness, 45:284–290.
- Ziogas GG., Patras KN., Stergiou N., Georgoulis AD. (2011). Velocity at lactate threshold and running economy must also be considered along with maximal oxygen uptake when testing elite football players during preseason. J Strength Cond Res, 25:414–419.
- Zoeller RF., Stout JR., O'kroy JA., Torok DJ., Mielke M. (2007). Effects of 28 days of beta-alanine and creatine monohydrate supplementation on aerobic power, ventilatory and lactate thresholds, and time to exhaustion. Amino acids, 33(3):505-510.

Capítulo 4: Lesiones y Técnicas de Prevención

- Akuthota V, Nadler SF. Core strengthening. Arch Phys Med Rehabi. 2004;85 (3 Suppl. 1): S86-92
- Arnason A, Andersen, TE, Holme I, Engebretsen, L, Bahr, R. Prevention of hamstring strains in elite soccer: an intervention study. Scand J Med Sci Sports. 2008;18(1):40-48.
- Arnason A, Sigurdsson SB, Gudmundsson A, et al. Physical fitness, injuries, and team performance in soccer.
- Med Sci Sports Exerc 2004;36:278–85.
- Askling C, Karlsson J, Thorstensson, A. Hamstring injury occurrence in elite soccer players after preseason strength training with eccentric overload. Scand J Med Sci Sports. 2003;13(4):244-250.Borghuis AJ, Lemmink KA, Hof AL. Core muscle response times and postural reactions in soccer players and non-players.
- Med Sci Sports Exerc. 2011;43 (1): 108-14.
- Carling C. Analysis of physical activity profiles when running with the ball in a professional soccer team.
- J Sports Sci. 2010; 28 (3): 319-26.
- Carling C, Le Gall F, Dupont G. Are physical performance and injury risk in a professional soccer team in match play affected over a prolonged period of fixture congestion. Int J Sports Med. 2012; 33 (1): 36-42.
- Chatzopoulos DE, Michailidis CJ, Giannokos AK, Alexiou KC, Patikas DA, Antonopoulos CB, Kotzamanidis CM. Postactivation potentiation effects after heavy resistance exercise on running speed. J Strength Cond Res. 2007; 21 (4): 1278-1281.
- Crisco JJ, Jokl P, Heinen GT, Connell MD, Panjabi, M. A Muscle Contusion Injury Model Biomechanics, Physiology, and Histology. Am J Sports Med. 1994; 22 (5): 702-710.
- Croisier JL. Factors associated with recurrent hamstring injuries. Sports Med. 2004; 34 (10): 681-695.
- Croisier J-L, Ganteaume S, Binet J, Genty M, & Ferret J-M. Strength Imbalances and Prevention of Hamstring Injury in Professional Soccer Players: A Prospective Study. Am J Sports Med. 2008; 36 (8): 1469-1475.
- Dellal A, Chamari K, Owen AL, Wong DP, Lago-Penas C, & Hill-Haas S. Influence of technical instructions on the physiological and physical demands of small-sided soccer games. Eur J Sport Sci. 2011; 11(5): 341-346.
- DiStefano LJ, Padua DA, Blackburn JT, Garrett WE, Guskiewicz KM, & Marshall SW. Integrated injury prevention program improves balance and vertical jump height in children. J Strength Cond Res. 2010; 24 (2): 332-42.
- Docherty CL, Moore JH, Arnold, BL. Effects of strength training development and joint position sense in functionally unstable ankles. J Ath Train. 1998; 33 (4): 310-314.
- Dupont G, Nedelec M, McCall A, McCormack D, Berthoin S, & Wisløff U. Effect of 2 soccer matches in a week on physical performance and injury rate. Am J Sports Med. 2010; 38 (9): 1752-8.
- Ehrmann FE, Duncan CS, Sindhusake D, et al. GPS and injury prevention in professional soccer. J Strength Cond Res 2016; 30 (2): 360-367.
- Eirale C, Tol JL, Farooq A, et al. Low injury rate strongly correlates with team success in Qatari professional football. Br J Sports Med 2013; 47:807–8.
- Ekstrand J, Walden M, & Hagglund M. A congested football calendar and the wellbeing of players: correlation between match exposure of European footballers before the World Cup 2002 and their injuries and performances during that World Cup. Br J Sports Med. 2004; 38 (4): 493-497.
- Ekstrand J, Gillquist J, Moller M, Oberg B, & Liljedahl S. Incidence of soccer injuries and their relation to training and team success. Am J Sports Med. 1983; 11(2): 63-67.
- Ekstrand J, Hagglund M & Walden M. Injury incidence and injury patterns in professional football: the UEFA injury study.
- Br J Sports Med. 2011; 45: 553-558.
- Engebretsen AH, Myklebust G, Holme I, Engebretsen L, & Bahr R. Prevention of injuries among male soccer players: a prospective, randomized intervention study targeting players with previous injuries or reduced function.
- Am J Sports Med. 2008; 36 (6): 1052-1060.
- Fousekis K, Tsepis E, & Vagenas G. Multivariate isokinetic strength asymmetries of the knee and ankle in professional soccer players. J Sports Med Phys Fitness. 2010; 50 (4): 465-74.
- Gastin PB, Meyer D, Robinson D. Perceptions of wellness to monitor adaptive responses to training and competition in elite Australian football. J Strength Cond Res 2013; 27: 2518–26.
- Gabbett TJ. The training-Injury paradox: should athletes be training smarter and harder? Br J Sports Med. Published Online First: 20 Jan 2016. doi: 10.1136/bjsports-2015-095788.

- Gabbett TJ, Domrow N. Risk factors for injury in sub-elite rugby league players. Am J Sports Med 2005;33:428–34.
- Gabbett TJ, Domrow N. Relationships between training load, injury, and fitness in sub-elite collision sport athletes. J Sports Sci 2007; 25: 1507–19.
- Greig M, & Siegler JC. Soccer-specific fatigue and eccentric hamstrings muscle strength . J Ath Train. 2009; 44: 180–184.
- Hagglund M, Walden, M, Ekstrand J. UEFA Injury Study, an audit of European Championships 2006 – 2008.
- Br J Sports Med. 2005; 43: 483-489.
- Hagglund M, Walden M, Magnusson H, et al. Injuries affect team performance negatively in professional football: an 11-year follow-up of the UEFA Champions League injury study. Br J Sports Med 2013; 47: 738–42.
- Hawkins RD, & Fuller CW. An examination of the frequency and severity of injuries and incidents at three levels of professional football. Br J Sports Med. 1998; 32 (4): 326-32.
- Hawkins RD, & Fuller CW. Risk assessment in professional football: an examination of accidents and incidents in the 1994 World Cup finals. Br J Sports Med. 1996;30 (2): 165-70.
- Hawkins RD, Hulse MA, Wilkinson C, Hodson, A, & Gibson M. The association football medical research programme: an audit of injuries in professional football. Br J Sports Med. 2001; 35: 43-47.
- Hartig DE, & Henderson JM. Increasing hamstring flexibility decreases lower extremity overuse injuries in military basic trainees. Am J Sports Med. 1999; 27 (2): 173-176.
- Hibbs AE, Thompson KG, French D, Wrigley A, & Spears I. Optimising performance by improving core stability and core strength. Sports Med. 2008; 38 (12): 995-1008.
- Høy K, Lindblad BE, Terkelsen CJ, Helleland HE, Terkelsen CJ. European soccer injuries. A prospective epidemiologic and socioeconomic study. Am J Sports Med. 1992; 20 (3): 318-2.
- Hrysomallis C. Balance ability and athletic performance. Sports Med. 2011;41(3): 221-32.
- Heidt. R.S., Sweeterman. L.M., Carlonas. R.L., Traub. J.A., Tekulve. F.X. (2000). Avoidance of soccer injuries with pre season conditioning. American Journal of Sports Medicine. 28, 5, 659-662.
- Hulin BT, Gabbett TJ, Blanch P, et al. Spikes in acute workload are associated with increased injury risk in elite cricket fast bowlers. Br J Sports Med 2014; 48: 708–12.
- Hulin BT, Gabbett TJ, Lawson DW, et al. The acute:chronic workload ratio predicts injury: high chronic workload may decrease injury risk in elite rugby league players. Br J Sports Med Published Online First: 28 Oct 2015. doi:10.1136/bjsports-2015- 094817.
- Iaia FM, Fiorenza M, Perri E, et al. The effect of two speed endurance training regimes on performance of soccer players. PLoS One 2016; 10(9):e0138096. Doi: 10.1371/journal.pone0138096.
- Junge A, Rosch D, Peterson L, Graf-Baumann T, Dvorak J. (2002). Prevention of soccer injuries: a prospective intervention study in youth amateur players. Am J Sports Med. 2002; 30 (5): 652-659.
- Junge A, & Dvorak J. Soccer injuries: a review on incidence and prevention. Sports Med. 2004; 34 (13): 929-38.
- Kakavelakis K, Vlazakis S, Vlahakis I & Charissis G. Soccer injuries in childhood, Scandinavian Journal of Medicine & Science in Sports. 2003; 13 (3): 175–178.
- Knapik J, Bauman C, Jones B, Harris J, & Vaughan L. Pre-season strength and flexibility imbalances associated with athletic injuries in female collegiate athletes. Am J Sports Med. 1991;19 (1): 76-81.
- Kraemer R, & Knobloch K. A soccer-specific balance training program for hamstring muscle and patellar and achilles tendon injuries: an intervention study in premier league female soccer. Am J Sports Med. 2009; 37 (7): 1384-93.
- Lago-Penas C, Rey E, Lago-Ballesteros J, Casais, L, & Dominguez, E. The influence of a congested calendar on physical performance in elite soccer. J Strength Cond Res. 2011; 25 (8): 2111-2117.
- Lovell G, Galloway H, Hopkins W, et al. Osteitis pubis and assessment of bone marrow edema at the pubic symphysis with MRI in an elite junior male soccer squad. Clin J Sports Med 2006; 16: 117–22.
- McHugh M, Tyler T, Mirabella M, Mullaney M, & Nicholas S. The effectiveness of a balance training intervention in reducing the incidence of non-contact ankle sprains in high school football players. Am J Sports Med. 2007; 35 (8): 1289-1294.
- Olsen O, Myklebust G, Engebretsen L, Holme I, & Bahr R. Exercises to prevent lower limb injuries in youth sports: cluster randomized controlled trial. Br Med J. 2005; Feb: 330:449.
- Olsen L, Scanlan A, MacKay M, Babul S, Reid D, Clark M, & Raina P. Strategies for prevention of soccer related injuries: a systematic review. Br J Sports Med. 2004; 38 (1): 89-94.
- Orchard JW. On the value of team medical staff: can the "moneyball" approach be applied to injuries in professional football?

- Br J Sports Med. 2009; 43: 963-965.
- Orchard JW, James T, Portus M, et al. Fast bowlers in cricket demonstrate up to 3- to 4-week delay between high workloads and increased risk of injury. Am J Sports Med 2009; 37: 1186–92.
- Owen A, Wong DP, McKenna M, & Dellal A. Heart rate responses and technical comparison between small- vs. large-sided games in elite professional soccer. J Strength Cond Res. 2011; 25 (8): 2104-2110.
- Padua DA, Di Stefano LJ, Marshall SW, Beutler AI, Motte SJ & Di Stefano MJ. Retention of movement pattern changes after a lower extremity injury prevention program is affected by program duration. Am J Sports Med. 2012; 40 (2): 300-6.
- Parry L, & Drust B. Is injury the major cause of elite soccer players being unavailable to train and play during the competitive season? Phys Ther Sport. 2006;7 (2): 58-64.
- Paterno MV, Myer GD, Ford KR, & Hewett TE. Neuromuscular Training Improves Single-Limb Stability in Young Female Athletes. J Orthop Sports Phys Ther . 2004; 34 (6): 305-316.
- Piggott B, Newton MJ, McGuigan MR. The relationship between training load and incidence of injury and illness over a pre-season at an Australian Football League club. J Aust Strength Cond 2009; 17: 4–17.
- Rahnama N, Lees A, & Bambaecichi E. A comparison of muscle strength and flexibility between the preferred and non-preferred leg in English soccer players. Special Issue: Sports Leisure and Ergonomics. 2005; 48: 1568-1575.
- Requena B, de Villarreal ES, Gapeyeva H, Ereline J, Garcia I, & Paasuke M. Relationship between postactivation potentiation of knee extensor muscles, sprinting and vertical jumping performance in professional soccer players.
- J Strength Cond Res. 2011; 25 (2): 367-373.
- Rhea MR. Determining the magnitude of treatment effects in strength training research through the use of the effect size.
- J Strength Cond Res. 2004; 18 (4): 918-2.
- Rogalski B, Dawson B, Heasman J, et al. Training and game loads and injury risk in elite Australian footballers.
- J Sci Med Sport 2013; 16: 499–503.
- Schmikli. S.L., de Vries. W.R., Inklaar. H. Backx. F.J.G., (2011). Injury prevention target groups in soccer: injury characterstics and incidence rates in male junior and senior players. Journal of Science and Medicine in Sport. 14, 199-203.
- Stasinopoulos D. Comparison of three preventive methods in order to reduce the incidence of ankle inversion sprains among female volleyball players. Br J Sports Med. 2004; 38: 182-185.
- Turl SE, & George KP. Adverse neural tension: a factor in repetitive hamstring strain? J Orthop Sports Phys Ther.
- 1998; 27 (1): 16-21.
- Van Beijsterveldt AM, van de Port IG, Krist MR, Schmikli SL, Stubbe JH, Frederiks JE, Backx FJ. Effectiveness of an injury prevention program for adult male amateur soccer players: a cluster randomised controlled trial. Br J Sports Med. 2008.
- Verhagen E, van der Beek, A, Twisk J, Bouter L, Bahr R, & van Mechelen W. The effect of a proprioceptive balance board training program for the prevention of ankle sprains: a prospective controlled trial.
- Am J Sports Med. 2004; 32 (6): 1385-1393.
- Walden M, Hagglund M, & Ekstrand J. UEFA Champions League study: a prospective study of injuries in professional football during the 2001-2002 season. Br J Sports Med. 2005; 39: 542-546.
- Willardson. Core stability training: applications to sports conditioning programs. J Strength Cond Res. 2007; 21 (3): 979-985.
- Willson JD, Dougherty, CP, Ireland ML, & Davis IM.. Core stability and its relationship to lower extremity function and injury.
- J Am Acad Orthop Sur. 2005; 13 (5): 316-325.
- Woods C, Hawkins RD, Maltby S, Hulse M, Thomas A, & Hodson A; The Football Association Medical Research Programme: an audit of injuries in professional football--analysis of hamstring injuries. Football Association Medical Research Programme. Br J Sports Med. 2004; 38 (1): 36-41.
- Woods K, Bishop P, & Jones E. Warm-up and stretching in the prevention of muscular injury.
- Sports Med. 2007; 37 (12): 1089-1099
- Worrell TW. Factors associated with hamstring injuries: an approach to treatment and preventative measures.
- Sports Med. 1994; 17 (5): 338-345.
- Zakas A, Balaska P, Grammatikopoulou MG, Zakas N, & Vergou A. Acute effects of stretching duration on the range of motion of elderly women. J Bodyw Mov Ther. 2005; 9(4): 270-276.

PRUEBA GRATUITA

Especialistas en el Entrenamiento del Fútbol desde 2001

TACTICS MANAGER
Disponible en español

www.SoccerTutor.com/TacticsManager
info@soccertutor.com

 PC Mac
 iPad
 Tablet
 Web

Especialistas en el Entrenamiento del Fútbol desde 2001

Disponible en formato a color y eBook!
PC | Mac | iPhone | iPad | Android Phone/Tablet | Kobo | Kindle Fire

www.SoccerTutor.com
info@soccertutor.com

Especialistas en el Entrenamiento del Fútbol desde 2001

Disponible en formato a color y eBook!
PC | Mac | iPhone | iPad | Android Phone/Tablet | Kobo | Kindle Fire

www.SoccerTutor.com
info@soccertutor.com

www.ingramcontent.com/pod-product-compliance
Lightning Source LLC
Chambersburg PA
CBHW061208230426
43665CB00028B/2950